Dr. Rainer Tschechne

Mach dein Glück, sonst macht es keiner!

Dr. Rainer Tschechne

Mach dein Glück, sonst macht es keiner!

Lass dich nicht manipulieren –
finde dich selbst –
geh deinen Weg!

Herbig

Die Informationen, Tipps und Hinweise in diesem Buch sind vom Autor nach bestem Wissen und Gewissen zusammengestellt und geprüft worden. Sie ersetzen aber bei bestehenden Beschwerden nicht die Konsultation eines Arztes oder eine anderweitige medizinische Betreuung.

Besuchen Sie uns im Internet unter
www.herbig-verlag.de

Umschlaggestaltung: Wolfgang Heinzel und Claudia S. Sanna
Satz und Herstellung: VerlagsService Dr. Helmut Neuberger
& Karl Schaumann GmbH, Heimstetten
Gesetzt aus: 11/14,4 Punkt OptimaBQ
Druck und Binden: GGP Media GmbH, Pößneck
Printed in Germany
ISBN 3-7766-2476-0
ISBN 978-3-7766-2476-2

INHALT

9. KAPITEL

10. KAPITEL

VORWORT

Wen haben wir nicht alles damit beauftragt, uns glücklich zu machen:

- Unsere PartnerInnen, die unser ganzes Glück in Händen halten.
- Unsere Kinder, die blühen und gedeihen sollen, damit wir keine Sorgen haben.
- Die Wirtschaft, die uns mit glücksbringenden Produkten begeistern soll.
- Die Politiker, die uns ein Land in Frieden und Wohlstand sichern sollen.
- Die Pharmaindustrie, die uns mit Gesundheit, gutem Schlaf und Sex bis ins hohe Alter beglücken soll.

Doch was erleben wir?

- Lebenspartnerinnen und Partner wollen nicht glücklich machen, sondern glücklich gemacht werden.
- Kindern macht das am meisten Spaß, was die Eltern unglücklich macht.
- Die Chefs großer Firmen werden umso glücklicher, je mehr Mitarbeiter sie feuern und damit unglücklich machen können, denn ihr Gehalt ist an den Aktienkurs gebunden, der mit jeder Entlassungswelle steigt.
- Politiker werden glücklich, wenn sie wiedergewählt werden. Das hat jedoch meist nichts damit zu tun, dass sie uns glücklich gemacht haben, sondern damit, dass ihre Konkurrenten uns voraussichtlich noch unglücklicher machen würden.

- Und die Pharmaindustrie? Sie ist interessiert, aber nicht an unserem Glück, sondern an unserem Geld.

Anmerkung: Der Kopf erinnert sich besser an alles, was das Herz bewegt und den Geist erfrischt. Ein Sachbuch-Autor sollte seine Erkenntnisse auch selbst anwenden. Deshalb finden Sie in die Kapitel eingestreut die Geschichte von Mirella und Costas.

1. KAPITEL

Wer arbeitet gegen unser Glück?

In diesem Kapitel entdecken Sie,

- dass unsere Welt ganz anders ist, als sie scheint
- dass unser Lebensgefühl von Medien, Politikern und vielen anderen Mitmenschen ferngelenkt wird

Unsere Welt ist nicht, was sie scheint

Macht uns unsere moderne Welt glücklich? Oder macht sie uns unglücklich, wenn wir uns nicht vor ihr schützen lernen? Wenn Sie morgen früh Brötchen holen, probieren Sie doch einfach mal aus, was stimmt: Sehen Sie die Zeitungen an, die auf der Ladentheke liegen, und konzentrieren sich nur auf die Schlagzeilen des größten Blattes, das Sie entdecken. Stellen Sie fest, welche Gefühle die fetten Meldungen auslösen sollen. Ich las zum Beispiel neulich voller Schrecken gleich neben den knusprigen Brötchen: »Die Erdachse kippt.« Als ich genau in mich hinein fühlte, hatte ich tatsächlich das Gefühl, dass mir etwas schwindelig war. Am nächsten Tag stand neben den duftenden Hörnchen in riesigen Lettern: »Bricht unsere Erde auseinander?«

Ich blickte nach unten. Tatsächlich: Die Fuge zwischen den Fliesen direkt unter mir war deutlich breiter. Schauen Sie mal, was so bei Ihnen steht. Dann treten Sie einen Schritt zurück und sehen sich in Ihrer Umgebung um. Sie merken möglicherweise, dass Sie eigentlich in einer anderen Welt leben, als die Zeitung schreibt. Ich habe das auch so gemacht. Als ich die Zeitung nicht mehr ansah, war meine Welt plötzlich ein Paradies aus knusprigen Brötchen und duftenden Hörnchen, auf die ich mich richtig freuen konnte. Ich blickte mich um. Die Häuser standen noch aufrecht. Die Vögel sangen, die Hunde auf der Straße guckten treu aus ihren Halsbändern; kurz: da war nichts, was auf eine unmittelbar bevorstehende Naturkatastrophe hingewiesen hätte. Und, ganz ehrlich gesagt: Im Nachhinein ist mir klar geworden, dass es völlig richtig war, diese Schlagzeilen, prallgefüllt mit Unglücken und Sorgen, zu ignorieren. Die Erde hätte gar keine Zeit gehabt, zu kippen. Um das zu schaffen, hätte sie aus physikalischen Gründen erst einige Tage herumwackeln

müssen, aber: Schon am nächsten Tag wäre sie verpflichtet gewesen, auseinander zu brechen. So viel Zeitung verträgt selbst die folgsamste Erde nicht.
Wer heutzutage Glück fühlen will, muss deshalb erst einmal viele modernen »Errungenschaften« ignorieren lernen. Denn wir leben heute, ohne es zu merken, gleichzeitig in ganz verschiedenen Leben.
Früher nannte man es schizophren, wenn man gleichzeitig in verschiedenen Welten lebte. Heute hören wir alle Stimmen von Leuten, die gar nicht da sind, und haben Erinnerungen an Dinge, die wir nie erlebt haben. Nur: Heute nennt man das nicht mehr schizophren, sondern es heißt Multitasking. Uns bleibt gar nichts anderes übrig, als uns auf mehrere Wirklichkeiten gleichzeitig zu konzentrieren, wenn wir in unserer Arbeitswelt mithalten und pflichtgemäß die Angebote der Unterhaltungsindustrie nutzen wollen. Das Dumme ist allerdings, dass unsere Natur uns dabei einen Streich spielt: Wir sind für unsere moderne Welt zu einfach konstruiert. Die Leben, in die uns die modernen Medien setzen, und unsere direkten Lebenserfahrungen driften in unserem modernen Dasein immer weiter auseinander.
So peinlich das Eingeständnis angesichts all dieser Anforderungen ist: Wir haben in Wirklichkeit nur ein Leben. Und wenn wir uns die Erfahrungen und Bilder aus verschiedenen Leben holen, kommen wir immer wieder leicht durcheinander: Wenn ich im Arabella-Hochhaus in München sitze, und mir kommen die Bilder des 11. September in den Kopf, habe ich bereits zwei Welten zusammengemischt. Schon fühle ich nicht mehr meine eigene Welt, in der ich körperlich lebe, und ich vermiese mein eigenes Lebensgefühl mit einer Angst, die aus einer anderen Lebenswelt stammt und deshalb nicht hierher gehört. Wenn Sie mit den

Szenen aus dem letzten Film von Brad Pitt und Angelina Jolie im Kopf die Leidenschaft Ihres Partners oder Ihrer Partnerin betrachten, haben Sie auch eine Welt im Kopf, in der Sie nicht leben.
Vielleicht erwarten Sie deshalb auch von Ihrem oder Ihrer Liebsten etwas, das nicht kommen wird. Im ersten Fall machen Sie sich selbst unnötig Sorgen. Im zweiten Fall machen Sie anderen Menschen Probleme, die Sie nicht lösen können. So laufen Sie und ich durch unser Leben mit Gefühlen, die gar nicht aus diesem Leben stammen. Das ist manchmal ganz anregend. Aber es kann auch schlimm werden, wenn wir dadurch etwas erwarten, das nicht kommen wird. Dann machen wir uns das eigene Leben schwer mit Ängsten, die aus einer fremden Lebenswelt stammen und völlig unnötig sind, und stellen Erwartungen an alle möglichen Leute, die sie nie erfüllen können. So kann man nicht glücklich werden.
Weil wir nur ein Leben haben und unser eigenes Leben so gut wie möglich leben wollen, müssen wir also zuerst mal eine ganz unerwartete, spannende Expedition beginnen: Wir müssen in unserer heutigen Welt voller bunter, wirksamer Bilder erst einmal herausfinden, wie sich eigentlich unser eigenes Leben anfühlt. Dann kommt die zweite Station, die so etwas wie eine zweite Geburt werden kann: Wir können lernen, unsere Gefühle aus Scheinwelten zu lösen und sie unserem eigenen Leben wieder zu schenken.
Es geht uns besser, wenn wir unterscheiden können, welches Leben uns Fernsehen, Zeitung, Computer, Politiker und Versicherungen vortäuschen sollen, und welches wir tatsächlich erleben. Dann können wir entscheiden, wo wir weggucken und wo wir hingucken wollen, denn: Es gibt ein Sein-Leben und viele Schein-Leben, die Profis an uns heften wollen, damit wir ein paar Scheine bei ihnen lassen.

Das Fatale an den Schein-Leben ist: Sie führen zu unwirklichen Ängsten und falschen Träumen. Doch wir sind uns ihrer bisher kaum bewusst. So haben wir nirgends gelernt, seelische Wände zu ziehen, die uns vor dem Aufsaugen von professionell hergestellten Scheinwelten schützen. So lange wir nicht damit beginnen, unser Haus aus Glück zu bauen, in dem wir unser eigenes Leben führen und fühlen können, fließen millionenfach die Gefühle aus den verschiedensten Schein-Leben ungehindert in unser wirkliches, das Sein-Leben. Damit machen wir es unserem Körper und unserer Seele ziemlich schwer, die sich redlich abmühen, irgendwo hinzugehören, wo sie innerlich ruhig werden können.

Unser Lebensgefühl wird ferngesteuert

Zu keiner Zeit waren die Gefühle der Menschen so ferngelenkt wie heute. Was wir fühlen, bestimmen wir schon lange nicht mehr selbst. Ein ausgeklügeltes Netz von Firmen beschäftigt sich tagein, tagaus mit nichts anderem als der Herstellung unserer Gefühle.
Wenn es um Sehen, Hören, Riechen und Schmecken geht, gibt es die Werbeagenturen, die bestimmen, was wir beim Anblick eines Produktes fühlen sollen. Das Gefühl wird uns schon ins Hirn gefüllt, bevor wir das Produkt das erste Mal in der Hand gehabt haben. Es ist ein Ferngefühl, das durch Plakate, Radio- oder Fernsehsender in unseren Kopf transportiert wird. Dieses künstliche Gefühl funktioniert so vortrefflich, dass wir beim ersten Kontakt mit dem wirklichen Produkt schon eine Emotion in uns haben. Wir haben kaum noch eine Möglichkeit, zu dem Produkt ein eigenes Gefühl zu entwickeln.
Doch die Werbeagenturen sind noch die harmlosesten Produzenten, denen wir unsere Gefühle verdanken. Viel größer

ist die Wirkung aller Institutionen, die sich mit der Produktion des Lebensgefühls beschäftigen, das bei unserem Kontakt mit der ganz normalen Welt entsteht. Sie bekommen immer größere Bedeutung, denn wir befinden uns auf einem Weg, der unseren Kontakt mit der wirklichen Welt täglich indirekter macht. Wer die Realität der heute 14-Jährigen, die virtuelle Menschen im Computer bewegen, mit der Kindheit der heute 45-Jährigen vergleicht, weiß: Wir sind tatsächlich auf dem Weg zu einer virtuellen Realität.

Es findet eine schleichende Ablösung statt: unsere Ablösung von der materiellen Welt, die wir gleichzeitig sehen, hören, berühren, riechen und schmecken konnten. Diese Ablösung setzt an die Stelle des wirklichen Kontaktes die Produkte von Presse, Radio und Fernsehen. Unsere Gefühle werden so immer mehr zu Ferngefühlen, und es ist bisher den meisten von uns völlig unklar, in welche Abhängigkeit unser Leben damit gerät: Jemand anders bestimmt darüber, was wir gut finden, ob wir optimistisch oder pessimistisch sind, ob wir ängstlich oder voller Zuversicht durch die Welt gehen, und wen wir lieben.

Wie viele Filmfirmen zum Beispiel haben die Liebesgefühle und Wertvorstellungen ihrer Zuschauer geprägt und damit die – oft genug falsche – Partnerwahl vieler Menschen mitbestimmt? Wie viele Groupies sind, gelenkt durch ein Ferngefühl, in Hotelzimmern von Popstars gelandet, die sie wirklich nicht kannten?

Wie viele Fans haben jeden Pfennig, den sie übrig hatten, für die Produkte ihres Stars ausgegeben, weil sie nach Marlene oder Madonna echte Sehnsucht empfanden? Niemand weiß, wie viele Katastrophen geschehen, wie viele Träume zerstört und wie viele Leben gescheitert sind, weil Menschen der Industrie geglaubt haben, was sie glücklich machen würde. Doch bei genauerem Hinsehen: Geschehen

diese Unglücke nicht ständig in jedem Leben, weil weder Medien noch Produkthersteller wollen, dass wir selbst herausfinden, was Glück ist?
Was würde passieren, wenn wir vorher wüssten, dass die wehenden Haare in der Cabrio-Reklame kein Glücksgefühl erzeugen, sondern nur einen kalten Kopf? Wie würde die Bilanz der berühmten Kosmetik-Serien aussehen, wenn wir die Shampoos und Cremes kundig nach ihren Inhaltsstoffen kaufen würden, weil wir wüssten, dass sie weder Glück noch Jugend bewirken können, sondern höchstens saubere Haare? Wie könnte die Industrie freiwillig die täglichen Versprechen des käuflichen Glücks aufgeben, wo wir doch so gern auf ihren Leim gehen?
Wir können keiner Wirtschaft der Welt böse dafür sein, wenn sie nicht will, dass wir ohne ihre Produkte glücklich sind. Doch wir selbst müssen ein anderes Ziel haben. Wir sollten versuchen, zu verstehen, dass die Versprechen nicht unserem, sondern dem Glück der Hersteller gelten, und dass unser Glück nur auf unserem eigenen Weg zu finden sein wird. Erst wenn wir wissen, wie die eigene Glücksfabrik in uns selbst funktioniert, lassen sich auch unendlich viele Produkte, vom Blumenstrauß bis zum Liebesfilm, für unser Glück einsetzen.

So ziehen Sie sofort praktischen Nutzen aus diesem Kapitel

- Nahsehen ist wichtiger als fernsehen! Leben Sie nicht einfach in der Welt, die Ihnen öffentlich vorgespielt wird. Wenn Sie vor dem Fernseher sitzen, wenn Sie eine Zeitung lesen, wenn Sie Radio hören: Heben Sie immer wieder den Blick und sehen nah! Hören Sie nah! Richten Sie sich immer mehr nach den Stimmen

und Wünschen, die in Ihrer Nähe sind, und finden Ihre eigene Welt! Was gar nicht glücklich macht: Wenn Sie die Wünsche von Menschen in Ihrer Nähe zurückweisen, weil Sie fernsehen wollen.

- Wenn Sie Entscheidungen treffen: Lösen Sie sich von den Träumen aus »Schön und reich«. Befragen Sie Ihre Erfahrungen: Wann war ich glücklich; welche Situationen brauche ich, damit ich mich wohl fühle? Dann treffen Sie Entscheidungen auf der Grundlage Ihres eigenen Lebens!

2. KAPITEL

Die Vortäuschung falschen Lebens

In diesem Kapitel entdecken Sie,

- wie Profis unsere Glücks- und Unglückserwartung manipulieren

- wie Informations-Berieselung die Seele vergiftet, weil wir mit falschen Größenangaben, falschen Entfernungsangaben, Beziehungslügen und der Vortäuschung von Sex in ein falsches Lebensgefühl geführt werden

Profis manipulieren unsere Glücks- und Unglückserwartung

Schlagen Sie einen beliebigen Prospekt auf. Überall locken Sie Versprechen, die mit dem Produkt, das Ihnen verkauft werden soll, nichts zu tun haben. Es geht sehr oft darum, uns viele banale Produkte zu verkaufen, indem man uns erzählt, sie würden uns glücklich machen. Da ist die Zahnpasta, das Anti-Pickel-Gesichtswasser und die Falten-Weg-Creme. Von den Nuss-Schnitten bis zu den schnittigen Cabrios: Die Werbung hat das Ziel, dass wir unseren Verstand ausschalten und fühlen: Das Glück ist greifbar nah. Diese Versprechen sind in Wahrheit eine Gefahr für unser Glück, und die kommt von einer ganzen Industrie, deren Profit steigt, wenn wir uns ihre Glücks-Ersatz-Erzeugnisse andrehen lassen. Wir können auf vorgetäuschtes Glück nicht einfach reagieren, indem wir uns unabhängig entscheiden. Denn die Art, wie unser Gehirn arbeitet, ist dort bestens bekannt und wird so gut genutzt, dass wir unsere Entscheidungen gar nicht mehr selbst steuern. Profis locken unsere Instinkte und Bedürfnisse in jede gewünschte Richtung, bevor unser Großhirn überhaupt eine Chance hat, dazu Nein zu sagen. Machen sie uns damit wenigstens glücklich? Im Gegenteil; für viele Profit-Chancen ist eine Atmosphäre von Unzufriedenheit und Bedrückung günstig, die uns Produkte kaufen lässt, mit denen es uns angeblich besser geht. Klar formuliert: Wenn wir den Wunsch entwickeln sollen, mit dem neuen Auto oder Parfum glücklich zu werden, müssen wir erstmal unglücklich oder mindestens unzufrieden sein.

Damit nicht passieren kann, dass wir zu wenig Ängste und Sorgen haben, gibt es auch dafür eine Industrie, die uns diese Mühe abnimmt und uns gegen Bezahlung ver»sorgt«. Ich nenne sie Unglücksindustrie, denn sie beregnet uns mit ne-

gativen Zukunftsperspektiven und Sorgen. Sie verhindert, dass wir wunschlos glücklich werden, denn je unzufriedener wir sind, desto mehr wünschen wir uns. Je mehr wir uns aber wünschen, desto mehr Geld verdient sie.

Saurer Regen vergiftet uns die Seele

Kann es tatsächlich passieren, dass man im Regen steht und es nicht merkt? Es kann, allerdings nur unter einer Bedingung, nämlich wenn man schon seit Beginn des Lebens im Regen gestanden hat und es nicht anders kennt. Mancher hält das vielleicht auch aus, ohne Schaden zu nehmen. Wenn man aber davon chronische Lungenentzündung kriegt und gar nicht weiß, wieso es einem so schlecht geht, dann wird es gefährlich. Dieses Bild trifft genau unsere seelische Situation: in Deutschland, aber auch in der ganzen westlichen Welt. Wir leiden an seelischer Dauergrippe, weil wir aus unendlich vielen Quellen täglich mit Pessimismus beregnet oder ver»sorgt« werden, sodass unser seelischer Schutzmantel nie trocken wird. Ich nenne die Probleme, die aus dieser Berieselung entstehen, auch Unglücks-Erkrankungen, denn sie sind davon geprägt, dass man sich unglücklich fühlt.

Gehen Sie mal in eine belebte Einkaufsstraße, in der die Leute mit Tüten voller Waren herumlaufen, an die die meisten Menschen auf der Welt nicht einmal denken können. Eigentlich müssten die Glücklichen, die sich all das leisten können, zufrieden aussehen. Die Wahrheit ist aber, dass bei uns die Passanten grimmig dreinschauen und die Träger glücklicher Gesichter bald in die Liste der gefährdeten Arten aufgenommen werden! Wir sind unzufrieden und wissen oft nicht einmal, wo das herkommt, denn: Wir haben keine Organe, die uns vor Unglücksberieselung warnen. Unsere

Haut ist darauf ausgelegt, materiellen Regen zu fühlen. Doch was seelisch auf uns einprasselt, bekommen wir gar nicht mit. Wir merken deshalb nicht, woher das Grau in unserer Seele und die sorgenvolle Grundstimmung kommt, während sie täglich auf uns herunterrauscht. Wir spüren erst, dass wir überflutet wurden, wenn wir darin untergehen.

Öffnen wir deshalb jetzt die Augen, damit wir sehen: Wir leben in einer Grundstimmung, die sorgenvoll und ängstlich ist. Dieser Stimmung können wir uns genauso wenig entziehen, wie ein Fisch das Quecksilber vermeiden kann, das sein Gewässer verseucht. Sie hat uns schon den Blick getrübt. Wir sehen,

- dass Unglücks-Erkrankungen in den letzten Jahren dramatisch zugenommen haben, weil bei uns immer mehr Menschen die Zukunft bedrückend empfinden, und
- dass kein Aufschwung kommt, sondern Kaufhäuser und Autofabriken zusammenbrechen, weil die Deutschen Angst haben, Geld auszugeben.

Nur: Leider haben wir nicht mitgekriegt, wie das Unglück in unser Leben gekommen ist. Wir glauben, unser Lebensgefühl entspräche der Wirklichkeit. Doch stimmt das eigentlich? Es lässt sich mit wenigen Fakten nachweisen, dass unsere Wirklichkeit ganz anders aussieht, als wir sie fühlen. Genauer gesagt: als uns Zeitungen, Rundfunk und Fernsehen glauben – und fühlen – machen. Werfen Sie einen Blick aus dem Fenster auf die Straße und freuen sich über das normale und friedliche Treiben dort unten. Dann machen Sie die Zeitung auf oder stellen einen Nachrichtensender ein. Unsere Ohren und Augen werden mitten in unserer Wirklichkeit eingefangen von Radiosendern, Fernsehbildern, Illustriertenfotos und Zeitungsschlagzeilen, die uns eine ganz andere Welt zeigen als die, in der wir gerade stehen.

Das ist die Vortäuschung falschen Lebens. Und das ist, was wir sehen müssen, wenn wir glücklich werden wollen, denn unser Glück können wir erst finden, wenn wir merken, wie täglich kübelweise das Unglück der ganzen Welt in unser Gehirn gekippt wird. Dieser unappetitliche Vorgang ist keine Straftat, aber das mag auch daran liegen, dass die Öffentlichkeit noch nicht gemerkt hat, wie dabei seelisch und wirtschaftlich täglich enormer Schaden entsteht. Schlicht gesagt, schafft die Medienindustrie mit großer professioneller Qualität und Energie eine Vortäuschung falscher Tatsachen im großen Stil. Die Werkzeuge, mit denen das gelingt, sind ganz einfach: die Vortäuschung falscher Größen, Entfernungen und Beziehungen.

Falsche Größe wird vorgetäuscht

Nun könnte man natürlich sagen: Ist es denn so wichtig, ob ich etwas in Großaufnahme oder klein zeige? Das Ding – oder der Mensch – wird doch trotzdem dadurch nicht zu etwas anderem. Doch ich bin da völlig anderer Meinung. Wenn sich in den Alpen ein kleines Schneebrett löst, das gerade groß genug wäre, um einen Schneehasen zu verschütten, können Sie mit dieser Meldung keine Zeitung verkaufen, es sei denn, Schneehasen könnten lesen. Deshalb: verändern Sie einfach die Größe. Richtig fotografiert und vergrößert, sieht es aus wie eine Lawine, und schon bekommt der Betrachter die gewünschte Panik. Dann wird es nicht wenige Menschen geben, die die Zeitung kaufen – um zu sehen, ob sie gefährdet sind, oder sich zu freuen, dass es andere getroffen hat. Oder denken Sie an Ihren völlig durchschnittlich aussehenden Nachbarn, der keinem Menschen auffallen würde. Wenn Sie ihn als 4 x 4 Meter großes Plakat

auf die nächste Reklamefläche kleben, wird er plötzlich richtig bedeutend.
Selbst kleine Menschen, die wirklich nichts Besonderes sind, werden in großen Bildern und Beiträgen zu Vorbildern und Stars vergrößert und stehen plötzlich in unserem Leben. In unserer Wirklichkeit kommen sie eigentlich nie vor, und wenn, würden sie uns bestimmt nicht auffallen. Aber durch die Vortäuschung falscher Größen werden sie für uns ungewöhnlich und interessant. Dann gibt es plötzlich Zeitgenossen, die ihnen ihre Lebensweise oder ihr Aussehen nachmachen wollen, obwohl all das so, wie es uns erscheint, gar nicht existiert. Und wenn die Vergrößerten dann Dinge sagen, die so dumm sind, dass kein Mensch sie beachten würde, bekommen diese »Genies« plötzlich Gewicht und verändern die Welt nach ihrem (falschen) Bild, denn es muss schließlich besonders großartig sein, was so ein großer Mensch sagt.

Falsche Entfernungen werden vorgetäuscht

Mit den falschen Entfernungen funktioniert es genauso: Ereignisse, die unerreichbar weit weg von uns sind, werden groß gemacht und ganz nah vor unseren Augen zum virtuellen Leben erweckt.
Dabei ist es gerade für Gefahren entscheidend, in welcher Entfernung sie lauern. Wenn es blaue Bohnen hagelt, entscheidet es über Leben und Tod, ob eine Kugel in Amerika abgefeuert wurde oder in der Kneipe, in der Sie gerade Ihr Bier trinken. Deshalb ist es Betrug an Ihren Sinnesorganen, wenn Schusswechsel, die meilenweit entfernt sind und in deren Reichweite Sie sich niemals befunden haben, so lebensecht in Ihr Wohnzimmer verlegt werden, als passierten sie direkt vor Ihren Augen und Ohren.

Unsere Medien funktionieren jedoch nach folgendem Prinzip: Sie wohnen in München, und während Sie dort friedlich an Ihrem Löwenbräu nippen, gibt es in Hamburg auf der Reeperbahn eine Schießerei. Ich nehme an, dass keine der dort ausgetauschten Kugeln Sie hätte erreichen können. Plötzlich rennt jedoch jemand in Ihre friedliche Münchner Kneipe und ruft mit alarmierender Stimme: »Duck dich, duck dich, es wird geschossen!«

Dieser Betrug, also die Vortäuschung falscher Entfernungen, hat Folgen: Gutgläubig und Sicherheit suchend, wie wir von Natur aus sind, glauben wir vorsichtshalber, das Gezeigte sei tatsächlich so nah, wie es gerade vorgetäuscht wird. Und sofort ducken wir uns innerlich, und in uns beginnen die Hormone und Botenstoffe zu arbeiten, die wir zum Sorgen-Machen und Gefahren-Abwehren eingebaut haben. Der Blutdruck steigt, der Blick verengt sich, die Angst nimmt zu, die Muskulatur verspannt sich, und wir ziehen unsere seelischen Burgmauern hoch: Wir schalten auf Vorsicht und Unglücks-Erwartung.

Bis sich unser Gehirn eingeschaltet und Entwarnung gegeben hat, ist alles schon passiert, das heißt, falls es sich überhaupt einschaltet und Entwarnung gibt. Die Medienmacher finden nämlich immer raffiniertere Mixturen aus echter und falscher Wirklichkeit. Dokumentationen und Reality-TV beginnen bei uns und mixen in ihren Bildern so unmerklich falsche Größen und Entfernungen, dass wir die vorgestellten Gefahren auch bei wachem Verstand kaum noch von unserer Lebenswelt trennen können. Kennen Sie den Werbeslogan: »Ich bin doch nicht blöd?« Er wurde erfunden von Profis, die Geräte zum Transport von Medien-Realität in unsere Wohnungen verkaufen. Sie verschweigen leider die Ergänzung, die Sie sich denken: »Aber Ihr!«

Die Vortäuschung falscher Beziehungen

Heute Abend werden Sie den Fernseher einschalten, und sofort begegnen Ihnen viele nette Menschen. Sie werden freundlich angelächelt, persönlich angesprochen und bekommen Dinge gezeigt, die man nur Familienmitgliedern – oder vielleicht auch gerade nicht Familienmitgliedern – offenbart. Sie haben das Gefühl, dazuzugehören. Die Menschen in der Flimmerkiste mögen Sie offenbar. Ist das ein Betrug? Probieren Sie es einmal aus. Fahren Sie zum Beispiel mal ins Studio Hamburg, in dem viele Fernsehfilme entstehen, und sagen: »Hallo, hier bin ich. Ich gehöre doch dazu.« Wenn Sie dann hören: »Was wollen Sie von mir? Ich kenne Sie gar nicht!«, wissen Sie, dass Sie eine Beziehung vorgetäuscht bekamen. Vielleicht fragt Sie dann das Objekt Ihrer Neugier auch: »Wie sind Sie überhaupt hier hineingekommen?«

Spätestens dann wird Ihnen klar, dass die Sache stinkt. Während Sie diese Leute tagtäglich in Ihre Wohnung lassen, ohne dass ihnen eine Tür oder gar ein Schloss im Weg steht, schotten die sich hinter Pförtnern und Wachdiensten ab, damit niemand von den Zuschauern ungehindert zu ihnen vordringt.

Dann sehen Sie einen Film. Wissen Sie eigentlich, wie viele Gedanken sich die Filmemacher gemacht haben, damit Sie in den Figuren Ähnlichkeiten zu Ihrer besten Freundin, Ihrem Bruder oder Ihrer Schwiegermutter entdecken, oder zu Gefühlen, die Sie kennen? Dann akzeptieren Ihre Gefühle nämlich diesen Film. Das Ziel heißt: Sie identifizieren sich mit Figuren und Handlungen des Films.

Auf Deutsch bedeutet das nur: Die Filmemacher haben einen seelischen Kleber gefunden, mit dem sie Ihre Gefühle an die ganzen gespielten Gesichter, Gefühle und falschen

Bärte ankleben können. Dieses seelische Uhu ist das größte Kapital der Medien- und Werbeindustrie. Es pappt Ihre Gefühle an ausgedachte Bilder, Stimmen und Produkte. Die psycho-chemische Klebe-Reaktion kommt immer dann zustande, wenn Sie irgend etwas von dieser Kunstwelt als bekannt und zu Ihnen gehörig annehmen.
So kommen Sie zu »Ihrem« Fußball-Verein, obwohl die Kicker Sie wahrscheinlich keines Blickes würdigen würden, wenn es dafür kein Geld gäbe, und zu »Ihrem« Deo, obwohl das ein anonymer Chemiker für Millionen andere Kunden zusammengebraut hat. Das wäre ja alles nicht schlimm. Doch: So kommen Sie auch zu einem Teil »Ihrer« Ängste und Sorgen, und es ist mühsam, die eigene Welt wieder von der Medienwelt zu lösen, wenn Ihre Seele erst einmal mit dem falschen Pattex verklebt ist, das echte Profis kunstvoll in Ihre Augen und Ohren geschleust haben.
Um ein bisschen mehr über uns selbst entscheiden zu können, müssen wir unsere Seelen mühsam vom Medienkleber namens Identifikation und damit von anderer Leute Leben und fremdem Unglück befreien. Wir müssen immer wieder verstehen, wie sich unsere eigene Lebenswelt von der fremden Medienwelt unterscheidet. Dies gilt besonders für den größten Magnet, mit dem die Täuschungs-Industrie das Geld aus Ihrer Tasche ziehen will: Sex.

Die Vortäuschung von Sex

Menschen und Tiere wären schon längst ausgestorben, wenn sie die sportliche Anstrengung der Paarung nur aus Einsicht auf sich nehmen sollten. Noch weniger könnte man sie dazu bringen, wenn sie schon vorher wüssten, welche Anstrengungen erst mit der Geburt und Kindererziehung auf sie zukämen. Die Lust am Sex ist jedoch etwas Göttliches,

eine geniale Erfindung der Natur, um die Lebewesen dazu zu bringen, ihr Leben weiter zu geben und durch den Stress, den das nach sich ziehen kann, womöglich früher zu beenden. Gott oder wer immer die Fleischeslust erfunden hat, wusste: Es musste schon etwas Einmaliges sein, was Lebewesen zu dieser Aktion bewegen konnte, und Geld drucken konnte die Schöpfung nicht.

Die Lust am Sex war deshalb schon lange vor Geld auf der Welt, und es soll auch heute noch Menschen geben, die sich dabei der Schöpfung näher fühlen als beim Blick auf ein Bankguthaben. Deshalb ist für viele Menschen die Attraktivität von Sex noch stärker und unwiderstehlicher. Doch was haben unsere Priester und Medienprofis damit gemacht? Die einen haben versucht, ausgerechnet die Aktion anzuschwärzen, die das Leben auf der Welt zu retten hat. Die anderen versuchen täglich, sie zu töten, indem sie sie in Geld verwandeln. Sicher kennen Sie den Spruch: »Eines Tages werden sie merken, dass man Geld nicht essen kann.« Man sollte ihn ergänzen durch den Satz: »Eines Tages werden sie auch merken, dass man mit Geldscheinen keinen guten Sex haben kann.«

Sie und ich, wir wissen das. Aber das bewahrt uns nicht vor den unablässigen Versuchen der Medienindustrie, Sex und Geld zusammenzukleben. Wo immer wir heute gehen und stehen, greift die gleiche Botschaft nach unseren Augen und Ohren: »Du kannst sofort Sex haben. Er ist direkt neben, vor oder hinter dir. Du musst nur noch etwas kaufen, und dann geht die Lust los.«

Auch hier gibt es wieder einen Spruch, den man nur etwas abwandeln muss. In den letzten Wochen posaunte die schon vorhin zitierte große Medienkette überall den Slogan hinaus: »Lass dich nicht verarschen, besonders nicht beim Preis!« Viel aktueller und gesünder wäre jedoch der

Rat: »Lass dich nicht verarschen, besonders nicht mit Sex!«
Wollen Sie es einmal ausprobieren? Wenn Sie das nächste Mal die Reklame mit dem Duschgel sehen, das die potentiellen Sex-Bringer zu Dutzenden in Ihr Bett fallen lässt, dann fahren Sie doch mal zum Hersteller. Sagen Sie ihm: »Ich habe hier ein paar Kameraleute mitgebracht. Wo ist Ihre Dusche und Ihr Duschgel? Anschließend lassen Sie uns mal zusammen auf die Straße gehen und festhalten, wie Ihr Duschgel wirkt.«
Ich bin fast sicher: Was dann passiert, wird Ihnen nicht die Befriedigung verschaffen, die das Duschgel versprochen hatte. Doch vielleicht wäre der Betrug mit Sex ja nicht so schlimm, obwohl ich glaube, dass er letztlich auch nicht gesund für die Betrogenen ist. Vielleicht wäre er nicht so schlimm, wenn er allein käme. Das Dumme ist nur, dass die Sex-Bildchen in Ihrer Boulevardzeitung, im Fernsehen oder Film immer gleich neben, vor oder hinter den Unglückskanonen und Geld-Saugern kommen, mit denen Sie beschossen werden sollen. Die Medien sind längst voll von seelischen Klebeketten, die so funktionieren: Ihre Sinnesorgane werden mit Sex angelockt, sodass Sie die Zeitung ansehen. Daran ist dann eine Ladung Unglück und Sorgen angepappt, und daran ist dann Werbung für etwas geklebt, was der Zeitung und wem auch immer zusätzliches Geld bringen soll.

So ziehen Sie sofort praktischen Nutzen aus diesem Kapitel

- Holen Sie sich täglich die notwendigen Gegeninformationen aus aller Welt. Suchen Sie gezielt nach wundervollen Beobachtungen: in den Medien, im Internet, in Ihrer Nähe. Hinweise finden Sie im Anhang. Die Welt ist voller Wunder.

- Kommentieren Sie innerlich Plakate und Berichte über Prominente mit »falsche Größe«, hautnahe Fernsehkatastrophen mit »falsche Entfernung« und die Vortäuschung von Sex mit »ich bin nicht blöd genug, darauf hereinzufallen«. Tun Sie das immer wieder, bis es unmerklich von selbst geht.

3. KAPITEL

SOS – Save Our Souls

In diesem Kapitel entdecken Sie,

- dass das Unglück der Welt unsere Seele kaputt macht

- wie wir zu Geldautomaten der Unglücks-Industrie wurden

- weshalb wir inzwischen süchtig nach Katastrophen geworden sind

- wie krank wir ohne seelischen Umweltschutz werden

Das Unglück der Welt macht unsere Seele kaputt

Wie lebte man in der Zeit, in der es noch keine Zeitung, kein Radio und kein Fernsehen gab? Wahrscheinlich war es nach unseren heutigen Maßstäben unendlich langweilig, aber dafür waren Unglücke und Katastrophen ein seltenes, herausragendes Ereignis, in dessen Folge man mit vielen Menschen sprach und Zeit hatte, gemeinsam das Erlebte zu verarbeiten. Heute erleben wir täglich die Katastrophen des ganzen Universums, und viele davon graben sich in unsere Seelen. Damit nicht genug. Beängstigende Meldungen graben sich auch in unsere Körper. Wir wissen heute, dass seelische Spannungen körperliche Folgen haben: Von Entzündungen bis zu Krebs reichen die Krankheiten, die sie mit auslösen können. Wir wissen nicht mehr, wo unsere eigene Welt anfängt und aufhört. Wir können sie nicht mehr begrenzen auf den Kreis, in dem wir mitwirken, etwas verändern und die Veränderungen verkraften können.
Wir öffnen täglich die schützenden Grenzen unseres privaten Lebens, indem wir Radio und Fernsehen einschalten und in der Zeitung die Sensationsmeldungen lesen. Alles, was da auf uns einwirkt, durchdringt mühelos die Schutzhülle um unser Selbst. Doch es ist lebensnotwendig für uns, dass wir uns in unserem inneren Lebenskreis sicher fühlen. Diese Selbst-Sicherheit ist die Voraussetzung dafür, dass wir überhaupt klar denken können und funktionieren.
Wer mit Menschen zu tun hat, die sich überall gefährdet fühlen, weiß, dass ohne unsere Selbst-Sicherheit das gesamte soziale Leben und unsere Wirtschaft zusammenbrechen würden, weil sich niemand mehr auf irgend etwas verlassen könnte. Doch durch unsere jetzige Lebensweise wurde uns bereits im großen Stil die Haut von der Seele ge-

rissen. Der Grund ist unser Alarmsystem, das nicht sofort zwischen wirklichen und vorgetäuschten Notsituationen unterscheiden kann. Es wird den ganzen Tag betrogen durch Signale, die es »vorsichtshalber« nach innen leitet. Das muss es auch tun, denn wenn ein Alarmsignal ertönt, kann erst im Nachhinein klar sein, ob die reale Bedrohung kam oder nicht. Stellen Sie sich vor, Sie stehen an einer belebten Straße und hören die Polizeisirene näher kommen. Ob es wirklich einen Notfall gab oder ob eine Filmfirma »Polizeiruf 110« dreht, sehen Sie erst, wenn das Polizeiauto vorbeifährt und dahinter ein Kamera-Wagen. Unsere Sinne führen also das Leben einer Alarmanlage, die den ganzen Tag mit falschem Alarm in Gang gehalten wird. Damit werden wir unablässig mit Stress und Sorgen infiziert, und unsere Nerven und Muskeln erzeugen pausenlos Spannungsreflexe. Was dann passiert, ist zwangsläufig:

Unser Lebensgefühl entspricht nicht mehr dem eigenen Lebenskreis, der wirklich über unser Schicksal entscheidet. Es entspricht einer vorgetäuschten Welt, die durch die Konzentration vieler möglichst schockierender Meldungen aus dem ganzen Universum geformt wird. Deshalb brauchen wir uns nicht zu wundern, dass sich inzwischen die meisten Menschen, wie Umfragen gerade in Deutschland immer wieder zeigen, unzufrieden und unsicher fühlen.

Obwohl wir in einem Umfeld von Wohlstand und Freiheit leben, empfinden wir eine andere Umwelt. Wir fühlen nicht den eigenen Lebenskreis. Wir haben das Gefühl, in einer Welt zu leben, die von Bedrohungen, Leid und Not überschwemmt wird.

Für dieses Gefühl ist die menschliche Natur nicht konstruiert. Wir entwickeln Ängste und Depressionen. Wir werden misstrauisch gegenüber der Welt um uns herum, und mit diesem Misstrauen verlieren wir schleichend den Optimis-

mus, die Freude und das Glücksgefühl, lebendig zu sein. Dies ist kein individuelles Problem. Es ist ein Verlust, der im großen Stil organisiert wurde.

Wir sind die Geldautomaten der Unglücksindustrie

Im Grundgesetz der Bundesrepublik Deutschland steht in Artikel 2 Absatz 2: »Jeder hat das Recht auf Leben und körperliche Unversehrtheit.« Wenn wir unseren Kulturkreis ansehen, brauchen wir uns also über die Fülle an seelischer Folter nicht zu wundern, denn: Es gibt für einen Bürger unseres Landes kein Recht auf seelische Unversehrtheit. Wir sind keine Individuen, deren Gefühle und inneren Welten in einer Kultur geschützt würden, die diesen Namen verdient. Im Wirtschaftskreislauf sind wir stattdessen Automaten, in die man Gefühle einfüllt und aus denen dafür Geld herauskommt. Wenn Sie sich einmal vorstellen, wie es umgekehrt wäre, wird das noch deutlicher. Nehmen wir an, Sie kommen morgens an den Zeitungskiosk und lesen: »So gut geht es uns: Im letzten Quartal sind durch unser medizinisches System 1000 Menschen von Krebs geheilt worden. Auch Ihre Lebenserwartung ist in den letzten Jahren kontinuierlich gestiegen. Sie beträgt jetzt für einen neugeborenen Jungen 75,6 Jahre und für ein Mädchen 81,3 Jahre. Noch 1881 lag die durchschnittliche Lebenserwartung für einen neugeborenen Jungen bei 35,6 Jahren und für ein Mädchen bei 38,5 Jahren (Statistisches Bundesamt 2005). Freuen Sie sich über das Geschenk, heute zu leben.« Sie würden anders in den Tag starten. Doch es ist nicht so.

Marktforschungsinstitute entwickeln Schlüsselreize, die in unseren Gehirnen wie EC-Karten im Bargeldautomaten funktionieren. Wenn es gelingt, den Schlüsselreiz in unser

Inneres zu bringen, spucken wir Geld aus, und die Hersteller lenken es in ihre Taschen. Ob wir unbeschädigte Gefühle oder ein unversehrtes Innenleben brauchen, um glücklich werden zu können, interessiert niemanden. Jeder mag selbst darüber entscheiden, wie gern er sich das gefallen lässt. Doch überall, wo wir für den Handel mit Unglück benutzt werden, ergeben sich traurige Folgen für jeden Einzelnen und ganze Völker.

Fast jedes Medienunternehmen trägt dazu bei, aber auch politische Parteien, die mit düsteren Prophezeiungen über die wirtschaftliche Zukunft, die Kriminalität oder den politischen Gegner ihr Geschäft betreiben. Die Journalistin Sonja Mikisch stellte das am 11.8.2005 in einer »Monitor«-Sendung mit dem Titel: »Faktor Angst – die Deutschen und der Wahlkampf« so dar:

»Das Gefühl, es gibt keine verbindlichen Werte, keine Sicherheit mehr. Das Gefühl, ausgeliefert zu sein. Unentwegt Sorgen zu haben um die Rente, den Arbeitsplatz, die Eltern, die bald pflegebedürftig werden. Um die Kinder, die nur Absagen auf ihre Bewerbungen bekommen.

Angst, ein Massenphänomen. Und ›German Angst‹ ist inzwischen ein Schlagwort in der ganzen Welt. Wie Kindergarten, Blitzkrieg und Sauerkraut. Sogar in Krisenländern wie Kosovo oder Nigeria sind die Menschen glücklicher als im reichen Deutschland. In Wahlkampfzeiten ist Angst der Stoff, aus dem PR-Berater, Medienmacher und die politische Elite Strategien machen. Aber Angstkampagnen lähmen weit über den Wahltag hinaus …

Negative Schlagworte, düstere Parolen sind die Waffen der Opposition beim Kampf um Wählerstimmen. Nicht sachlich, sondern gefühlig werden die Menschen angesprochen. Der Zweck: sich als Rettungsanker zu verkaufen.«

Gerade in Deutschland, wo man am liebsten schon das ganze Leben vorausplanen möchte, ist es auch ein großes Geschäft für Versicherungen und Banken, mit der Angst vor zu geringen Renten oder mangelnden Sparguthaben im Alter kräftig zu verdienen.

Ähnlich wie bei Gericht die Unschuldsvermutung für Angeklagte so lange gilt, bis das Gegenteil bewiesen ist, gilt inzwischen in unserem Alltag die Unglücksvermutung. Sie ist besonders wirksam, weil ihr Gegenteil nicht zu beweisen ist. Von der Unglücksvermutung, die zum Beispiel Alter mit Krankheit und Armut in Verbindung bringt, profitiert auch jeder Hersteller von Vitaminpräparaten, Anti-Aging-Hormonen oder Nahrungsergänzungsstoffen, von denen die meisten bei näherem Hinsehen überhaupt nicht wirken können. Eines ist allen Wirtschaftszweigen, die mit Unglück Geld verdienen, völlig egal: Die Frage, ob uns die Gefahren, auf die sie sich berufen, in unserem persönlichen Leben überhaupt begegnen könnten. Vielmehr geht es einzig darum, die Hirne möglichst vieler Menschen so geschickt wie möglich mit Ängsten zu füllen. Doch wir wehren uns nicht dagegen. Wir haben nicht gelernt, Grenzen zu ziehen, um unsere seelische Haut zu retten.

Dieses Thema wird in keiner Schule unterrichtet, und die Medien, aus denen viele Kinder heute mehr Wissen entnehmen als aus der Schule, haben kein Interesse an diesem Lernziel. Dabei dürften wir eigentlich nur die Ängste an uns heranlassen, die wir auch verarbeiten können. Das geht nicht ohne Schulung. Denn hinter den Methoden, mit denen unsere Gehirne manipuliert werden, stecken Wissenschaftler, die mehr über das Funktionieren unserer Gefühle und Instinkte wissen als wir, ihre Opfer.

Um unterscheiden zu lernen zwischen den Gefahren, die uns wirklich drohen, und solchen, die an den Haaren in un-

ser Leben gezogen werden, brauchen wir Training, denn wir müssen automatische Reaktionen, so genannte bedingte Reflexe, ausschalten und neu lernen. Je professioneller die Unglücksproduzenten arbeiten, umso schwieriger ist ihre Wirkung zu erkennen und zu neutralisieren. Also findet dieses Training nicht statt, und die Folgen sind zwangsläufig: Unsere Handlungsweisen verändern sich, wir agieren kurzsichtiger, weniger kraftvoll, wagen nichts Neues mehr und verlieren unsere Visionen und Phantasien. Das führt zwangsläufig dazu, dass jeder Einzelne in seinen Erfolgen und Leistungen weit von dem entfernt bleibt, was er für sich erreichen könnte. Der private Schutzraum, den jeder Mensch braucht, ist zerstört. Die seelische Hülle, in der er sich geborgen fühlen und regenerieren kann, wird nicht mehr verteidigt.

Heute soll man im globalen Dorf leben und über alle Gefahren und Unglücke der ganzen Welt informiert sein. Doch wir verlieren dabei eine lebenswichtige Sicherheit: Das Gefühl, zu wissen, wo das Haus des eigenen Lebens seine Mauern hat. Wir leben als seelisch Obdachlose in einer Medienwelt, die uns ohne Unterbrechung absichtlich mit Sturm, Gewitter und Hagel überschüttet. Wir leben regelmäßig in einer Umgebung der Überflutung mit Unglück. Doch die meisten von uns haben sich so daran gewöhnt, dass wir zwar die gesundheitlichen und wirtschaftlichen Folgen spüren, die Ursachen aber nicht mehr meiden wollen. Wir haben uns so an die täglichen Katastrophenmeldungen und reißerischen Schlagzeilen gewöhnt, dass wir unruhig werden, wenn wir sie eine Zeit lang missen müssen. Wir können nicht mehr glauben, dass unsere Welt friedlich und ruhig ist. Wir sind süchtig nach den schlechten Nachrichten geworden, die wir gewohnt sind.

Katastrophen machen uns süchtig

Hand aufs Herz: Halten Sie es aus, eine Weile keine »Tagesschau« oder andere Nachrichtensendungen zu sehen? Können Sie sich vorstellen, mehrere Tage von den Tageszeitungen abgeschnitten zu sein, die uns zum Frühstück die Horrormeldungen aus aller Welt liefern? Wie viel Lebenserfahrung steckt in dem Sprichwort: »Nichts ist schwerer zu ertragen als eine Reihe von guten Tagen«! Es ist doch so: Wenn wir irgendwo den Hinweis auf eine Gefahr entdecken, drängt uns unsere Natur, dem nachzugehen. Wir wollen möglichst viel über diese Gefahr wissen, um sie bannen zu können. Deshalb starren wir gebannt auf den Unfall auf der Gegenspur, wenn wir auf der Autobahn fahren. Deshalb kaufen wir die Zeitung, die uns mit ihrer Angst machenden Schlagzeile die Laune verdirbt. Deshalb bleiben wir vor der Mattscheibe sitzen, wenn die ersten drei Worte der Nachrichtensprecherin ein neues Unglück verheißen.
Welch wundervolle Möglichkeit für gewitzte Profis, uns fernzusteuern: Man muss nur ein Produkt finden, mit dem man uns erst Angst machen kann, und dann sagen: Wenn Ihr das Produkt jetzt kauft, dann erfahrt Ihr die Details und wisst, ob es euch überhaupt betrifft.
Wir haben den Drang, uns täglich zu versichern, dass überall in der Welt die Gefahren, Sorgen und Nöte noch da sind, die wir annehmen. Wäre das nicht der Fall, würden wir es ohnehin nicht glauben. Wir wollen auch wissen, ob sie schlimmer geworden sind. Wenn wir nun die Zeitung aufschlagen, lesen wir von den neuesten Tragödien und Katastrophen und erfahren, dass die Wirtschaft in Gefahr und weder unsere Studienplätze noch unsere Renten sicher sind. Die Welt ist also noch immer die, in der wir uns auskennen.

Stellen Sie sich einmal vor, ein kluger Mensch hätte eine neue Zeitung erfunden. Diese Zeitung hätte das Ziel, nur dann von Katastrophen oder Bedrohungen zu berichten, wenn der Ort, in dem wir leben, und Ihr Arbeitsplatz direkt davon betroffen wäre. Es wären also – im Vergleich zu jetzt – nur selten Sorgen machende Bilder oder Artikel darin. Stattdessen gäbe es Berichte über das ganz normale Leben in Ihrem Viertel. Meinen Sie, dass so ein gut gemeintes Blatt Ihnen genügen würde? Wohl nicht wirklich. Die allermeisten Zeitgenossen würden nach wie vor zu den Gazetten greifen, in denen mehr Action zu finden ist und mehr Blut fließt.

Irgendwie kommt Ihnen das wahrscheinlich selbstverständlich vor. Eigentlich können wir es uns anders gar nicht vorstellen. Doch es gibt Leute, die zum Beispiel ganze Monate ohne Nachrichten in Almhütten verbringen und keine Entzugserscheinungen bekommen. In einigen abgelegenen Ecken der Welt leben noch Menschen ohne Zeitung, Radio und Fernseher, und sie sind keineswegs ständig auf der Suche nach Action, Blut, Schweiß und Tränen. Wir können so etwas nur sehr schwer verstehen, weil wir es nicht gewohnt sind, und werden uns später noch eingehend damit beschäftigen. Tatsächlich meldet unser Gehirn uns die Botschaft »es ist in Ordnung« gerade dann, wenn eben nichts in Ordnung ist, sondern nur das gewohnte Chaos festgestellt wurde.

Wir müssen unsere Seele besser schützen

Wenn es um unsere Innenwelt geht, leben wir in dem traurigen Zustand, in dem sich unsere Umwelt vor dem ersten Gedanken an Umweltschutz befand. Es gibt keine seelischen Rußfilter, die krankmachende Unglückserreger aus unserer Umwelt filtern könnten. Der Gefühls-Sondermüll,

der bei der Produktion von Ängsten anfällt, wird ungeklärt in unser Innenleben geschüttet.
Wir müssen deshalb das Zeitalter der seelischen Ökologie ausrufen, wenn wir die Zerstörungen, die Unglück in unserem Körper, unserem Alltagsleben und unserer Wirtschaft anrichtet, heilen wollen. Wir müssen aufmerksam wahrnehmen, wann wir als Geldautomaten der Unglücksindustrie fungieren sollen, in die man Unglück einfüllt und die dafür Geld ausspucken.
Ganz egal, ob wir Geld, Arbeitsleistung oder politische Zustimmung ausspucken: Es gibt in der Welt zu viele kleine und große Machthaber, die Menschen arm, krank oder gehorsam machen können, weil sie ihr ungeschütztes Innenleben mit Unglück füllen, und die ihnen aus Profitgier ihr Recht auf Glück rauben. Ziehen wir deshalb überall, wo wir können, den Vorhang auf, und sehen wir uns an,

- wer mit unserer Angst Geld verdient und
- wer durch unsere Angst Macht gewinnt.

Damit wollen wir die Chance erhöhen, unser Leben selbst zu bestimmen und unsere eigene Wirklichkeit zu fühlen.
Es mag neu und ungewohnt klingen, doch es liegt auf der Hand: Wir brauchen eine Brandmauer – in der Computersprache eine »Firewall« –, einen persönlichen Schutzschild gegen die Angst. Und unsere Gesellschaft braucht ein Anti-Viren-Programm, das gegen die tägliche Infektion mit Unglückserregern schützende Barrieren baut.
Das geht nicht von heute auf morgen. Den Weg aus einer Sucht nennt man nicht ohne Grund Ent-wöhnung, denn er braucht genau wie die Gewohnheiten genug Zeit, damit unsere Biologie lernen kann. Für unser Bemühen, die Unglücksreize auf unser Fassungsvermögen zu beschränken, damit weniger Sorgenprodukte in unser Leben regnen, bedeutet das: Wenn wir versuchen würden, in einer groß an-

gelegten Kampagne uns und unsere Gesellschaft von selbst gemachten Sorgen zu befreien, würde sich alles dagegen wehren. Wir wären mit solch einem Plan genau so zum Scheitern verurteilt, wie wenn wir allen Schnapstrinkern ihren Korn oder einem Fakir sein Nagelbrett einfach wegnehmen wollten. Deshalb müssen wir die Hoffnung aufgeben, schnelle Erfolge zu erreichen, die tatsächlich weniger Genuss bereiten als langsame, sichere Ergebnisse. Wir müssen uns genug Zeit nehmen, einen Schritt nach dem anderen zu gehen.

Dabei geht es auch um Ihr Recht, sich von Fall zu Fall für die Unglücksindustrie genauso wenig zu interessieren, wie sie sich für Ihr wirkliches Leben interessiert. Das erfordert Mut, wie wir später sehen werden. Doch das ist noch nicht alles. Es geht auch darum, die Vereinzelung aufzuheben, in der jeder, der an Ängsten leidet, seine Ängste zu besiegen versucht. Die Arbeit der Psychotherapeuten, die in den letzten Jahren Ängste therapiert haben, war der berühmte Tropfen auf den heißen Stein. Man kann sie in Bezug auf uns alle nicht gerade als erfolgreich ansehen, wenn man feststellen muss, dass Ängste in unserem Land nicht ab-, sondern enorm zugenommen haben. Es geht deshalb auch darum, die – uns alle betreffenden – Lebensbedingungen anzusehen, in denen unsere Ängste entstehen.

Fazit: Die Menschheit ist nicht weiter gekommen

All dies macht mich wütend. Wofür hat die Menschheit sich Tausende von Jahren entwickelt und versucht, die Natur zu besiegen, wenn nicht dafür, ohne Sorgen leben zu können? Wofür haben Erfinder und Wissenschaftler Jahrhunderte gearbeitet, wenn nicht dafür, dass es mehr Wohlstand und Glück auf der Welt gibt? Anders gesagt: Welch riesige Men-

ge Glück vernichten wir jeden Tag, weil wir uns um die falschen Ziele kümmern?
Wie sieht die Welt jetzt aus? Nie zuvor hatten so viele Menschen Depressionen und Unglückserkrankungen wie in den letzten zehn Jahren. Diese Angaben kann ich aus Statistiken übernehmen. Doch über die Anzahl der glücklichen Mitmenschen gibt es keine Datensammlungen. Wir können nur aus dem Zunehmen der bedrückenden Gefühle in der Welt schließen, dass es offenbar immer weniger Glückliche gibt. Und es stimmt ja. Wenn wir uns ungefiltert den Meldungen der Nachrichten stellen, greift das Gefühl um sich: Wir müssen Sorgen haben. Um unsere Gesundheit, um das Überleben der Natur, um unsere Arbeitsplätze.
Ist die Menschheit wirklich nicht in der Lage, ihren Verstand und ihre Arbeitskraft so zu nutzen, dass es besser für sie wird? Sind wir wirklich so dumm, dass wir die wilden Tiere besiegen und uns feste Häuser bauen, nur um uns dann gegenseitig genau so viel Sorgen zu machen, wie wir vor Hunderttausenden von Jahren mit Sauriern oder Unwettern hatten? Haben wir so wenig Weitblick eingebaut, dass wir die landwirtschaftliche Produktion vervielfachen und für die schweren Arbeiten Maschinen erfinden, ohne zu begreifen, dass dadurch die Arbeit immer weniger wird? Genau das ist es doch, was wir wollten, und jetzt reicht offenbar unser Überblick nicht mehr aus, um die Arbeit neu zu definieren und die Produkte gerecht unter die Leute zu bringen. Stattdessen verteidigen so genannte Wissenschaftler eine Wirtschaft, die mitten im Überfluss Menschen Sorgen macht, ihren Job zu verlieren, weil ganz überraschend die Arbeit nicht mehr für alle zu reichen scheint! Der Arbeitsplatz wird zum Kriterium, das über Existenz oder persönlichen Untergang entscheidet. Doch anscheinend hat keiner gemerkt, wie absurd dieses Kriterium ist, wenn man sich klar macht,

wie viele unserer Jobs eigentlich schon längst nicht mehr nötig sind, weil auch ohne sie für alle genug zum Leben da ist.
Es ist wirklich schlimm! Wenn ich mir ansehe, was unser Leben bestimmt und unsere Aufmerksamkeit auf sich zieht, wird mir klar, wie viele Leute – in den Regierungen, in den Fernsehanstalten, den Zeitungsredaktionen oder in jedem Betrieb – ihr Süppchen darauf kochen, dass sie anderen Sorgen machen und damit Geld verdienen. Ich muss, ob es mir gefällt oder nicht, mit ansehen, dass ganz viele in unserer Mitte keineswegs daran arbeiten, dass die Welt menschlicher und sorgenfreier wird, sondern im Gegenteil: Viele unserer so genannten Leistungsträger sind fest davon überzeugt, dass erst Unzufriedenheit und Angst die Wirtschaft florieren und den Menschen funktionieren lässt. Während sie glauben, dass nur Kampf und Konkurrenz Leistung hervorbringe, nehmen sie sich nicht nur selbst die innere Ruhe, die das Glück braucht, sondern sie verschütten auch allen anderen, die von ihnen abhängig sind, viele Chancen auf Glück. Geborgenheit und Entspannung sind Voraussetzungen für heilendes Glück und das Gefühl, zumindest für diesen Moment mit sich im Reinen zu sein. Wer aber seine Welt so organisiert, dass er genügend zu essen und ein Dach über dem Kopf hat und trotzdem unablässig den inneren Druck erhält, dauernd kämpfen zu müssen, ist über die Klugheit von Neandertalern nicht hinausgekommen.
Ich habe mir zur Aufgabe gemacht, die Unglücks-Infektion in unserer Zivilisation verringern zu helfen. Ich glaube, dass es keine schönere Aufgabe gibt, als menschliches Glück zu wecken. Doch das geht nur, wenn möglichst vielen Menschen klar wird, dass dieser Wunsch überall in unserem Umfeld starke Gegner hat. Das ist auf den ersten Blick nicht zu

sehen, denn natürlich nickt jeder mit dem Kopf, wenn man eine Krankheit heilen will, die aus Mangel an Glück entstanden ist. Aber Sie werden nicht glauben, was man erlebt, wenn es um die Wurzeln der miesen Stimmung in unserem Alltagsleben geht. Unerwartet heiße Eisen begegnen jedem, der ernsthaft das Unglück in unserer Gesellschaft vermindern und das Glück vermehren will.

Wenn man die Wurzeln der Sorgen anfasst, trifft man sofort auf den Widerstand derer, die vom Profit durch Panikmache leben. Sie sind überzeugt, dass glückliche Menschen nicht hungrig und leistungsbereit genug sind. Sie selbst sind dagegen meist an Unglück gewöhnt und deshalb davon nicht abzubringen. Missionarisch treten sie an, Unglück zu vermehren und Misstrauen gegen Glück und Sättigung zu säen. Wir beobachten die Gegner des Glücks

- in der Arbeitswelt, wo wir überall Sorgenmache und die profitabel geschürte Angst vor dem Verlust des Jobs als Teil des Wirtschaftslebens finden können,
- im Miteinander der Firmen, wo es letztlich darum geht, dem Konkurrenten Sorgen zu machen und ihn mit überraschenden Kampftricks wirtschaftlich zu killen, und zunehmend auch
- in den privaten Beziehungen, in denen die Sorge vor dem Verlust des »Marktwertes« zu Höchstleistungen in der Konsumintensität und im Fitnessstudio antreibt und trotzdem nie das anhaltende Gefühl der Sicherheit bringt, das man ersehnt.

Niemand fragt, wie viele von uns keine Lust mehr zu all dem haben und sich schlecht fühlen, aber trotzdem versuchen, mitzuschwimmen. Doch wir sollten diese Frage stellen, und wir sollten sie auch beantworten: Es sind häufig die warmherzigen, menschlichen unter unseren Freunden und Freundinnen, denen die Sorgen zu viel werden und die

nicht mehr wissen, warum sie im Hamsterrad weiter rotieren sollen.

Es sind auch die Nachdenklichen, die nach dem Sinn der Energien fragen, die wir aufbringen: Wozu tun wir etwas, wenn nicht dafür, dass wir auf der Welt miteinander sorgenfreier, gesünder und glücklicher leben können? Stellen wir uns deshalb darauf ein: Wenn wir sorgenfreier leben wollen, geht es zuerst darum, unabhängiger zu werden – von den Sorgenmachern im Job, von den Medien und allen Mitmenschen, die uns mit Sorgen fernlenken wollen. Von denen, die uns heute an unserem Glück hindern, und denen, die uns früher an unserem Glück gehindert haben, denn sie haben die Gewohnheiten in uns geprägt, die uns jetzt immer wieder vom Glück entfernen. Lassen Sie uns auf den folgenden Seiten mit den Entdeckungen beginnen, die dazu notwendig sind.

So ziehen Sie sofort praktischen Nutzen aus diesem Kapitel

- Machen Sie sich ein Bild von dem Lebewesen, das Sie am meisten lieben, und setzen es gleich mit Ihrer Seele. Sie ist das am höchsten entwickelte Netzwerk der Schöpfung, ein Organ mit den wundervollsten Fähigkeiten, die wir Menschen haben. Wer mit seelischen Störungen zu tun hat, weiß: Wenn sie beschädigt ist, macht das Leben keinen Spaß. Schon Ihre Absicht, ab jetzt Ihre Seele zu beschützen, beugt psychischen Problemen vor.
- Führen Sie einen Gedanken in Ihr Konsumverhalten ein: Wenn Sie etwas kaufen, überlegen Sie, ob es Ihrer seelischen Gesundheit dient oder schadet. Für viele von uns ist diese Überlegung bei körperlichen Nah-

rungsmitteln schon selbstverständlich. Ihre Seele nimmt immer ihre Nahrung aus der Umgebung auf, ob Sie wollen oder nicht. Ernähren Sie sie deshalb genau so bewusst wie Ihren Körper.

4. KAPITEL

Grundsteine der Glücksfabrik

In diesem Kapitel entdecken Sie,

- wieso das Glück an erster Stelle der Lebensziele stehen muss
- wie Sie Glücks-Erfinder werden können
- wie Ihnen die Übernahme aller Verantwortung für sich selbst nützt

»Mirella!« Die alte Frau lehnte sich mit tränenerstickter Stimme so weit aus dem Fenster, dass sie hinunterzustürzen drohte. Ihre Tochter war schon am Hoftor angekommen. »Mirella, mach dich nicht unglücklich!« Doch Mirella drehte sich nicht mehr um. Mit letzter Kraft versuchte die Mutter, noch lauter zu rufen: »Mirella, er ist nichts wert! Er ist wie dein Vater. Er wird dich verlassen. Komm doch zurück!« Wie aus einem Nebel hörte sie die Stimme ihrer Tochter: »Er hat gesagt, er macht mich glücklich!« Dann sank die alte Frau in sich zusammen. Sie hatte nur noch ein Gefühl: Alles, was sie im Leben getan hatte, war vergeblich gewesen. In diesem Moment zog ihre eigene Jugend an ihr vorbei. Sie sah noch in allen Farben die Bilder; das Gesicht ihrer Mutter, die versucht hatte, sie von David abzubringen. »Er ist ein Spieler. Und er trinkt. Er wird dir kein Glück bringen.« Natürlich hatte sie nicht auf sie gehört. Sie konnte ihre Tochter so gut verstehen. Doch alles, was ihre Mutter befürchtet hatte, war eingetroffen. Ihr Glück hatte nur ein Jahr gewährt. Als ihre Tochter kam, war sie schon allein …

An erster Stelle muss das Glück stehen

Wie können wir uns vor der ständigen Unglücksberieselung schützen und die Produktion von Glück aufnehmen? Die erste Voraussetzung dafür ist ganz einfach. Wir müssen Glück erschaffen wollen. »Na klar«, werden Sie sagen, »das ist doch genau das, was ich will.« Doch halt: Ich möchte Ihnen dazu eine Frage stellen: Haben Sie wirklich vor, die Herstellung von Glück zu dem Hauptziel Ihres Lebens zu machen? Die meisten Menschen wollen etwas anderes. Sie wollen reich werden, berühmt oder etwas zu sagen haben und wichtig genommen werden. Und als Beiprodukt dazu

soll das Glück von selbst kommen. Ich muss Ihnen sagen: Glück ist kein Beiprodukt.
Wenn Sie Glück erreichen wollen, muss Glück Ihr Ziel sein. Sonst erreichen Sie vielleicht Reichtum. Doch sehen Sie sich die Bilder der reichsten Menschen der Geschichte an. Meist erkennen Sie mürrische, misstrauische Gesichter, in denen sich eines kaum spiegelt: Glück. Der Weltschauspieler Alain Delon sagte kurz vor seinem siebzigsten Geburtstag: »Ich habe mein Leben satt. Ich war immer auf Erfolg programmiert. Ich habe Erfolg bekommen. Aber glücklich bin ich dabei nicht geworden.« Sie werden sehr viele ähnliche Äußerungen in den Biografien von reichen, berühmten oder wichtigen Menschen finden. Glück ist eben weder eine automatische Beimischung des Reichtums noch des Ruhms oder der Wichtigkeit, die Sie erreichen.
Kennen Sie den Satz: Glück und Glas, wie leicht bricht das? Glück hat wie Glas ganz bestimmte Voraussetzungen, unter denen es entstehen kann. Für Glas brauchen Sie bestimmte Zutaten, die sie in einer definierten Weise zusammenrühren und dann bei einer bestimmten Hitze brennen. Glück kann eben auch nicht entstehen, wenn eine Zutat, sagen wir mal Zeit, Kreativität oder Liebe, fehlt.
Es gibt häufig Situationen, in denen sich Menschen entscheiden müssen, Erfolg zu Gunsten von Glück in den Wind zu schlagen.
Als ich dreißig war, wurde ich in die Leitung einer Klinik befördert; eine Aufgabe, die viele wichtige Funktionen mit sich brachte. Doch als wenig später mein erstes Kind geboren wurde, entschied ich mich, weniger zu arbeiten und mehr Zeit mit meinem Kind zu verbringen. Damit war der berufliche Erfolg wieder verkleinert, denn postwendend verlor ich den Posten in der Klinikleitung. Was ich jedoch dafür an Glück von unserem Baby geschenkt bekam, machte diesen

Verzicht mehr als wett. Ich hatte also das Glück gewählt, wohl wissend, dass mir dann weniger Geld und Erfolg winken würde.

Werden Sie Glücks-Erfinder

Kürzlich las ich in einer Zeitschrift einen interessanten Artikel über ein Entwicklungsprojekt, das überall in der Welt erfolgreich Inseln des Friedens schafft, wo vorher blutige Auseinandersetzungen herrschten: »Wir müssen herausfinden, wie Frieden erschaffen werden kann. Alle Welt weiß seit Jahrtausenden, wie man Streit und Krieg in die Welt setzen kann. Das ist inzwischen sehr einfach für uns. Aber kaum jemand hat eine systematische Kenntnis darüber, welche Zutaten genau zusammen kommen müssen, damit Frieden entsteht. Wir müssen deshalb soziale Erfinder sein.«

Dieser Satz gefällt mir sehr, denn genau das wird auch von jedem von uns verlangt, wenn wir in einer menschlichen Gemeinschaft Glück erschaffen wollen. Ob in der Liebe oder im Beruf: Wenn wir keine sozialen Erfinder sind, die immer neue Wege finden, wie sie Glück in jeder Lebenssituation produzieren können, verlieren wir Glück, und das Leben wird langweilig. Jedes Glück ist wieder anders, und seine Fülle ist unerschöpflich.

Damit tun wir etwas Neues, auf das die Welt noch gar nicht richtig eingestellt ist. Deshalb müssen wir wissen: Ebenso wie die Friedensaktivisten haben wir Feinde, Leute auf der anderen Seite, die von Krieg, Unglück und Krankheiten profitieren und alles versuchen werden, uns zu stören. Die Mehrheit der Menschen auf der Welt glaubt noch nicht daran, dass es möglich sei, von Glück im Beruf und von Frieden in Auseinandersetzungen mehr zu profitieren als von

Konkurrenz, Kampf und Gewalt. Die Geschichte der Menschheit hat sich bereits bis zur Demokratie entwickelt. Davon haben gerade wir Deutschen in den letzten sechzig Jahren unendlich profitiert. Aber bis wir ernsthaft für möglich halten, nicht nur friedlich, sondern auch glücklich zu leben, ist noch ein weiter Weg. Heute mag es Ihnen utopisch erscheinen, doch eines Tages wird zum Studium der politischen Wissenschaften nicht nur ein Grundwissen in Friedensforschung gehören, sondern auch Basiswissen in der Herstellung von Glück.

Vielleicht fragen Sie sich, was mich dabei so sicher macht. Es ist die Natur des Menschen, der auf seinem Weg nicht anhalten kann, bis er seine Träume – wenn auch unter vielen Rückschlägen – verwirklicht hat. Wenn Sie daran zweifeln, dass in unserem Alltag Konkurrenz und Kampf immer noch den größeren Raum einnehmen, genügt ein Blick ins Fernsehen. Wir alle wissen: Die Nachrichtensender holen schlechte Nachrichten ans Licht der Öffentlichkeit, weil sie sich davon immer noch die meisten Zuschauer versprechen.

Damit verstärken sie die Präsenz von Unglück und Streit. So haben wir uns seit den römischen Veranstaltungen von »Brot und Spielen« kaum weiterentwickelt. Wie viele Shows sehen Sie in Ihrer Programmzeitschrift, in denen es darum geht, Glück zu erschaffen? Auf welchem Kanal wird derjenige ein Star, der mit besonders erfindungsreichen und schnellen Bemerkungen möglichst vielen Studiogästen ein glückliches Glitzern in die Augen zaubern kann?

Und wie viele Shows entdecken Sie, in denen der berühmt wird, der die Studiogäste möglichst erfindungsreich abwerten und blamieren kann? Wie viele Shows finden Sie, in denen Paare gezeigt werden, die vormachen, wie man Probleme löst und miteinander glücklich wird? Und wie groß ist die

Fülle der Sendungen, in denen Kids, die nur Erfahrungen in Streit und Gewalt sammeln konnten, aufeinander gehetzt werden?

Tragen Sie alle Verantwortung für sich allein

In den Anfangskapiteln habe ich versucht, die Einflüsse zu schildern, die in unserem »Psychotop« ständig für Sorgen und Spannung sorgen. Dieser Begriff soll, angelehnt an das Wort Biotop, alle Einflüsse bezeichnen, die seelisch in der Umgebung auf uns wirken, in der wir uns gerade aufhalten; er umfasst deshalb die Menschen, die Farben und Formen, das Wetter, die Natur, die Gesellschaft und Medien; eben alles, was unsere Seele speichert. Ich werde ihn deshalb gern und häufig verwenden.

Da wir nun mal in dieser Welt leben und da wir offene Augen und Ohren haben, können wir unser Innenleben nur verändern, wenn wir die Zuflüsse stoppen, die angsterregende Gefühle in uns hinein- und unser Geld aus unserem Portemonnaie herausleiten wollen. Dabei haben wir einige wichtige Grundsätze, mit denen wir uns gegen alle stemmen, die denken, sie könnten uns manipulieren.

Wir nehmen ab jetzt alle Verantwortung und damit die ganze Handlungsfähigkeit wieder selbst in die Hand. Wir stellen uns auf den Standpunkt:

1. Nicht die Werbeagenturen, die »Bild«-Zeitung, RTL oder Sat 1 oder andere manipulierende Mitmenschen sind verantwortlich für die Botschaften, die uns die eigenen Gefühle nehmen. Wir selbst sind verantwortlich für das, was wir anderen abkaufen.
2. Wir fragen uns nicht, wie wir unsere Gefühle verändern können, denn wir wollen unsere Gefühle über aktives Leben verbessern. Deshalb fragen wir nicht, wie wir uns

anders fühlen können, sondern fragen uns, was wir anders machen können, um uns besser zu fühlen.

3. Wir nehmen uns nicht zu Sylvester vor, im nächsten Jahr mit der schwierigen Aufgabe, alles anders zu machen, zu beginnen. Wir fangen sofort mit einem kleinen Schritt an, etwas anders zu machen.

Gehen wir also auf den ersten Schauplatz, auf dem wir etwas anders machen können. Versuchen wir etwas weiterzukommen in seelischer Nahrungswissenschaft. Das Medienfutter, die geistige Nahrung wirkt auf unsere Stimmung und unser Lebensgefühl nicht anders als unser Essen auf unsere inneren Organe.

Der amerikanische Wissenschaftler George Gerbner und andere fanden heraus: »Mehr Viel- als Wenig-Fernseher haben Sorgen, bei Nacht allein durch die Stadt zu gehen, schützen sich durch Hunde, Waffen oder neue Schlösser vor Verbrechen, halten die allgemeine Lage für immer schlechter, halten die Geburt von Kindern in dieser Welt für unverantwortlich und haben kein Vertrauen zu den Politikern.« Die »scary world«, die sorgenerregende Welt des Vielsehers ist so beschrieben.[1]

Das mag auf Sie und mich nicht zutreffen, aber dass diese Berieselung gesund ist, kann man sicher trotzdem nicht sagen. Wer sich dazu entschließt, daran etwas zu ändern, um seine Gefühle wieder selbst in die Hand zu bekommen, geht zuerst nur irgendeinen kleinen Schritt, der anders ist als das, was er immer tut. Hier können wir unserer Kreativität freien Lauf lassen, natürlich immer in der Richtung, in der wir uns besser fühlen werden. Ein einfacher Schritt könnte zum Beispiel so aussehen:

1. Ich kaufe mir eine Zeitung, die ich mir sonst nicht kaufe.
2. Ich stelle mal abends einen Sender ein, den ich sonst nicht sehe. Oder, wenn ich ganz energisch bin:

3. Ich widerstehe einmal meiner Gewohnheit, gleich beim Anlassen des Autos das Radio einzuschalten, und nehme mir lieber meine Lieblingsmusik mit, die ich dann in den Kassetten- oder CD-Schacht stecke, und zwar am besten zu einer Zeit, zu der ich sonst Nachrichten hören würde.

Es geht also wirklich nicht darum, sich großartig zu überwinden oder Heldentaten zu vollbringen. Damit würden wir nur einen Gegeneffekt wie bei einer Diät provozieren. Auch bei einer Diät strebt der Körper danach, seine gewohnte Basis wiederherzustellen, unabhängig davon, was das Bewusstsein gern hätte. Das folgende wissenschaftliche Ergebnis zu den Problemen einer Diät ist deshalb für jede Veränderung von Verhalten und Gefühl, die wir anstreben, interessant: Wissenschafter der Columbia University haben nachgewiesen, warum es oft schwer ist, nach dem Abnehmen das Gewicht zu halten. Verantwortlich dafür ist, dass der Körper versucht, die verlorene Fettmenge wieder auszugleichen. Der Körper scheint den Verlust von Gewicht als einen Mangel (des Appetithormons Leptin) zu interpretieren und versucht daher, das »normale« Gleichgewicht wieder herzustellen.[2]

Wenn Sie das Buch »Die Angst vor dem Glück«[3] gelesen haben, erinnern Sie sich an die Theorie der Schmerz-Homöostase, nach der der Körper gewohnte Schmerzzustände wieder herzustellen versucht. Das Gleiche gilt für gewohntes Unglück.

Glücksforscher sind sich einig in dem Rat: »Finden Sie die kleinen Dinge des Lebens heraus, von denen Sie wissen, dass sie Ihnen Spaß und Freude machen: Gutes Essen, gutes Trinken, im Garten arbeiten, Freizeit mit Freunden verbringen – die Liste ist endlos. Und versehen Sie Ihr Leben mit jeder Menge Tüpfelchen davon. Auf lange Sicht werden Sie damit glücklicher leben als mit irgendeiner großartigen Leistung, die Ihnen eine Zeit lang großen Auftrieb gibt.[4] Es geht

einfach nur darum, eine Kleinigkeit nach der anderen anders zu machen.

Das Ziel ist, weniger glücksfressende Sorgenreize in sich einzusaugen, die in unserem Psychotop herumschwimmen, und statt dessen nach und nach immer mehr Anregungen nachzugehen, die uns aufbauen und Kräfte freisetzen. Im Grunde haben wir die gleichen Ziele wie die Medienmacher; allerdings haben die auch dafür schon ihren Begriff, sie nennen es »mood management«. Wir brauchen uns jedoch nicht so von ihnen managen zu lassen, dass wir uns schlechter fühlen und dafür auch noch zahlen. Wir wollen uns lieber selbst managen und können ihre Produkte natürlich dazu nutzen. Beiträge, die uns häufiger mit angenehmen, wohligen Gefühlen füllen, finden wir mit Sicherheit, wenn wir uns mal die Programmzeitschrift vornehmen, und es gehört zu den wirklich gesunden und angenehmen Dingen des Lebens, immer mehr davon zu genießen.

Re-programmieren wir deshalb als erstes unsere Medienumgebung in kleinen Schritten. Hier sind noch ein paar Beispiele:

1. Gehen Sie in einen romantischen Film. Entweder Sie genießen ihn – oder Sie können darin einschlafen und sich über die tiefe Entspannung freuen.
2. Reduzieren Sie die aktuellen Nachrichtensendungen. Wenn Ihre KollegInnen oder Ihre PartnerIn etwas sagen, ist das für Ihr Leben meist viel wichtiger, weil folgenreicher.
3. Durchsuchen Sie die Zeitung nach Meldungen, die Ihnen Freude und gute Gefühle machen können.
4. Gehen Sie lieber essen mit Menschen, bei denen Sie sich entspannt und wohl fühlen, als vor der Glotze zu sitzen.

Ich bin sicher, es wird Ihnen noch viel mehr einfallen, wenn Sie erst den Spaß kennen, einfach mal etwas anders zu machen. Mein Tipp ist jedoch: Lassen Sie es bei den kleinen Schritten. Vielleicht kommen Ihnen die zunächst lächerlich vor, oder Sie fragen sich, was so eine winzige Veränderung für andere Gefühle hervorziehen soll. Doch wir reagieren auf unser Psychotop, das uns auch selten mit dem Holzhammer unsere Gefühle programmiert hat, sondern meist mit der alten Taktik, die heißt: Steter Tropfen höhlt den Stein. Wenn Sie in einem Aquarium schwimmen, dessen Wasser nicht durch Dreckklumpen vergiftet wird, sondern durch Schwebstoffe, müssen Sie halt die Schwebstoffe ausfiltern. So, wie die Seele konstruiert ist, geht das Lernen von Gefühls-Gewohnheiten nur mit einem sorgfältig geknüpften Netz aus kleinen Schritten.

Wir stehen also vor der mutigen Entscheidung, weniger auf Zeitungen, Radio und Fernsehen zu hören, um dafür glücklicher zu werden. Diese Entscheidung wird der sanfte Wendepunkt in unserem Leben. Wir gewinnen die Unabhängigkeit, die wir brauchen, nicht durch therapeutische Manipulationen und geheimnisvolle Gehirnwäschen. Wir können bewusst und einfach entscheiden, etwas grundlegend anders zu machen. Das verlangt Mut, und Mut ist meist heilsam. Es ist nämlich kein Pappenstiel, den Beschluss durchzuhalten, von Schlagzeilen und entfernten Unglücksmeldungen unabhängig zu leben. Das bedeutet zum Beispiel, zu folgender Haltung zu stehen: »In einem anderen Teil der Welt sind gerade Menschen gestorben, aber ich will trotzdem glücklich sein.« Diese Entscheidung löst moralische Ängste aus und ist deshalb nicht einfach.

Doch ich habe meinen Frieden damit gemacht. Ich bin der gesunden Meinung, dass ich mich nur für die Unglücke interessieren muss, deren Ausläufer mich tangieren oder bei

denen ich helfen kann. Alle anderen will ich überhaupt nicht wissen, denn genau betrachtet sind sie nur zufällig herausgegriffen aus der Fülle von Leid und Unglück, die überall auf der Welt ständig neu entsteht, weil die Natur ihre eigenen Gesetze hat und die Menschen nirgends vollkommen sind. Eigentlich sind sie auch nicht zufällig herausgegriffen, denn meist werden speziell diejenigen ausgewählt, von denen sich die Nachrichtenmacher am meisten Aufmerksamkeit und Verdienst versprechen. Abgesehen davon, dass die Glücksfälle, die täglich auch auf der Welt entstehen, in den Nachrichten nicht vorkommen. Warum sollte ich da mitmachen?

In Wahrheit gibt es auf der Welt ununterbrochen Glück und Unglück. Und, nebenbei gesagt, ich glaube, wenn Sie und ich mehr in der Welt zu sagen hätten, würde es vielleicht weniger Unglück geben. Würden Sie schlecht abgestützte Bergwerke in China zulassen oder schrottreife Flugzeuge in Kenia? Wenn ich meine Augen ständig auf das Unglück richte, werde ich auch unglücklich. Wenn ich sie überwiegend auf das Glück richte, werde ich glücklicher.

Ich muss mich entscheiden, und meine Entscheidung heißt: Wenn ich mich um die Unglücke kümmere, die mein Leben berühren, und um die, bei denen ich irgendwie helfen kann, bin ich mit mir im Reinen und habe trotzdem noch genügend Kräfte frei, um an meinem Glück zu arbeiten. Seit ich diese Entscheidung getroffen habe, gelte ich manchen Zeitgenossen jedoch als Ignorant.

Während sich die anderen über die Zahlen des letzten Grubenunglücks in China austauschen, müsste ich zuerst betreten meine Schuhspitzen anstarren, um nicht angesprochen zu werden, und dann gestehen, dass ich davon keine Ahnung habe. Wenn ich es doch nur täte! Doch mein kaum bezähmbarer missionarischer Eifer bringt mich immer wie-

der dazu, zu fragen: Habt Ihr nichts Besseres zu tun, als euch um ferne Unglücke zu kümmern? Nutzt eure Zeit doch lieber, um euch darüber auszutauschen, ob Ihr die Gründe für den letzten Beziehungsstress verstanden habt, oder um was Sinnvolles zu arbeiten. So wird jede normale Arbeitspause zu einer interessanten Talk-Show, und am Ende gibt es manche, mit denen ich mich gar nicht mehr, andere aber, mit denen ich mich zukünftig umso besser unterhalten kann. Mein Glück ist, dass viele Leute noch gar nicht darüber nachgedacht haben, womit sie sich täglich die Laune verderben, und dass es doch viele gibt, denen Nachdenken etwas bringt.

So werde ich immer sicherer, dass meine Bereitschaft, sensationelle »Breaking News« nach dem ersten Blick abzuschalten, heilsam und ungefährlich ist, und gewinne auch noch täglich weitere Mitstreiter. Sie beweisen, dass die Welt durch unsere Haltung kein schlechterer Platz wird, man selbst aber deutlich vom eigenen Glücks-Schutzfaktor profitiert. Wer glücklich sein will, muss sich entscheiden, seltener unglücklich zu sein, denn es gilt: Das Glück geht dahin, wo es gut behandelt wird.

So ziehen Sie sofort praktischen Nutzen aus diesem Kapitel

- Verstehen Sie sich als ErfinderIn von Glücksmomenten. Experimentieren Sie für sich und in Beziehungen mit Inszenierungen, Äußerungen und Geschenken, die glücklich machen könnten.
- Halten Sie sich nicht damit auf, die Schuld an einem Problem bei den Verursachern zu suchen. Machen Sie alles, was Sie unzufrieden macht, zu Ihrer Aufgabe und beginnen sofort mit dem ersten Schritt, sie zu lösen.

5. KAPITEL

Aktiv unglücklich

In diesem Kapitel entdecken Sie,

- dass wir unser Unglück aktiv machen und deshalb auch unser Glück aktiv machen müssen
- wie Sie Müll aus der Seele werfen
- warum wir uns vor Unglücks-Infektionen schützen müssen, um glücklich zu werden
- warum Tausende von Therapeuten die Welt nicht angstärmer gemacht haben

... Mirella ging den Berg hinab. Die frische Luft tat ihr gut. Wieso hatte es so kommen müssen? Sie wollte keinen Bruch mit ihrer Mutter, die sich so für sie aufgeopfert hatte. Aber zu Costas hatte sie sich sofort hingezogen gefühlt. Es war vom ersten Moment an so, als ob sie sich schon Jahre kennen würden, und wenn sie auch seine Schwächen kannte: Sie war sicher, dass sie ihn ändern konnte, und außerdem hatte er versprochen, sie glücklich zu machen. Der Blick, mit dem er sie dabei angesehen hatte, das war der Blick, nach dem sie sich immer gesehnt hatte ...

Du machst dein Unglück selbst

Wir können unser Glück nur durch eigene Aktivität erreichen, weil wir auch unser Unglück durch eigene Tätigkeit zustande bringen.
Das mag auf den ersten Blick ungewohnt klingen, aber es ist nötig, sich eine spezielle Sichtweise zu eigen zu machen, wenn wir unser Glück selbst in die Hand nehmen wollen: Wir müssen erkennen, dass wir nicht gottgewollt und passiv in die immer gleichen Konflikte und Misserfolge hineinschlittern, sondern dass wir aktiv an unserem Unglück arbeiten. Das klingt natürlich hart. Wir müssen auch sehen, dass unsere Gewohnheiten es schwer machen, etwas anderes zu tun als das, was wir bisher immer automatisch getan haben. Das wird umso schwerer, wenn wir die Zukunft als etwas ansehen, das wir perfekt organisieren müssen. Die Zukunft funktioniert nur, wenn wir Freiräume lassen, um täglich neue Chancen zu erkennen und zu wagen.
Doch betrachten wir eins nach dem anderen. Erst wenn wir uns überwunden haben, unsere unzufriedenen Momente als Ergebnis eigener aktiver Handlungen anzusehen, kommen wir weiter. Das ist einerseits schwierig und andererseits

leicht zu verstehen. Angenommen, Sie sind in einem Land aufgewachsen, in dem man anderen Menschen zur Begrüßung immer die rechte Hand gibt. Dann kommen Sie beruflich in ein Land, in dem es verpönt ist, anderen Leuten die rechte Hand zu geben. Man berührt sich nicht, sondern faltet zur Begrüßung die Hände vor dem Gesicht. Wenn Sie versuchen, den anderen zu berühren, gilt das als Ausdruck von primitivem Benehmen, das Sie von allen gesellschaftlichen Begegnungen ausschließt.

Jetzt sind Sie in diesem Land den ganzen Tag beruflich unterwegs. Ständig treffen Sie Menschen, bei denen Sie einen guten Eindruck machen wollen. Bei der Begrüßung des Ersten passen Sie noch auf, dass Sie ihm nicht die Hand hinstrecken. Dann haben Sie sich eine Stunde angeregt unterhalten. Sie finden Ihren Gesprächspartner sehr sympathisch und die geschäftlichen Aussichten fantastisch. Glauben Sie mir: Zum Abschied werden Sie ihm die Hand hinstrecken und sich damit alles ruinieren. Das wird Ihnen an diesem Tag noch öfter passieren. Und wenn Sie dann nach einem Jahr wieder zurück nach Europa kommen, werden die Kollegen hinter vorgehaltener Hand über den seltsamen Kauz kichern, der sie mit vor dem Gesicht gefalteten Händen begrüßt, als wolle er sie anbeten.

So einfach ist es mit den Dingen, mit denen wir uns unser Glück vermiesen. Wir machen überhaupt nichts Schlechtes, sondern sind einfach ein bisschen out of time. Wir benehmen uns an einem neuen Ort so, wie es an einem alten richtig war. Was immer das sonst noch heißt; es heißt auf jeden Fall, dass wir uns das Leben durch eigene Aktivität schwer machen. Nicht mit Absicht, nicht auf Grund tief liegender Störungen, sondern einfach aus Gewohnheit.

Es passt uns zwar nicht, dass wir das tun, aber andererseits: Es ist auch gut so. Zumindest ist es viel besser, als wenn wir

von irgendjemandem ferngesteuert würden. denn dadurch, dass wir es selbst machen, wird es viel einfacher, etwas zu verändern. Jetzt können wir uns nicht nur dadurch helfen, dass wir vieles tun, sondern vor allem auch dadurch, dass wir einfach einiges lassen, um unser Wohlbefinden zu steigern. Das ist besonders wichtig für jeden, der sich durch eine Therapie weiter entwickeln will. Denn die Therapie muss nicht harte Arbeit, Schweiß und Tränen bedeuten. Therapie kann etwas ganz anderes heißen. Sie kann uns verstehen lassen, dass das Leben angenehmer und glücklicher wird, wenn wir etwas Falsches weglassen und stattdessen mehr Ruhe und Genuss ins Leben bringen. Wenn wir verstehen, dass weniger Konsequenz und mehr Lust gesund für Körper, Geist und Wirtschaft sind, kann es uns allen besser gehen, obwohl wir unser Leben weniger tugendhaft genießen. Das gilt für alle Krisenfelder, vom eigenen Leben bis zum Florieren der ganzen Volkswirtschaft.

1-mal täglich Seele putzen

Im Jahr 1348 erklärten Ärzte an der Sorbonne zu Paris das Auftreten der Pest mit dem Zusammentreffen von Saturn, Jupiter und Mars im Haus des Wassermanns. Ihre feuchten Ausdünstungen hätten sich in den Lungen zu einer gefährlichen Materie geballt. Hilflos standen Europas Gelehrte vor der größten unter allen Epidemien, die den Kontinent vom Altertum bis in die Neuzeit überrollte. Das Volk hatte seine eigenen naiven Deutungen: Jüdische Brunnenvergifter sollten schuld sein, begierig, die Christen zu vernichten.
Heute wissen wir: Ursache der Pest ist fehlende Hygiene, die zum Beispiel Ratten begünstigt. Sie übertragen zunächst durch Parasiten, wie zum Beispiel Rattenflöhe, die Erreger auf den Menschen. Später ist auch die Übertragung von

Mensch zu Mensch möglich. Weil Quarantäne noch nicht üblich war und weil es oft an der elementarsten Hygiene mangelte, kannte die Pest keine Barrieren: Von 1347 bis 1351 verlor Europa rund ein Drittel seiner Bevölkerung. 1348 erreichte der »Schwarze Tod« Wien, wenig später französische Gebiete. 1350 griff er nach Skandinavien und England über. Inzwischen haben wir verstanden, wodurch die Pest entsteht. Und nun sind wir in der Lage, sie einzudämmen.

Im Jahr 2004 erklärten Wissenschaftler des Hamburger Weltwirtschafts-Institutes das Auftreten der deutschen Rekord-Arbeitslosigkeit mit dem zu geringen Wirtschaftswachstum und der mangelnden Konsumneigung der Deutschen. Ihre negativen Auswirkungen hätten sich für die Wirtschaft zu einer gefährlichen Konstellation zusammengeballt. Hilflos standen Europas Gelehrte vor der größten bis dahin in Deutschland gesehenen Arbeitslosigkeit, die das Land seit dem Krieg überrollt hatte. Das Volk hatte seine eigenen naiven Deutungen: Die Politiker sollten schuld sein, begierig, das Volk zu täuschen, um dann trotz eigener Unfähigkeit wiedergewählt zu werden und sich selbst die Taschen zu füllen.

Heute behaupte ich: Ursache der mangelnden Konsumfreude der Deutschen ist fehlende seelische Hygiene, die unberechtigte Ängste begünstigt. Sie werden übertragen durch Massenmedien wie zum Beispiel Zeitungsverlage, die ihre Leser mit der Erwartung von Unglück infizieren, weil sie davon leben. Später ist auch die Übertragung von Mensch zu Mensch möglich. Weil seelische Hygiene als politische und wirtschaftliche Aufgabe noch nicht bekannt ist und weil es oft an den elementarsten Kenntnissen über die Ansteckungswirkung der eigenen Veröffentlichungen mangelt, kennt die Angst keine Barrieren: Von 2000 bis 2005 verlor Deutschland den Anschluss an die Wachstumsraten der

führenden Industrienationen. 2003 überschritt Deutschland erstmalig die Defizit-Grenze der Europäischen Union, 2004 stieg die Arbeitslosigkeit weiter, und die Defizit-Grenze wurde zum dritten Mal gerissen. Durch die gegenseitigen Verflechtungen wirkt die fehlende deutsche Kauflust auch in die anderen Länder der EU.

Inzwischen sind wir leider noch weit davon entfernt, zu verstehen, wodurch Angst als Grundstimmung eines ganzen Wirtschaftsraums entsteht. Deshalb werden Sie auch weiterhin mit ansehen müssen, dass hoch bezahlte Wirtschaftswissenschaftler die Ursachen von Arbeitslosigkeit in fehlendem Wachstum suchen, das sie auf den Satan Bevölkerung schieben, die einfach nicht konsumieren will.

Das bewirkt, wie wir überall beobachten können, überhaupt nichts. Und darüber braucht man sich auch nicht zu wundern, denn: Als im Mittelalter die damaligen Gelehrten, genannt Priester, den Sterbenden selbst die Schuld an der Wirkung des Pest-Erregers gaben, waren sie damit auch nicht übermäßig erfolgreich.

Ich behaupte deshalb: Wir leben im Mittelalter der seelischen Hygiene. Wir können unsere seelische Situation gut vergleichen mit der medizinischen Situation im 14. Jahrhundert, als man ratlos vor den Schrecken von Pest und Cholera stand und noch nicht wusste, dass sich diese Krankheiten durch mangelnde Hygiene verbreiteten. Man nahm Krankheiten als gottgegeben hin und versuchte zu beten. Doch wie wir wissen, war das den Parasiten und Bakterien ziemlich egal.

Heute erinnert mich die Sprache unserer Wirtschaftsfachleute an die Priester der damaligen Zeit. Sie haben in unserer modernen Gesellschaft die Bedeutung der früheren Geistlichkeit angenommen; ihre Vorschläge, wie das Unheil der Welt zu beherrschen sei, sind eine Art Bibel für Politiker

und Unternehmer. Dabei erinnert die Art, wie sie zum Beispiel das Auf und Ab unserer Konjunktur hinnehmen, an die gleiche machtlose Gläubigkeit, die damals die Priester auszeichnete. Treffen ihre Vorhersagen nicht ein, sind – wie altbekannt – die Gläubigen schuld, die nicht gläubig genug waren und die Gebote nicht hinreichend beherrscht haben. Doch sieht man hinter die wissenschaftliche Fassade der Wirtschaftspropheten, entdeckt man keine Wissenschaft, sondern nur die Fortschreibung der Vergangenheit auf die Zukunft. Es gibt aus der Erfahrung heraus Werkzeuge, die über Leitzinsen oder Geldmenge-Veränderungen eine träge Steuerung der Konjunktur ermöglichen. Doch vor einer der größten Herausforderungen, der Heilung von Angst in wirtschaftlichen Netzen, hat sie kläglich versagt. Wir müssen zugeben: Das Mittelalter ist heute.

Wenn ich von dieser Annahme ausgehe, kann ich die Grundlagen für das Maß an Glück, das in einem Staat möglich ist, neu bestimmen. Ich kann nämlich nicht ernsthaft versuchen, mich von der Stimmung, die in meinem Lebensraum herrscht, völlig abzukoppeln. Wenn ich aus der Tür gehe und in miesepetrige Gesichter sehe, muss sich das auf meine Stimmung auswirken.

Wenn ich versuche, die Augen davor zu verschließen, laufe ich gegen den nächsten Laternenpfahl. Wenn ich nach Hause komme und Musik hören will, kann ich bei der Sendersuche nicht vermeiden, dass ich auch die neuesten Ängste der Nachrichtenredakteure höre, denn ich kann meine Ohren nicht für das eine verschließen und für das andere öffnen. Und wenn ich meinen Familienmitgliedern, Freunden und Kollegen verbieten will, über die Zukunftsängste in unserem Lebensraum zu reden, werde ich so viel Ärger kriegen, dass mit Glücklichsein bald gar nichts mehr ist. Ich muss mich deshalb darum kümmern, welche Ängste und Glücks-

trüber sich in der seelischen Quelle herumtreiben, aus der ich täglich einen Teil meines Lebensgefühls ziehe.
Versuchen wir deshalb mal einen andern Weg. Wir fragen: Welche seelischen Erreger könnten Epidemien von Unglück auslösen? Sind es vielleicht Informationen, die sich unter uns breit machen und unsere Gefühle verändern? Und sind die seelischen Flöhe, die sie in unsere Gehirne übertragen, vielleicht die Schlagzeilen, die wir täglich konsumieren? Führen diese übertragenen Gefühle zu ferngelenkten Entscheidungen, die über die Phantasie und Handlungen von Zielgruppen entscheiden? Und infizieren sie schließlich immer größere Gruppen bis hin zu ganzen Völkern, die dann z. B. über das wirtschaftliche Auf und Ab der Welt mit entscheiden? Die Antwort heißt: Ja.
Stellen wir uns einmal vor, wir seien jetzt 600 Jahre weiter. Es gäbe Regeln für die Psychohygiene, die erreichen sollen, dass unsere Psychotope so wenig wie möglich verschmutzen und in großem Stil seelische Belastungen vermieden werden. Wenn man sich fragt, wie solche Bedingungen für seelische Ökologie heißen würden, stellt man fest, dass sich die Regeln für körperliche und seelische Hygiene auf verblüffende Weise ähneln. Was kommt dabei heraus, wenn wir zum Beispiel den Begriff Bakterien durch Gefühle ersetzen und auf unseren Umgang miteinander übertragen?
So, wie wir mühsam gelernt haben, uns regelmäßig die Hände zu waschen, weil es Bakterien gibt, die wir bei jedem Einkaufsbummel aufsammeln, könnte eine Grundregel der seelischen Gesundheit heißen:

- Erweitere dein Wissen darüber, mit welchen Gefühlen du dich in deinem Psychotop anstecken kannst.
- Wenn du gesund bleiben willst, sammle Wissen darüber, wie du dich vor Gefühlen schützt, die du ungewollt aufgesammelt hast.

- Achte darauf, andere nicht mit Gefühlen anzustecken, die ihre seelische Gesundheit belasten. Wenn du nicht glücklich bist, kannst du damit andere anstecken und ihr Leben beeinträchtigen.

Vielleicht kennen Sie noch aus Ihrer Fahrschule den Paragraphen 1 der Straßenverkehrsordnung, der sinngemäß heißt: Es ist nicht erlaubt, andere in ihren gleichen Rechten auf unseren Straßen zu behindern oder zu beeinträchtigen, wenn es vermeidbar ist. Solch eine Regel wurde nicht aus deutscher Regelungswut heraus erfunden. Sie ist vielmehr die Grundlage von Gerechtigkeit und die einzige Chance, dass sich möglichst viele Leute auf ihren Wegen wohl fühlen und ihre Ziele gefahrlos erreichen können. Gäbe es sie nicht, würden diejenigen mit den dicksten Autos die anderen verdrängen, und die Rücksichtslosen würden den Vorsichtigen an jeder Kreuzung so viel Angst machen, dass sie überall die Vorfahrt hätten.

Auf dem Weg zu unserem Glück gibt es eine solche Regel noch nicht in unserem Land. Wer die größeren Lautsprecher besitzt, kann damit die leiseren Stimmen verdrängen und seinen Gedanken die Vorherrschaft in den Köpfen der Menschen sichern. Es ist nicht verpönt, seine Mitmenschen, die eigentlich die gleichen Rechte haben sollten, mit allen denkbaren Mitteln von ihren eigenen Zielen abzubringen. Auf dem Weg zu unserem Ziel, unser eigenes Glück zu machen, werden wir deshalb oft abgedrängt. Das ist nicht anders, als wenn wir unsere Lieblingstante besuchen wollten, aber auf der Landstraße zu ihr immer wieder angehalten würden. Die ersten Wegelagerer würden erzählen, wir müssten einen Umweg nehmen, weil die Straße zu rutschig sei, und die nächsten vielleicht, wir müssten die Autobahn verlassen, weil versteckte Bomben in sie eingebaut worden seien. Diese Informationen wären natürlich gebührenpflich-

tig, denn die aufwändige Straßensperre wäre ja schließlich teuer.

Wir würden niemals an unserem Ziel ankommen, aber diejenigen, die uns davon abhielten, würden ihr Ziel, gut zu verdienen, mühelos erreichen. Es wäre also sinnvoll, eine entsprechende Regel zu beachten, wenn man allen Menschen, sagen wir erstmal nur in Deutschland, das gleiche Recht auf Glück sichern wollte. Sie könnte vielleicht heißen:

- Wenn du dich ausdrückst, kannst du das nicht überall und wahllos tun. Du musst wissen, welche Folgen du in deinem Psychotop auslöst, damit sich jeder unbedrängt entscheiden kann, was für ihn wichtig ist. So etwas ist den Politikern und Medienmachern in unserem Land bisher vollkommen fremd. Und wenn wir ehrlich sind, den meisten von uns auch. Doch eigentlich muss es selbstverständlich werden, auch die seelische Gesundheit und das Glück in unserem Lebensraum nachhaltig zu schützen. Es führt, wenn wir wirtschaftlich und seelisch gesund leben wollen, deshalb kein Weg daran vorbei, dass wir anfangen müssen, uns vorzunehmen: »Ich will nachhaltig denken und versuchen, Trübungen meiner seelischen Trinkwasser-Versorgung zu vermeiden.«

Ich weiß: Wer so etwas vorschlägt, wird überall auf Leute treffen, die ihn für übertrieben empfindlich halten. Doch was übertrieben empfindlich erscheinen mag, ist einfach nur etwas weiter gedacht. Wenn viele Leute sich täglich gegenseitig mit Unzufriedenheit anstecken, werden sie depressiv und körperlich krank. In Bezug auf kleinere Gemeinschaften hat sich dieses Wissen schon durchgesetzt; deshalb gibt es inzwischen Familientherapie. Wenn viele andere sich täglich gegenseitig mit Mutlosigkeit anstecken, werden sie unproduktiv und arm werden. Vielleicht fangen sie auch noch an zu trinken. Wenn es nun sogar die Gleichen sind, die sich

sowohl mit mieser Laune als auch mit Mutlosigkeit anstecken, werden sie sowohl krank als auch arm werden.
Wenn wir uns in Europa den Spiegel vorhalten, erkennen wir: Ein bisschen sind wir schon auf dem Weg dorthin. Da ich aber in diesem Erdteil ganz für mich mein eigenes Glück machen will, muss ich wissen, was mich dabei behindern wird. Zumindest in meinem Umfeld kann ich dieses Wissen streuen, um in meiner Familie, meinem Freundeskreis und am Arbeitsplatz nach Kräften zu verhindern, dass Anti-Glücks-Kommunikation um sich greift und mich schließlich ansteckt. Im Gegenteil: Ich tue etwas für mich, wenn ich versuche, die anderen mit meiner Hygiene und den nötigen Glücks-Schutzfaktoren zu impfen. Versuchen Sie es mal. Ich habe jedenfalls häufig Gesprächspartner gefunden, die mir die Antwort gaben: »Jetzt, wo Sie das sagen, finde ich ausgesprochen, was ich auch schon immer mal wieder empfunden habe. Ich habe es nie so deutlich formuliert, aber ich empfinde es als sehr befreiend, so zu denken.«
Während die körperliche Hygiene schon lange eine Selbstverständlichkeit ist, werden die Folgen mangelnder Psychohygiene für jeden Einzelnen, aber auch für die Volkswirtschaft noch auf ganzer Linie übersehen. Wenn man die Erklärungen unserer modernen Probleme gesundheitlicher oder wirtschaftlicher Art hört, drängt sich der Verdacht auf, dass in den Köpfen der Wissenschaftler ein Zusammentreffen von Saturn, Jupiter und Mars im Haus des Wassermanns stattgefunden hat, dessen feuchte Ausdünstungen sich in den Gehirnen zu einer gefährlichen Materie geballt haben könnten: Die Zunahme von Depressionen in den westlichen Gesellschaften wird der größeren Empfindlichkeit des Einzelnen zugeschoben, der deshalb häufiger zum Arzt geht und in die Statistik gerät. Das ist so, wie wenn man die Zunahme von Hunger in afrikanischen Krisengebieten damit

erklärt, dass die Leute dort heutzutage feinere Ohren hätten und deswegen ihre knurrenden Mägen besser hören könnten. Es gibt nur sehr leise Stimmen, die darauf hinweisen, dass Depression etwas mit der Mutlosigkeit zu tun hat, die uns auf sämtlichen Kanälen beim Blick in die gegenwärtige kannibalistische Arbeitswelt und die angsteinflößenden Szenarien zur Zukunft der Menschheit begegnet.

Die Arbeitslosigkeit in europäischen Ländern wird damit begründet, dass das gegenwärtige Wirtschaftswachstum nicht ausreiche, um Vollbeschäftigung zu schaffen. Dabei kann jeder in einfach zu verstehenden Statistiken nachlesen, dass in den letzten zehn Jahren die Wirtschaftsleistung mehr als deutlich gestiegen ist und es trotzdem keinen Abbau der Arbeitslosigkeit gab. Im Gegenteil, die Arbeitslosigkeit ist bei steigendem Wirtschaftswachstum munter mit gestiegen. Die steigende Zahl von Singles wird mit Achselzucken begleitet, und niemand kommt auf die Idee, mal den steigenden Leistungsdruck im Berufs- und Privatleben miteinander in eine Beziehung zu bringen und sich dann zu fragen, ob wir das alles wirklich so haben wollen. Tatsächlich sind wahrscheinlich die Widerstände gegen moderne Psychohygiene sehr ähnlich wie die Argumente, die einstmals gegen biologische Hygiene vorgebracht wurden: mittelalterlich.

Dabei sind die gesundheitlichen Folgen von Information inzwischen messbar. Doch vielleicht muss man gar keine wissenschaftlichen Untersuchungen zitieren. Jeder von uns spürt, dass persönliche oder globale Nachrichten, die etwas Negatives bedeuten, mit Herzklopfen, erhöhtem Blutdruck oder Bauchschmerzen auch seine Gesundheit angreifen. Je öfter solche Nachrichten in unser Inneres gelangen, umso tiefer graben sich die körperlichen Folgen in uns ein. Für unsere Gesundheit hat seelischer Selbstschutz deshalb die gleiche Bedeutung wie körperliche Hygiene.

Unglück ist ansteckend

Deshalb: Um unser Glück zu machen, müssen wir die Produktionsstätte des Glücks vor Infektionen schützen, die es schon wieder zerbröseln können, bevor es zu eigener Stabilität in Form von Gewohnheiten ausgereift ist. Wir müssen ein seelisches Immunsystem reifen lassen, und das richtet sich besonders auf die für viele Produzenten so profitablen Ängste, die uns manipulieren sollen.

Jeder weiß, dass Angst bei körperlichen Gefahren lebensnotwendig ist. Aber trotzdem kann ich den Gedanken nie ganz loswerden, dass unsere Welt anders aussehen wird, wenn wir leichter erkennen, wo Unglück zur Manipulation dient und schließlich zur Sucht wird. Wir müssen die Chance nutzen, ihr vorzubeugen, um bei ihrem Erscheinen rechtzeitig den Behandlungsfall auszurufen. Dies gilt auf allen Ebenen unseres Zusammenlebens, zum Beispiel in der Partnerschaft, in der es

- sehr wichtig ist, dass jeder seine Ängste und anderen Anti-Glücksfaktoren kennt und
- den anderen auf die Merkwürdigkeiten vorbereitet, mit denen er oder sie in bestimmten Situationen zu rechnen hat. »Weißt du, ich werde wahrscheinlich immer Ausreden finden, wenn wir außerhalb von Deutschland Urlaub machen wollen. In Wirklichkeit habe ich nämlich Angst vorm Fliegen.« Wie viel besser ist es, dem anderen die Spuren zu zeigen, die mein Gefühlsgedächtnis prägen, als ihn negativ zu überraschen.

In jedem Team, in dem es bislang ungewohnt ist, über das spezielle Psychotop und seine Charakteristika zu reden, wirkt die offene Suche nach Gedächtnisspuren Wunder. Wir können inzwischen mit einfachen Mitteln die Grenzen finden, an denen Sorgen auftreten und Erfolge verhindern.

In den wirtschaftlichen Netzwerken muss beim Auftreten von Angst in einem der Knoten sofort Aufmerksamkeit entstehen, damit nicht gesamte Netzwerke infiziert werden und Millionen von Menschen das Psychotop vergiften, das sie zum Entfalten von Glück brauchen. Hier ist das Management von Erfolgskillern und die Schaffung von Vertrauensnetzen ein völlig vernachlässigtes Thema.

In den politischen Beziehungen ist – wie die Entwicklung in Europa seit sechzig Jahren zeigt – das Auffinden von Frieden und Glück verhindernden Gedächtnisspuren namens Traditionen vorhersehbar und der Abbau nachfolgender Spiralen der Gewalt möglich. Doch dies ist bisher eine geschichtliche Ausnahme, von der Sie und ich aber ungeheuer profitieren.

Halten Sie all das für eine Illusion? Dann möchte ich Sie daran erinnern, dass wir Menschen allein bestimmen, wie unser Zusammenleben funktioniert. Es gibt keine anderen Faktoren als unser Verhalten, die darüber entscheiden, ob eine Partnerschaft glücklich ist oder nicht, ob die Wirtschaft prosperiert oder dümpelt, ob es Krieg gibt oder Frieden.

Stellen Sie sich einmal vor, dass wir die Ausbreitung von Unglück besser beherrschen könnten. Malen Sie sich aus, dass man mit der gesamten Welt Verhaltensweisen absprechen könnte, die es interessanter machen, sich gegenseitig zu informieren und Vertrauen aufzubauen. Sehen Sie die faszinierende Welt, die auf uns wartet? Dann lassen Sie uns beginnen, diese Utopie mit Weitsicht und Beharrlichkeit zu einem wirklichen Ziel zu entwickeln.

Die Therapeuten sind machtlos

Tausende von Therapeuten beschäftigen sich täglich damit, ihre Patienten gesünder, zufriedener und erfolgreicher zu

machen. Doch trotz aller therapeutischer Mühen: Die Ängste in unserem täglichen Leben nehmen offenbar ständig zu. Wenn wir Sorgen mit Medikamenten und Psychotherapie bekämpfen, tropfen wir Wasser auf einen heißen Stein. Medikamente erreichen, dass unsere Gefühle uns nicht mehr wirklich erscheinen, und Psychotherapie muss sich mit jedem einzelnen Auftreten von Unglück beschäftigen. So werden wir nicht erreichen, dass die Welt sorgenfreier wird. Ich glaube stattdessen: Unser bisheriger Kampf gegen Sorgen hat die gleichen Erfolgsaussichten, die der Kampf gegen Heroin-Abhängigkeit hätte, wenn man nur die Süchtigen sähe. Erst wenn wir die Märkte, die Dealer und die finanziellen Interessen der Sorgen-Produzenten ins Visier nehmen, haben wir eine Chance, denn: Unglück ist die größte Droge, die in unserer Welt gehandelt wird. Das Ausmaß, in dem sie täglich produziert und missbraucht wird, übersteigt bei weitem den Handel mit Alkohol, Zigaretten, Cannabis oder Heroin.

Es sind nicht nur die in den ersten Kapiteln genannten Verteiler der Droge Unglück, die wir erkennen und deren bisher unbenannte Interessen wir beim Namen nennen müssen. Jeder von uns, der sich nicht aktiv vor diesen Infektionen schützt, ist Verursacher täglichen Unglücks. Wir tragen dazu bei, dass wir unter Sorgen leiden, mit denen wir uns identifizieren, obwohl sie gar nicht zu unserem Leben gehören. Doch wir dürfen uns ebenso wenig Vorwürfe dafür machen wie die Bürger der chinesischen Millionenstadt Harbin, die verseuchtes Trinkwasser zu sich nehmen mussten, nachdem ein Chemieunfall ihren Fluss vergiftet hatte. Wir stehen unter starkem Druck: Täglich werden neue Befürchtungen in unser Lebensgefühl transplantiert. Um diese fremden Sorgen herauszuarbeiten, müssen wir immer wieder ihre Spur finden und ihre Quellen versiegen

lassen. Das ist für uns Deutsche eine besondere Herausforderung, denn wir haben in unserem kulturellen Erbe einige Eigenschaften, die dem Glück das Leben schwer machen.

Schlaflos in Deutschland

Als Sie das letzte Mal von einer Auslandsreise zurückkamen, haben Sie es da auch gespürt? In Deutschland regieren die Sorgen. Es herrscht Angst vor der Zukunft. Die ersten Nachrichten, die Sie hier wieder hören, sprechen von Arbeitslosen, Firmenzusammenbrüchen, schlechter Konjunktur. Täglich gibt es neue Meldungen über Steuerausfälle und verfehlte Schätzungen. Die Arbeit wird weniger und die Löhne und Renten sinken. Wie kann man in einer solchen Umgebung Lust bekommen, sein Glück zu machen? Gibt es die Ermutigung und die positive Aussicht, die man für die ersten Schritte braucht? Im Gegenteil: In einer solchen Atmosphäre verlässt auch den Fleißigsten der Mut.

Wer in Deutschland lebt, traut sich heute nicht mehr, etwas zu wagen und dafür zum Beispiel Geld auszugeben, und seien die Chancen auch noch so groß. Deutschland ist »nicht gut drauf«. Lieber sparen und behalten, was man hat. Dadurch wird alles noch schlimmer. Die Arbeitsplätze, die zukunftsfähig sind, werden durch mangelnde Nachfrage zerstört. Die Beziehungen, private wie geschäftliche, werden durch die überall spürbare Verunsicherung immer instabiler.

Doch niemand findet ein Mittel dagegen, und niemand schafft es, die Idee zu verbreiten, dass wir unbedingt etwas gemeinsam tun müssen. Dabei ist es höchste Zeit, Alarm zu schlagen. Deutschland ist deprimiert, und wir alle werden täglich infiziert von der sorgenvollen Stimmung, die über

dem ganzen Land wie eine Glocke liegt. Sie dringt wie Nebel in alles ein, was unser Leben lebenswert machen könnte, und wirkt auf die Wirtschaft und unseren Lebensstandard wie Curare, ein lähmendes Gift. Besonders fatal daran ist, dass gerade unsere deutschen »Tugenden« und Traditionen uns extrem anfällig für diese alles durchdringende Zukunftsangst machen, denn:
Wir Deutschen sind daran gewöhnt, uns Sorgen zu suchen. Deutschland liebt den »Ernst des Lebens«. In Deutschland werden Sie wichtig genommen, wenn Sie Ihre Stirn in Dackelfalten legen! Wer dagegen mit unbeschwertem Gesicht Fröhlichkeit ausstrahlt, muss Italiener oder Afrikaner sein. Welcher Deutsche will als sorglos belächelt werden und damit wissen, dass er für keine wichtige Funktion infrage kommen wird? Wer will sich nachsagen lassen, er habe nicht die genügende Sorgfalt an den Tag gelegt?
Dabei sind in Deutschland die Sorg(en)falt(en) nicht nur nötig, um wichtig wirken zu können. Sie sind sogar gesetzlich vorgeschrieben. Oder kennen Sie ein anderes Land auf der Welt, in dem man wegen Vernachlässigung der »Sorgfaltspflicht« ins Gefängnis wandern kann?
Klar: Sorgen machen Sinn. Man muss über Gefahren nachdenken, bevor sie da sind; Bedrohungen im Kopf durchspielen, bevor sie ihre schlimmsten Folgen entfalten, denn: Wir wollen unsere Zukunft sichern. Als Deutsche wollen wir das ganz besonders sorgfältig tun. Wir wollen Ziele erreichen und müssen uns ehrlich eingestehen: Als Deutsche wollen wir mindestens Weltmeister werden, egal worin. Dazu müssen wir alle Hindernisse beiseite räumen. Auch das wollen wir besser machen als alle anderen, und deshalb haben wir uns angewöhnt: Wir bauen alle möglichen Hindernisse in unseren Gedanken erst einmal auf, möglichst

gründlich und vollständig. Wenn sie dann kommen, sind wir schon auf sie vorbereitet. Denn wir wissen ja: Unsere Mitmenschen haben die Angewohnheit, unsere Pläne zu stören oder gar zu durchkreuzen, und sie sind da besonders gründlich, wenn sie auch Deutsche sind.
Mehr noch: Auch Mit-Tiere, die Natur oder unsere selbst entwickelte Technik – eigentlich die ganze Welt – ist unterwegs, um unsere Pläne zu stören. Was tun wir also? Genau: Wir bauen all diese Störungen erst einmal in unseren Gedanken auf, als Sorgen. Nur dann können wir uns in Ruhe damit beschäftigen, wie wir sie beseitigen könnten. Ich behaupte: Wir sind Weltmeister in dieser Strategie. Es gibt kein anderes Volk auf der Welt, das sich so gründlich und ausgiebig um seine möglichen Erfolgshindernisse kümmert, man kann auch sagen, sorgt, wie wir das tun. Wir sind die Sorgen-Weltmeister.
Vielleicht fragen Sie jetzt erstaunt: Wieso wir? Die anderen wollen uns doch stören! Doch jetzt müssen wir unterscheiden: Wenn wir etwas erreichen wollen, gibt es natürlich andere, die uns in die Quere kommen. Das tun sie aber in der Realität. In unseren Gedanken tun sie es nicht. Unsere Gedanken ver-sorgen wir selbst, um uns zu schützen. Und da wir besonders gründlich und umsichtig sind, ver-sorgen wir unsere Gedanken mit allen denkbaren Störfällen. Das sind jedoch bis zu 100 Prozent mehr Probleme, als uns in der Realität tatsächlich begegnen werden.
Wenn wir nun sehen, dass wir uns um viel mehr Gefahren sorgen, als wir wirklich zu bewältigen haben, sind wir schon dabei, unser Problem zu verstehen. Doch es gibt noch eine weitere Gewohnheit, mit der wir unseren Erfolg garantieren wollen: Wir machen uns die Tatsache zunutze, dass man mit einem Fernglas schon lange vorher genau erkennen kann, was am Horizont lauert; und zwar deshalb,

weil ein Fernglas das gefahrenträchtige Objekt am Horizont stark vergrößert.
Was schließt man daraus? Exakt: Wenn man eine Gefahr in seinem Denken vorher stark vergrößert, kann man sie besser analysieren und beseitigen. Deshalb haben wir uns angewöhnt, auch kleine, weit entfernte Gefahren möglichst groß an die Wand zu malen, um sie zu bannen. Doch leider bannen wir damit meist uns selbst.
Sorgen sind das Radar, mit dem wir unser Lebensschiffchen durch eine Welt voller Gefahren steuern. Dabei bestimmen wir selbst, ob wir die entferntesten Gefahren mit lauten Warnsirenen verkünden lassen und uns damit aktiv selbst erschrecken. Wir bestimmen selbst, ob wir unser Fernglas so einstellen, dass die kleinste Welle wie ein tödlicher Brecher wirkt und uns das Blut in den Adern gefrieren lässt. Und schließlich bestimmen wir selbst, ob wir den ganzen Tag auf den Radarschirm starren und nichts mehr von den Schönheiten der Landschaft sehen, die wir durchfahren. Doch: Kennen Sie auch den alten Schlager: »Wenn du denkst, du denkst, dann denkst du nur, du denkst«? So ist es auch mit der Selbstbestimmung.
Wenn wir denken, dass wir uns selbst bestimmen, dann denken wir nur, dass wir uns selbst bestimmen. Das ist wichtig, wenn wir bestimmen wollen, ab jetzt glücklicher zu sein. Denn unsere Selbstbestimmung hat einen Haken: Wir bestimmen meist nicht selbst, wie wir uns selbst bestimmen. Unsere Wünsche und Strategien sind schon einprogrammiert durch Erziehung, Umgebung und Gewohnheit. Um selbst bestimmen zu können, wie wir uns selbst bestimmen wollen, dazu müssen wir erst einmal wissen, woher wir die Gewohnheiten und Sehnsüchte haben, nach denen wir entscheiden.
Es kann nämlich sein, dass uns immer noch der, die oder das

»Selbst« bestimmt, das uns geprägt und erzogen hat. Und damit kann es sein, dass wir gar nicht das machen, was im Moment das Beste wäre, sondern vielmehr das, was vor zehn, zwanzig oder dreißig Jahren in einer ganz anderen Situation das Beste gewesen wäre. Nebenbei bemerkt: Vielleicht wäre es auch schon damals gar nicht das Beste für uns selbst gewesen, sondern für die, die uns geprägt und erzogen haben.

Da haben wir nun den Salat: Weil dieses Buch von Glück handelt, behaupte ich: Wer in Deutschland aufwächst, saugt bestimmte Glückskiller mit der Muttermilch auf, ob er will oder nicht. Bei Mercedes, VW oder BMW entstehen typisch deutsche Autos, die man überall erkennt. So ist auch die deutsche Lebensweise eine Art Fabrik, in der Menschen ihr Design, die Lackierung, Polsterung und ihr typisches Triebwerk bekommen. Dadurch erkennt man später am Motorengeräusch, den Scheinwerfer-Eigenschaften oder der Art, wie sie tanken und dann Gas geben, woher eine oder einer stammt.

Für unseren Innenraum heißt das: Nicht genug damit, dass wir gelernt haben, uns gründlich alle denkbaren Sorgen zu machen, wir wissen sogar noch nicht mal, ob es die richtigen sind. In Deutschland ist es mit den Sorgen wie mit dem Essen: Die Mehrheit der Deutschen macht sich die falschen und außerdem zu viele Sorgen und wird dann davon irgendwie krank.

Wenn wir davon ausgehen, dass wir Sorgen selbst herstellen und gestalten, haben wir uns jedoch eine Chance zur Verbesserung geschaffen. Klar, es ist etwas schmerzlich. Jeder von uns will eigentlich die strahlende Heldin oder der sieghafte Held sein. Wenn es schon Probleme gibt, dann durch mächtige andere, gegen die man ja gar nicht ankommen kann: das Schicksal, die Politiker, die Bundesagentur für Ar-

beit oder so etwas. Aber doch bitte schön nicht durch mich selbst.

Doch: Wenn mir die anderen die Sorgen machen würden, wäre ich ihnen auf ewig ausgeliefert. Nur wenn ich davon ausgehe, dass ich es selbst bin, habe ich eine Chance, etwas zu verändern. Jetzt darf ich selbst an den Einstellknöpfen des Radars drehen, um mir die richtigen Sorgen im richtigen Moment zu machen, und ich brauche bloß noch zu lernen, wie das geht.

Wenn wir uns aktiv um unser Glück kümmern wollen, müssen wir deshalb erst einmal aus dem Zwiespalt des modernen Menschen hinauskommen. Dieser Zwiespalt heißt:

- Erst machen wir uns unsere Sorgen und investieren dafür Zeit und Gehirnschmalz,
- dann tun wir so, als hätte sie jemand anders in unser Gehirn gepflanzt, ärgern uns über sie und träumen davon, sie loszuwerden.

Mit dieser Verrücktheit sollten wir langsam aufhören. Es kocht doch auch niemand ein kompliziertes Essen, um dann so zu tun, als hätten es die Leute von »Essen auf Rädern« gebracht, und es in den Müll zu werfen.

Sie sollten sich deshalb niemals darüber ärgern, wenn Sie sich durch Sorgen ihr Glück verbauen. Es sind Ihre Kraft, Ihr Gehirnschmalz und Ihre Gefühle, die darin stecken. Sie sollten höchstens fragen, ob es die richtigen sind. Hier beginnt die Kunst. Die gründlichen Menschen machen sich über alles Sorgen, über das man sich Sorgen machen *kann*. Sie leiden schrecklich an ihrer Sorgensucht, ohne zu wissen, warum sie sich mehr Sorgen machen als andere. Für die klugen Zeitgenossen, die um die großen Gefahren der deutschen Gründlichkeit wissen, besteht die Kunst jedoch darin, sich nur Sorgen über das zu machen, worüber man sich Sorgen machen *muss*.

So ziehen Sie sofort praktischen Nutzen aus diesem Kapitel

- Was Sie früher nicht gesehen haben, sehen Sie jetzt. Menschen, die Sie mit negativen Stimmungen infizieren, obwohl die sich gar nicht auf Ihr Leben beziehen. Wer sich mit fernöstlichen Lehren beschäftigt, spricht von »Chi-Saugern«, Menschen und Mächten, die positive Energie, also Optimismus und Lebenslust, aus Ihnen saugen. Grenzen Sie sich bewusst überall ab, vermeiden Sie den Kontakt, wo Sie so etwas bemerken.
- Stellen Sie unseren deutschen Ernst in Frage. Besuchen Sie mal einen afrikanischen Gottesdienst. Suchen Sie im Urlaub und zu Hause nach Gelegenheiten, mit Menschen aus südlichen Ländern Feste zu feiern. Das wirkt nachhaltig als seelisches Vollbad.

6. KAPITEL

Wir verteidigen unser Glück

In diesem Kapitel entdecken Sie:

- Es ist gewinnbringend,
  gerechten Zorn zu zeigen,
  Lügnern das Vertrauen zu entziehen,
  weniger Moral zu zeigen
  und Unglücks-Versicherungen rückgängig zu machen

… Nach einer dreiviertel Stunde sah Mirella im Dunst des sonnigen Nachmittages das Dorf vor sich auftauchen. Wie oft war sie diesen Weg den Berg hinuntergegangen. Am schönsten war es im August, so wie jetzt, wenn die Sonne ihre Schultern wärmte und es nach frischem Heu duftete. Sie freute sich auf Costas. Jetzt fühlte sie sich frei, und das neue Leben wartete auf sie. Sie bog um die Dorfkirche und hörte ihre Schritte auf dem Kiesweg, der die grünen Büsche von dem alten, modrig riechenden Gemäuer trennte. »Wie oft werde ich hier noch sein?« dachte sie und spürte ein leichtes Ziehen in der Brust. Costas hatte davon geredet, in die Stadt zu ziehen. Wollte sie das? »Ich will jetzt nicht darüber nachdenken«, beschloss sie und ging die Dorfstraße entlang bis zu dem Gartencafé, in dem er auf sie wartete. Sie sah sich um. Zwischen den alten Linden standen die abgeschabten Holztische und die zart aussehenden wackligen Eisenstühle, die sie so liebte. Es war niemand da. Sie steuerte den Tisch gegenüber der Gartentür an und stellte ihren Koffer neben sich auf den Stuhl. »Es ist alles in Ordnung«, sagte sie beruhigend zu sich selbst. Doch sie spürte das nächste leise Ziehen in ihrer Brust. »Er war noch nie pünktlich.« …

Gönnen Sie sich Ihre Wut darüber, ferngelenkt zu werden

Wenn Sie merken, dass Sie immer wieder mit Beklemmung über ein Thema nachdenken, so sollten Sie als Erstes fragen: Wem bringt es etwas, wenn es ihm gelingt, mir diese Sorgen zu machen? Beispiele dafür gibt es mehr als genug, und einige davon haben wir in den vorigen Kapiteln schon genannt. Unseriöse Mitmenschen, die Sie mit Äußerungen schocken, von denen letztendlich keine etwas über Ihr ei-

genes Leben aussagt, wollen Sie mit Sorgen füllen. Der Inhalt kann von der Angst vor einem Eisenbahnunglück bis zum Weltuntergang reichen. Je mehr schockierende Schlagzeilen, desto mehr Aufmerksamkeit erhalten sie, und damit Geld.

Versicherungsfirmen können in Werbespots, aber auch durch Vertreter Ihre Sorgen vor Unfällen, streitsüchtig prozessierenden Nachbarn oder der Armut im Alter aktivieren. Reportage-Magazine im Fernsehen können Ihnen Sorgen vor Keimen in der Bockwurst, der überall lauernden Infektionsgefahr oder einer gefährlichen Hundekrankheit in Südostasien einjagen, die sie mit unheilschwangeren Reportagen unterstützen.

Versuchen Sie also, auch unklare Sorgen genauer zu sehen, und fragen Sie sich, woher sie kommen. Wenn Sie Sorgen vor Verarmung, vor ständig drohenden Krankheiten oder Kriegen in Mitteleuropa haben: Setzen Sie sich einmal ruhig hin und überlegen genau: Nutzen mich Zeitungen, Fernsehen, Radio und Filme vielleicht nach dem Grundsatz »Sorgen hinein, Geld heraus« und machen mich damit zu ihrem Geldautomaten? Muss ich ihnen diesen Gefallen tun, oder sollte ich mir jetzt erst mal mein eigenes Leben ansehen und fragen: Welche Bedrohung trifft denn wirklich auf mich zu? Will ich lieber selbst entscheiden, welche Emotionen mein Lebensgefühl bestimmen sollen? Vielleicht kommen Sie dann schnell so weit, dass Sie für unzutreffende Sorgen nichts mehr bezahlen wollen. Vielleicht brauchen Sie auch etwas länger, bis Sie sicher sind, dass Sie manche Informationen gar nicht brauchen.

Wenn Ihnen klar wird, dass jemand durch Ihre Sorgen Geld verdient, genügt häufig schon diese Entdeckung, um die Sorgen deutlich abzuschwächen oder in gerechten Zorn zu verwandeln. Hier haben wir eine sehr wichtige Grundregel,

die Ihnen noch viel nützen wird. Sie heißt: Angst lässt sich auflösen, wenn es gelingt, sie in gerechten Zorn zu verwandeln.

Wer lügt, dem entziehen Sie das Vertrauen

Vielleicht finden Sie auch heraus, dass ein anderer Mensch Sie durch die Erfindung von Gefahren, die Sie nicht überprüfen können, manipuliert. Einen Sonderbereich in diesem Themenfeld nehmen manche Religionen ein. Sie gehören zu den kreativen Sorgen, deren Erfinder die fehlende Überprüfbarkeit ihrer Behauptungen nutzten. Weiß jemand, ob es die Hölle gibt, die viele Generationen lang für gehorsame Kirchgänger sorgte?
Der Erfolg dieses Sorgenhandels ist auf jeden Fall legendär. Man verkauft eine einfache, leicht verständliche Furcht, mit der die Käufer viele komplizierte, unverständliche Sorgen ersetzen können. So kann man die Angst vor Gewitter, vor Krankheit, vor Flut oder Sturm oder was auch immer, die sonst je eine Erklärung bräuchten, genial vereinfachen. Die Käufer dieser Einfach-Sorgen zahlen nicht nur mit Geld, sondern auch mit Gehorsam. Wenn sie gehorchen – so der Sorgenverkäufer –, dann werden die gefürchteten Situationen ausbleiben. Treffen sie trotzdem ein, dann war der Gehorsam eben noch nicht ausreichend. Bleiben die Katastrophen aber trotz Ungehorsam aus, so werden neue, unüberprüfbare Gefahren erfunden, die sich für die Aufrechterhaltung der Ängste eignen. Das Geschickte an diesem Sorgenhandel ist, dass man auf den ersten Blick als Verminderer von Sorgen auftritt. De facto jedoch hat man den Markt des Sorgenhandels mit einem Markenprodukt erobert, das man an die Stelle vieler vereinzelter Sorgen gesetzt hat. Doch auch die moderne Politik kennt diese Methode:

Wie war das mit den Massenvernichtungsmitteln, die den zweiten Golfkrieg begründen sollten, oder mit dem Untergang des Abendlandes durch Rock'n'Roll? Weil Sie viele manipulative Behauptungen nicht überprüfen können, bleibt zwar ein Rest Unsicherheit, und Sie fragen sich: »Wer weiß, ob nicht doch was dran ist.« Trotzdem sind Sie mit diesem Zweifel schon freier, als wenn Sie die Bedrohungen wie eine Realität annehmen. Das gilt erst recht, wenn Ihnen dieser Mensch oder diese Institution das nächste Mal wieder ein Gefühl andrehen will.

Werfen Sie Moralgewicht ab

Je genauer wir uns die Bedingungen ansehen, unter denen wir leben, desto ernüchternder wird die Bilanz: Die Medien, die viele Stunden des Tages auf uns einwirken, führen nicht zu Glücksgefühlen, sondern viel häufiger zu Ängsten. Wenn wir fernsehen oder ins Kino gehen, sind wir im Vergleich zu unserer Wirklichkeit fast immer im falschen Film. »Ich glaub, ich bin im falschen Film« ist deshalb fast die beste Beschreibung unseres modernen Lebens. Gut zu wissen, dass die Gefühle, mit denen uns viele Medienprofis anfüllen, in unser Leben gar nicht hinein gehören.
In jeder Kultur gibt es Ideale, Werte und Normen, zu denen man ungefragt erzogen wird. Eine dieser Normen ist in vielen Völkern der hohe Wert der Ernsthaftigkeit und Gründlichkeit. Sorglosigkeit und Leichtlebigkeit werden abgelehnt. Sie gelten als unvorsichtig und dem Ernst des Lebens nicht angemessen. Diesen Ernst erkennt man nun besonders daran, dass sich seine Vertreter um jede Erscheinung der Welt sehr viele Gedanken machen. Schließlich gilt es, nicht unvorsichtig zu sein und das Für und Wider jeder Aktion genau abzuwägen.

Ich will hier nicht bewerten, ob diese Grundhaltung das menschliche Leben erleichtert oder erschwert. Fest steht jedoch, dass man auf diese Art ständig eine große Menge von Gefahrenbildern in seinem Kopf spazieren trägt. Es ist deshalb angebracht, einen ernsten Menschen immer wieder genau zu fragen: Wozu führt es, dass du dir ständig alle möglichen Gefahren deines Lebens vorstellst und die dazugehörigen Sorgen fühlst? Kommt dabei wirklich heraus, dass du mit den Situationen später besser umgehen kannst? Oder beschwerst du dein Leben, deine Stimmung und deine Energie nur mit Bleigewichten? Sortiere deine Erfahrungen, und beantwortet die Fragen,

- wie viele der gefürchteten Gefahren sind wirklich eingetreten?
- In welchen Situationen haben die begleitenden Ängste und Sorgen eher geschadet als genutzt?
- Wo konnten sie zwar die Aufgabe erfüllen, deinen Ernst zu beweisen, aber haben eigentlich dein Leben nur unnötig belastet, weil du dich vor den Gefahren gar nicht hättest schützen können?

Wenn Sie diese Fragen ganz offen und unvoreingenommen beantworten, werden Sie bald merken: Es gibt echte moralische Tabus, die schwer zu überwinden sind. Es gibt viele Situationen, in denen wir sofort denken: Viele Sorgen sind moralisch gefordert. Es gehört sich nicht, sich aus dem globalen Leiden auszuklinken. Sie werden abgelehnt, wenn Sie das Leid der Welt nicht über Ihr persönliches Glück stellen, sondern stattdessen die Wahrheit aussprechen. Ich finde jedoch, Sie sollten ehrlich überlegen, ob Sie damit Nutzen oder Schaden anrichten, wenn Sie Ihr positives Lebensgefühl durch das Leid der Welt zerstören. Sie sollten sich die Freiheit nehmen, für sich zu entscheiden, ob Sie sich von Bedrohungen und Sorgen anstecken lassen wollen, die Sie we-

der irgendwo erleben werden noch jemals verändern können.
Fassen Sie stattdessen den Mut, zu sagen: »Die Wahrheit ist, dass viele Gefahren der Welt und viele Unglücke mich überhaupt nicht bedrohen.« Wenn wir das aussprechen, wird uns plötzlich klar, dass wir tatsächlich in einem weltweiten Netzwerk von Sorgen leben, aus dem man sich nur mit dem Mut lösen kann, den ich weiter oben schon genannt habe.
Ich gebe Ihnen ein Beispiel: Vor einiger Zeit kamen beim Eintritt in die Erdatmosphäre die Astronauten der amerikanischen »Columbia«-Raumfähre ums Leben. Können Sie sich vorstellen, bei dieser Nachricht öffentlich auszusprechen: »Das ist für die Angehörigen schrecklich, aber ich werde mir davon nicht meine gute Laune verderben lassen. Es interessiert mich nicht, denn ich war an den Vorbereitungen nicht beteiligt und kann heute auch nichts daran ändern.«
Dies ist zweifellos die Wahrheit, doch während man sie ausspricht, duckt man sich unwillkürlich und denkt: »Das kannst du doch nicht machen!« Nur: Warum können wir es nicht? Sind wir schlechte Menschen, wenn wir nicht automatisch alles Leid der Welt in unsere Seele ziehen wollen, auch das, an dem wir wirklich nichts ändern können?
Wenn Sie nicht anfangen, so zu denken, werden Sie bei dem ganztägigen Bombardement mit schlechten Nachrichten, denen wir ausgesetzt sind, keine Minute Ihres Lebens mehr froh werden. Ich gebe Ihnen deshalb einen Tipp. Wenn es auch aus diplomatischen Gründen richtig sein mag, solche Unbekümmertheit nicht zur Schau zu tragen,

- lassen Sie sich trotzdem nie davon abhalten, die Wahrheit zu denken. Belasten Sie Ihr Leben nicht mit all den Sorgen, die Ihnen die Welt anbieten will.
- Wehren Sie sich gegen die Befehlsgewalt des Unglücks, das z. B. unsere Medien in der ganzen Welt sammeln und

Ihnen für gutes Geld verkaufen wollen! Schalten Sie ab, wenn das Fernsehmagazin »Offensiv«, »Aggressiv«, »Depressiv« – oder wie immer die Sensationsmagazine heißen – Ihnen mit der Katastrophe aus der hintersten Ecke der Welt das Geld aus der Tasche ziehen will.

Wieso ich Sie dazu auffordere? Der Grund ist ganz einfach: Sie beschädigen Ihre Natur, wenn sie versuchen, das Leid der ganzen Welt in sich zu fühlen.

Die menschliche Seele ist nicht dazu konstruiert, so etwas zu verkraften. Ihre Konstruktion ist maximal dazu ausgelegt, die normalen Katastrophen einer familiären und kollegialen Umgebung zu verdauen. Sie braucht darüber hinaus einen Ausgleich, der immer wieder in der Lage ist, das Maß an Leid durch ein entsprechendes Maß an Glück und Freude zu löschen. Gönnen Sie sich also die seelische Gesundheit, auf die wir alle ein Recht haben. Sie werden erstaunt feststellen, wie viel Erleichterung Sie plötzlich fühlen, wenn Sie erkennen, was an Ihrem Leben tatsächlich vorbeigeht, und wenn Sie bei 99 Prozent aller Katastrophen sagen können: »Soll mein Lebensgefühl nicht stören!«

So machen Sie Unglücks-Versicherungen rückgängig

Schwieriger ist es, die unendlich vielen vorbeugenden Sorgen loszuwerden, mit denen Sie sich gegen Gefahren impfen wollen. Als die ersten Menschen sich so weit über das Tier hinaus entwickelt hatten, dass sie die Furcht einflößenden Bilder der Tiere in ihren Gedanken auch dann mit sich herumtrugen, wenn keine Gefahr bestand, fühlten sie sich wahrscheinlich sicherer. Es war das erste Auftreten einer menschlichen Paradoxie, die heißt: Mit Sorgen fühle ich mich sicherer, ohne Sorgen komme ich mir unvorsichtig, un-

vorbereitet und leichtsinnig vor. Aus diesen Gedanken ist ein diffuses Gefühl entstanden: wie ein Nebel, in dem wir so sehr zu leben gewohnt sind, dass wir ihn gar nicht mehr sehen. Dieses Gefühl verhindert jedoch unmerklich das Glück, denn Glück ist vermessen; ein Mangel an Bescheidenheit, der die Götter versucht. Versuchen wir, seine Bestandteile zu sehen.
Diese Analyse bedeutet, dass wir zuerst mal nachsehen müssen, wie wir unsere Sorgen normalerweise aufbauen. Das ist gar nicht schwer, denn wir richten uns nach einem ganz allgemeingültigen Prinzip. Es heißt: »Ich suche das, was mir bekannt erscheint.« Wenn wir beginnen, in einer neuen Stadt einen Weg zu suchen, brauchen wir irgendetwas, nach dem wir uns orientieren können: einen Wegweiser, vielleicht einen Stadtplan oder ein Navigations-System.
Wenn wir anfangen, im Leben unseren eigenen Weg zu suchen, stehen wir vor dem gleichen Problem. Bloß: Für das Leben gibt es keinen Stadtplan oder kein Navigations-System. Alles, was wir an Orientierung haben, haben wir erst einmal anderen Leuten abgeguckt, mit denen wir groß geworden sind. Deshalb versuchen wir, mit den Gebrauchsanweisungen auf die Welt loszumarschieren, die wir uns kopiert haben, und freuen uns über alles, was dann tatsächlich funktioniert. Dass wir damit auch die Sorgen und Ängste kopiert haben, mit denen wir groß geworden sind, und sie jetzt auch suchen, ist dabei nicht zu verhindern, denn: Wir müssen auch eine Gebrauchsanweisung dafür haben, wie wir uns vor Gefahren schützen. Diese Anleitung muss uns in Fleisch und Blut übergegangen sein, damit sie funktioniert. Sie wird ein Programm, das automatisch abläuft. Seine Hauptregeln lauten:

- Ich sorge mich so sehr, wie ich es gelernt habe.

In dieser Gebrauchsanweisung ist nicht nur programmiert,

bei welchen Gefahren ich mir Ängste oder Sorgen machen soll, sondern auch, wie laut die Alarmglocken schrillen müssen.

• Was für die Sorgen gilt, gilt natürlich auch für das Glück. Glücksgefühle entstehen in den Situationen, in denen wir sie gelernt haben. Wenn wir von klein auf gelernt haben, beim Anblick eines stinkenden getrockneten Fisches auf dem Tisch glücklich zu sein, stammen wir vielleicht aus einer Fischerfamilie, die Stockfisch getrocknet und verkauft hat. Dann werden wir auch heute noch dieses Gefühl erzeugen können. Wenn wir aus Frankfurt stammen, erzeugt der Anblick von grüner Soße und Äppelwoi vielleicht Euphorie in uns. Wer aus dem Iran stammt, empfindet vielleicht Glück beim Anblick einer völlig verschleierten Frau oder eines Mannes mit einem prächtigen Turban auf dem Kopf. Wer aus Europa kommt, empfindet möglicherweise die gleichen Gefühle, wenn die Frau nichts außer einem Turban auf dem Kopf oder der Mann nur einen Schleier um die Hüften hat. Glück ist deshalb sehr individuell, und wir müssen uns deshalb für später merken, dass es umso leichter ist, glücklich zu werden, je genauer wir wissen, was uns früher glücklich gemacht hat. Wir werden in den kommenden Kapiteln genau nachsehen.

Doch zuerst geht es darum, herauszufinden, womit wir uns selbst immer wieder an unserem Glück hindern. Dafür machen wir uns auf die Suche nach den Gedächtnisspuren, die im Lauf der Erziehung gebildet worden sind. Wer Eltern hat, die das Glück der Kinder sehr wichtig genommen haben, ist oft schon selbst auf der richtigen Spur, denn er macht einfach weiter, was die Eltern gemacht haben: Er verfolgt sein Glück. Wer, wie üblich, nach dem Grundsatz erzogen wurde, nicht auf sich aufmerksam zu machen und den Ablauf des Alltagslebens nicht zu stören, wird ebenso das weiter-

führen, was ihm angewöhnt wurde. Er folgt dann weiter seinen Gewohnheiten. Kommt es zu einer Situation, in der es zum Beispiel darum geht, lieber unauffällig zu bleiben als sein Glück zu verfolgen, wird das Glück an zweiter Stelle stehen. Wenn zu seinen Gewohnheiten gehört, sich selbst abzuwerten, weil das lange erlittene Lebenspraxis war, dann wird sich der Weg der Gewohnheit noch weiter vom Glück entfernt winden. So haben wir also noch Gedächtnisspuren im Gehirn, die uns am Glück vorbei führen. Wenn wir sie kennen, müssen wir uns mit der gleichen Taktik wie der Colorado im Grand Canyon neue Spuren einschleifen, die mehr glückliche Momente bringen. Das funktioniert, denn die Biologie der Glück verhindernden Gewohnheiten ist auch die Biologie der Glück bringenden Gewohnheiten.
Es geht also um Ihre und meine Gedächtnisspuren, um Ihr und mein Gehirn und um die ganz konkreten Situationen, in denen Ihr und mein Glück gelernt wurde. Wer außer Ihnen oder mir sollte unser Glück machen? Es gibt nur eine Devise: Mach es selbst!

So ziehen Sie sofort praktischen Nutzen aus diesem Kapitel

- Sprechen Sie darüber, ob Ihre Freunde und Bekannten die Manipulationen und Lügen, die uns die Stimmung verderben, auch entdecken. Je mehr Gleichgesinnte Sie finden, desto weniger werden Sie sich dieser Fremdbestimmung aussetzen.
- Umso leichter werden Sie sich auch von dem moralischen Anspruch befreien können, das Leid der Welt in sich aufzunehmen.

7. KAPITEL

Unser Gehirn hält uns stur in der Spur

In diesem Kapitel entdecken Sie:

- Das Gehirn wächst buchstäblich mit seinen Aufgaben
- Wir müssen raus aus der Spur, um rein ins Glück zu kommen
- Die Sorgen hören nicht einfach auf
- Die Liebe bleibt dort, wo sie zuerst hinfiel
- Bekanntes Unglück zieht uns magisch an
- Unglück wiederholt sich selbst, Glück aber auch

… Mirella fielen fast die Augen zu. Sie genoss die süße Müdigkeit, die jetzt in ihr aufstieg, doch sie musste dagegen ankämpfen. Der Vormittag war anstrengend gewesen. Sie hatte sich ein Glas Weißwein bestellt, den örtlichen Riesling, den sie wegen seines feinen Aromas so liebte. Sie dachte an ihren Vater, den sie in den letzten Jahren immer mal wieder getroffen hatte. Sie empfand keinen Groll. Im Gegenteil. Das hatte sie von ihm gelernt, den Wein ihrer Heimat zu erkennen und mit allen Sinnen zu genießen. Inzwischen hatte sich der Weingarten mit einigen Gästen gefüllt, und manche von ihnen kannte sie. Sie spürte, wie die Blicke auch zu ihr gingen, und sah zum Hoftor. Gerade als sie den Blick enttäuscht weiter wandern lassen wollte, erkannte sie aus den Augenwinkeln Costas. Er lächelte, bog um die ersten Tische und kam in aller Ruhe auf sie zu geschlendert. Schließlich hatte er sie erreicht und beugte sich zu ihr hinunter, um sie zu küssen. »Was fällt dir ein!« fauchte sie ihn an. »Zwanzig Minuten zu spät! Kannst du dir vorstellen, wie sie mich hier ansehen?« Sie erschrak über ihre eigene Reaktion. Sie wusste doch, dass er nicht pünktlich war …

Das Gehirn wächst buchstäblich mit seinen Aufgaben

Die Hirnforschung weiß heute: Was wir sehen, hören oder fühlen, verändert das Wachstum von Zellen in unserem Gehirn. Das Gehirn wächst dort stärker, wo es häufiger angeregt wird. Dort, wo häufiger Erfahrungen auftreffen, bildet es nach und nach mehr Zellen, die auch noch ihre Reizfläche vergrößern, also immer empfindlicher werden. Oft gemachte Erfahrungen verändern also tatsächlich das Gehirn. Es entstehen nicht nur zusätzliche Gehirnzellen in Bereichen, die immer wieder angeregt werden. Diese Zellen vergrößern

auch ihre Power. Das Gehirn wächst also sozusagen in die Lebensbedingungen hinein, und da es bei den häufig gelösten Aufgaben auch noch schneller wird, kann man sagen: Das Gehirn fühlt sich wohler in den Lebensbedingungen, an die es angepasst ist. Das führt andersherum zu einem Sog. Wenn Ihr Gehirn plötzlich nicht mehr die Arbeit leisten muss, an die es gewöhnt ist, wird es sich entsprechende Aufgaben selbst schaffen.
Es gibt genügend Hirnforscher, die das Gehirn mit einem Muskel vergleichen, der mehr oder weniger trainiert ist. Wenn Sie Ihre Muskeln als Beispiel betrachten, wird schnell deutlich, was ich meine: Stellen Sie sich vor, Sie sind 100-Meter-Läufer und trainieren dreimal wöchentlich. Nun wird das Sportstadion umgebaut, und Sie haben einen Monat keine Bahn, auf der Sie vernünftig laufen können. Was passiert? Sie spüren eine wachsende Lust, zu rennen, und werden sich irgendeinen Ort suchen, an dem Sie diesem Drang entsprechen können, auch wenn dieser Platz gar nicht dafür vorgesehen ist. Genau so wird auch Ihr Gehirn versuchen, das weiter zu tun, worauf es trainiert ist, selbst wenn es jetzt überhaupt nicht mehr in die Situation passt.
Mit diesen ganz eigenen Spuren im Gehirn, die auch bei eineiigen Zwillingen unterschiedlich sind, geht jeder Mensch durch die Welt, und es soll natürlich möglichst eine Welt sein, in der er sich auskennt. Wenn wir in diesem Bild bleiben: Ihre fünf Sinne bemerken eine Möglichkeit, etwas zu tun, das sie gewohnt sind, und schon kann Ihr Gefühl in eine vorgebahnte Spur rutschen und eine schon oft angesteuerte Empfindung zum Vorschein bringen. Diese Empfindung zog früher nach sich, dass ihr eine bestimmte Reaktion zu folgen hatte. Wenn Sie das Gefühl hatten, Ihre Mutter sei sauer auf Sie, wussten Sie irgendwann, was zu tun war, um sie wieder zu besänftigen. Damit waren sozusagen an

dem Gefühl ein paar Drähte angelötet, die auch heute noch die gleiche gezielte Reaktion auslösen können.
Wenn jemand Ihnen böse zu sein scheint, probieren Sie automatisch erst mal die Methoden, mit denen Sie früher wieder gut Wetter machen konnten. Wenn Sie lesen und ein Wort erkennen, bewegen sich als Reaktion vielleicht die Sprechmuskeln, und Sie sagen »rot«. Wenn Sie Auto fahren, ist das vielleicht ein Tritt auf die Bremse. Wenn Sie einen attraktiven Menschen sehen, vergrößern sich vielleicht die Pupillen, oder es passiert sonst irgendetwas, das Sie gewohnt sind. All diese Reaktionen laufen vollautomatisch. Und diese Automatik bestimmt Ihren Alltag und Ihre Entscheidungen, ob Sie wollen oder nicht.
Wir alle kennen den berühmten Satz: »Man kann nicht nicht kommunizieren.« Es stimmt. Nehmen Sie an, Sie stehen irgendwo und werden angesprochen. Wenn Sie antworten, ist das eine Botschaft, also kommunizieren Sie. Wenn Sie nicht antworten, ist das auch eine Botschaft, also kommunizieren Sie auch. Genau so gibt es noch andere Wahrheiten, die ebenso wichtig sind. Zum Beispiel: Wir können nicht nicht erkennen. Wenn wir ein geschriebenes Wort sehen, erkennen wir es. Das können wir nicht verhindern. Schreiben Sie mal das Wort »grün« auf und versuchen, es nicht zu erkennen. Absurd, oder? Ebenso erkennen wir einen Gesichtsausdruck, eine Geste, ein gesprochenes Wort, eine Situation.
Doch erkennen heißt immer: Wir geben dem Eindruck die Bedeutung, die wir gelernt haben. Genauer: Wir können nicht anders, als einem Wort, einem Gesichtsausdruck, einer Geste, einer Situation die Bedeutung zu geben, die wir gelernt haben. Das bedeutet: Wir lesen ein Wort: Sagen wir, es heißt: »tot«. Wenn Sie dieses Wort lesen, entstehen in Ihnen unangenehme Gefühle. Wenn wir Sie jetzt an Mess-

geräte anschließen würden, könnten wir Emotionen feststellen wie Abwehr, unangenehme Erregung und ähnliches. Liest jemand, der in Frankreich aufgewachsen ist, das Wort »tot«, löst es völlig andere Gefühle in ihm aus, denn auf Französisch heißt es einfach nur »früh«.

Es fällt jetzt leicht, zu verstehen, dass das gleiche Wort, die gleiche Geste, die gleiche Situation in den Gehirnen der Beteiligten auf unterschiedlich gewundenen Spuren zu unterschiedlichen Zielen führt, so dass sie ganz unterschiedlich reagieren. Die objektiv gleiche Situation kann dazu führen, dass ein Mensch ruhig und gelassen, der andere wütend und der dritte mit Angst und Stress reagiert.

Wenn wir auf den folgenden Seiten die Funktion unseres Belohnungssystems kennen lernen, verstehen wir noch mehr. Wir verstehen, dass wir nur leben können, wenn wir – ob wir es wollen oder nicht – Ähnlichkeiten zwischen neuen Situationen und unseren Erfahrungen finden. Das heißt, dass sich unsere Gedächtnisspuren im Gehirn immer weiter vertiefen. Und was das Wichtigste ist: Wir verstehen, wieso wir uns – ob wir wollen oder nicht – immer wieder in die gleiche Situation bringen. Wir können nicht vermeiden, ein Wort zu lesen, wenn wir es sehen. Wir können uns also nicht davon abhalten, ihm sofort eine gelernte Bedeutung zu geben und in ihrer Folge Gefühle zu spüren. Wenn wir diese Gefühle spüren, können wir nicht vermeiden, unsere gelernte Reaktion darauf vollautomatisch losgehen zu lassen.

Machen Sie den Test. Gucken Sie auf ein Wort und versuchen Sie, nicht zu erkennen, was es heißt. Das bedeutet, wir können auch nicht eine Situation erleben, ohne sie im Sinn von Ähnlichkeit sofort zu »verstehen« und entsprechend zu reagieren. Das ist unser individuelles Gedächtnisspuren-Programm, das sich immer wieder selbst verstärkt, nicht in der gewünschten, sondern in der gewohnten Richtung.

Wir müssen raus aus der Spur, um rein ins Glück zu kommen

Angenommen, Sie haben einen großen Garten, so groß, dass kein Gartenschlauch lang genug für ihn ist. Sie haben deshalb Bewässerungskanäle angelegt, die auch ganz gut funktionieren. Nun pflanzen Sie hinten links in Ihrem Garten einen neuen, wunderschönen Baum. Dann öffnen Sie die Schleuse, durch die das Wasser in die Kanäle fließt, und Sie sehen: Das Wasser fließt durch die alten Kanäle zu den unscheinbaren Büschen, die zwanzig Meter von ihm entfernt stehen. Der neue Baum wird wieder eingehen, wenn sie keinen neuen Kanal graben, der zu ihm führt. Da Sie den Baum sehen und genießen wollen, werden sie also einen neuen Kanal ausheben, auch wenn es mühsam ist.

Genau so geht es Ihrem Gehirn. Wenn Sie mehr Glück in Ihr Leben einpflanzen wollen, müssen Sie eine neue Gedächtnisspur anlegen, die automatisch zu Ihrem Glück führt, denn wenn es schon genügend Spuren zum Ziel gäbe, hätten Sie nicht den Wunsch nach mehr Glück. Es geht also um biologisches Lernen, wenn wir die Frage beantworten wollen: Wie können wir die Spuren, die den Weg zum Misserfolg und zu unglücklichen Situationen vorgeben, verlassen und neue graben?

Aus der Tatsache, dass sich im Lauf des Lebens schon entsprechende Veränderungen des Gehirns gebildet haben, ergibt sich ganz klar, dass wir unser ausgewachsenes Gehirn nicht durch einen Entschluss umformen können. Wir haben aber trotzdem eine Chance. Sie setzt voraus, dass wir die Gesetze beachten, nach denen unser Gehirn, insbesondere das Belohnungssystem, nun mal funktioniert.

Der Grundsatz dieser Gesetze: Die neuen Spuren, die uns

woanders hin führen sollen als dahin, wo wir bisher immer angekommen sind, müssen erst ausgegraben werden, damit wir darin zum Ziel kommen können. Das heißt: Wir müssen wissen, wie wir neue Gedächtnisspuren vertiefen, und wir müssen wissen, wie wir das Gehirn dazu anregen, von selbst diese Spuren immer weiter zu vertiefen, sich also selbst zu verstärken. Wir werden dieser Frage nachher ein eigenes Kapitel widmen.

Übertragen wir das Wissen von den Gedächtnisspuren auf unsere Gefühle, dann heißt es: Der Körper gewöhnt sich an bestimmte Gefühle, er übt sie ein. Je häufiger diese Gefühle auftreten, umso leichter werden sie wieder aufgebaut, weil es eine eingefahrene Gedächtnisspur, eine Bahnung für sie gibt. Dies gilt sowohl für positive als auch für negative Gefühle. »Der Mensch ist ein Gewohnheitstier« – dieses Sprichwort erhält seine wissenschaftliche Bestätigung durch die moderne Hirnforschung. Denn was wir täglich an uns selbst beobachten können, haben unzählige Forscher in unzähligen Versuchen in dem Aufbau unseres Nervensystems wieder gefunden. Das wäre an sich vielleicht nichts besonders Großartiges, denn was wir machen, muss natürlich irgendwie mit unserm Gehirn und seinen Millionen Schaltern zu tun haben.

Doch wie so oft, wenn Wissenschaftler sich auf den Weg machen, führen die Ergebnisse ihrer Versuche zu neuen Früchten, die wir dann im Alltag nutzen können. Einige dieser Früchte genießen wir in den folgenden Kapiteln. Es sind die Antworten der Hirnforschung auf die Fragen:

- Warum finde ich nicht den Weg zum Glück, den ich mir vorgenommen habe?
- Wie kann ich meine Biologie nutzen, um mich auf Glück und Erfolg zu trainieren?

Die Sorgen hören nicht einfach auf

Ich habe in meinem beruflichen Leben viele Stunden mit Menschen gesprochen, die sich wegen der verschiedensten Dinge Sorgen machten. Wer sich mit seinen Sorgen beschäftigt oder Angst vor etwas hat, kann jedoch nicht gleichzeitig glücklich werden. Wenn wir dann praktisch und im Gespräch daran arbeiteten, die Probleme zu lösen, die Unglück und Sorgen produzierten, begegnete mir eine erstaunliche Reaktion. Es gelang zwar oft, ein Unglücksgefühl aufzulösen. Fast immer führte dies auch zu dem erhofften Gefühl der Erleichterung. Doch erwies sich die neu gewonnene Sorgenfreiheit oft nur als vorübergehend.

Es dauerte nicht lange, bis sich die nächste Sorge an die nun freie Stelle geschoben hatte. Vereinfacht könnte man sagen: Nimmst du mir eine Sorge weg, dann werde ich eben eine neue finden, die an ihre Stelle tritt. Es ist, wie wenn man einen Raucher, der auf Marlboro eingeraucht ist, dadurch kurieren will, dass man aus den Zigarettenautomaten der Umgebung alle Marlboro-Packungen entfernt. Nach kurzer Zeit wird er Gauloises rauchen, und es geht ihm nicht anders als vorher.

Eine Zeit lang versuchte ich, auf klassische tiefenpsychologische Weise verborgene Konflikte und Traumata zur Erklärung dieses unerschöpflichen Sorgen-Vorrates heranzuziehen. Doch wahrscheinlich begreife ich keines dieser Gedankengebäude richtig. Immer wieder gab es das Problem, dass Menschen sich nach diesen Theorien einfach nicht richten wollten. Irgendwann galt das auch für mich. Um den Patienten und mir das Leben einfacher zu machen, kam ich deshalb auf die Idee, Sorgen wie eine Sucht anzusehen.

Jetzt gab es plötzlich eine Sichtweise, mit der wir weiter kamen. Diese Theorie half meinen MitarbeiterInnen und mir,

die Folgen besser vorherzusehen, die der Verlust einer Sorge im Lauf der Therapie nach sich ziehen konnte. Wir brauchten uns nicht mehr zu wundern, wenn der Sorgen-Verlierer nicht erleichtert loslebte. Stattdessen konnten wir ihn beruhigen, wenn er darüber verzweifelt war, dass sich sein Lebensgefühl nicht schlagartig ins Gegenteil verkehrt hatte.

Unsere Theorie war einfach. Das unterschied uns zwar von Menschen, deren Theorien intelligenter klangen, weil sie mehr Fremdworte enthielten. Doch es hatte den unschätzbaren Vorteil, dass unsere Gesprächspartner und wir sie wenigstens verstanden: Wir nahmen an, dass sich das körperlich-seelische System jedes Menschen im Lauf der Zeit an ein bestimmtes Maß von Sorgen, Angst, Schmerzen und Mißerfolg gewöhnen kann, genau wie an Nikotin oder Alkohol. Das Gleiche gilt für Optimismus, Mut, Kraft, Erfolg und Glück.

Kurz gesagt: Die Gefühle, die uns das Leben lang begleiten, werden irgendwann gelernt, und dann achtet unser Inneres darauf, dass wir sie auch in der gewohnten Dosis erhalten. Der Satz: »Ich werde dich fürchten lehren«, stimmt auf eine makabre Weise lebenslang, genau wie der Satz: »Ich habe gelernt, dass ich mich auf mein Glück verlassen kann.« Diese Gefühle produziert unser Inneres dann weiter, und es achtet wie bei den Hormonen, dem Insulin und den verschiedensten Botenstoffen darauf, dass wir eingeregelt bleiben. Sinkt der Pegel ab, so strebt alles im Menschen dahin, wieder die gewohnte Gefühlslage herzustellen. Der Grund ist einfach gesagt: »Wir sind alle Gewohnheitstiere.« Oder: Wir können uns nur richtig verhalten, wenn wir wissen, wohin das führt, was wir tun. Das wissen wir aber nur, wenn wir etwas Ähnliches schon mal durchlebt haben. Deshalb können wir uns nur immer wieder so verhalten, wie wir es schon

kennen. Es ist also das Beste, wenn wir die Situationen immer wieder so hinbiegen, dass sie uns an bekannte Erfahrungen erinnern.

Diese Annahme hilft uns auch jetzt, wenn wir überlegen, wie wir die Weichen in Richtung Glück stellen können. Sie bedeutet: Wir haben eine bessere Chance, das befriedigende Gefühl des Verstehens zu entfalten, wenn wir folgenden Standpunkt einnehmen:

Jeder hat seine typischen Glücksblockaden gelernt, und für jeden können diese Glücksblockaden zu einem täglichen Bedürfnis geworden sein. Das heißt: Wir blockieren unser Glück aktiv! Machen wir einmal die Probe und nehmen den Alltag ins Visier. Wenn wir uns das ganz normale Leben ansehen, stellen wir fest: Wir alle fühlen uns immer wieder mal mies in unserem Alltagsleben.

Wenn es uns dann die Laune verhagelt hat, sagen wir vielleicht: »Ich bin heute depressiv.« Aber der Begriff Depression hat einen passiven, quasi gottgegebenen Beiklang, der mir auf diesen Vorgang nicht zu passen scheint.

Wenn Sie einmal nachspüren, wie sich solche Momente anfühlen, dann werden Sie der Beobachtung zustimmen, dass ein Drang zu spüren ist, genau das zu denken, was immer wieder das gleiche Gefühl der Bedrückung auslöst. Sie möchten gern fröhlich sein, aber Sie suchen automatisch nach Gedanken, die ganz bestimmte »negative« Gefühle nach sich ziehen. Ich habe gute Erfahrungen damit gemacht, diesen Vorgang so aktiv zu beschreiben, wie er tatsächlich ist: Es ist kein gottgegebener Vorgang, der Sie von außen steuert. Es gibt keine Fern-Kraftquelle in Ihrer Umgebung, die in Ihren Körper bestimmte Gefühle einspeist, während Sie sich dem Schicksal nur hingeben.

Der Erfinder der berühmten Gestalt-Therapie, Fritz Perls, pflegte zu sagen: »It's all inside you.« Was Sie fühlen, ent-

steht in niemand anderem. Es gibt nämlich keinen anderen Menschen, der in der Lage wäre, Ihre Emotionen zu befehligen, wenn man es genau nimmt. Wir sagen zwar: »Dieses Gesicht auf der Mattscheibe löst bei mir negative Emotionen aus.« Doch der Befehl, die entsprechenden Botenstoffe auszuschütten, kommt aus Ihrem eigenen Schaltzentrum im Gehirn. Letztlich bleibt nichts anderes als die klare Einsicht, dass es unser eigener Körper und unsere eigenen Nervenknoten sind, die unsere Gefühle und Energien steuern.

Wo die Liebe zuerst hinfiel, bleibt sie

Sind Sie schon einmal mit Kindern in Urlaub gefahren? Dann wissen Sie, wie es Ihnen geht, wenn Ihr Kind Sie auf einer langen Autofahrt ständig fragt: »Wann sind wir endlich da?« Bei den ersten Fragen antworten Sie noch geduldig und in ruhigem Ton. Doch beim zwanzigsten Mal spüren Sie, wie schon bei dem Wort »Wann« Ihre Reaktion schneller und heftiger wird. Sie sind für eine bestimmte Botschaft, nämlich den Inhalt und Klang von »Wann sind wir endlich da?« empfindlicher geworden. Diese Botschaft erreicht durch Ihr Gehör das Innere Ihres Körpers und wird dort in chemische Botenstoffe umgewandelt, die zu Schaltern im Gehirn fließen.

Die Bildung von Gewohnheiten baut sich biologisch durch diese Schalter im Gehirn auf, die ihre Befehle von bestimmten Botenstoffen erhalten. Sicherlich haben Sie schon mal ein Bild von einem Fingerabdruck-Schalter gesehen. Diese Schalter werden immer mehr eingesetzt, zum Beispiel, um Labortüren zu sichern. Nur wenn er einen ganz bestimmten Fingerabdruck erkennt, schaltet der Sensor den Strom ein und öffnet damit die Tür. Im Gehirn wirken die verschiedenen chemischen Botenstoffe genau wie verschiedene Fin-

gerabdrücke. Jeder Rezeptor oder Schalter hat einen bestimmten Botenstoff, auf den er programmiert ist. Doch die Schalter im Gehirn können noch mehr. Sie lernen. Je häufiger der Botenstoff ankommt, je öfter der Schalter im Gehirn diesen Botenstoff also spürt, desto empfindlicher wird er für ihn. Auf dieser Grundlage lernt das Gehirn. Biologisch heißt das: Wenn die Rezeptoren häufig genug bestimmte Botenstoffe erlebt haben, werden sie sensibilisiert. Sie führen die Befehle schneller aus und schalten immer weniger Zwischenschritte ein, bevor sie reagieren, so wie Sie bei der Antwort auf »Wann sind wir endlich da?« immer weniger Zeit zum Nachdenken brauchen, bevor sie reagieren.

Sie kennen das aus dem täglichen Leben: Wenn Sie Autofahren lernen, überlegen Sie am Anfang noch ganz genau, wie Sie die Füße zu bewegen haben, wenn die Ampel grün wird. Irgendwann haben Sie das jedoch so oft gemacht, dass die grüne Ampel ohne merkbare Zwischenschritte ihren Fuß zucken lässt. Doch Gott sei dank lernen wir im Leben noch mehr als Autofahren. Wir lernen eben auch fühlen. Wenn uns schon als ganz winzigen Geschöpfen immer wieder ein bestimmtes Gesicht vor Augen kommt, das uns streichelt oder sanfte Worte sagt, fühlen wir uns gewärmt und geborgen. Wir vergessen weder das Gefühl noch das Gesicht. Irgendwann später im Leben werden ähnliche Gesichter, Bewegungen oder Stimmklänge die ähnlichen Botenstoffe in uns freisetzen, und wir werden uns gut und vertraut fühlen. Weil sich diese Reaktion schon vor vielen Jahren in eine Automatik verwandelt hat, wird es meist so sein, dass wir nicht erklären können, warum plötzlich diese Gefühle da sind. So ist das auch mit der Liebe auf den ersten Blick. Wenn sie von beiden Seiten aufblitzt, kann man nur hoffen, dass die Liebe wirklich von Vätern und Müttern gelernt wurde, die das kindliche Urvertrauen nicht enttäuscht haben. Die Schalter

im Gehirn passen nämlich nicht mehr auf, was sie tun. Wenn eine Person, die von ihrem Vater schlecht behandelt wurde, Liebe auf den ersten Blick zu einem Mann fühlt, sollte sie oder er noch einmal genau überlegen, ob das Objekt ihrer Begierde Ähnlichkeiten mit dem Vater hat. Eine unglückliche Beziehung wäre dann etwas wahrscheinlicher als das versprochene Glück. Genau so ist es bei einem Menschen, der sich in eine Frau verguckt hat, bei der er sich von Anfang an erstaunlich sicher gefühlt hat. Heftet ihn dieser geheimnisvolle Magnetismus an eine Frau, die ihn genau so schlecht behandeln wird, wie er es von seiner unbeherrschten Mutter gewohnt war?
Sicher kennen Sie Leute, die sich immer wieder in die gleiche Art von unglücklicher Beziehung manövriert haben. Sie leben mit einem Bündel von Gewohnheiten, mit denen Sie sich selbst immer wieder unglücklich machen. Das kann sich auf jeden Lebensbereich beziehen. Kennen Sie Kollegen, die immer wieder Außenseiter waren, egal in welcher Abteilung sie gearbeitet haben? Kennen sie Freunde, die immer wieder unter Geldmangel litten, egal wie oft sie ein ausreichendes Gehalt bekommen haben?
Uns interessieren hier gerade die kleinen Gewohnheiten, die dazu führen, dass sich ein bestimmtes Maß an Glücksblockaden im Leben einfach nicht ändern will. Was erzählt uns die Hirnforschung über diese Gewohnheiten, mit denen man, wie das Sprichwort sagt, »mit Eifer sucht, was Leiden schafft?«

Bekanntes Unglück zieht uns an

Unser Gehirn lernt, wenn wir etwas immer wieder tun. Doch es lernt alles, was wir immer wieder tun, ohne zu unterscheiden, ob es langfristig gut oder schlecht ist. Je häufiger

wir ein Gefühl empfinden, umso empfindlicher wird die Automatik; die Schalter werden immer leichtgängiger. Doch die Schalter können ihre Lernfähigkeit nicht ungeschehen machen. Wenn das häufig erlebte Gefühl Angst oder Sorgen heißt, schalten sich die negativen Gefühle also immer schneller ein. Sobald unsere Botenstoffe Ähnlichkeiten mit einer bekannt unglücklichen Situation entdecken, beginnen automatisch unsere Reaktionen zu laufen, die wieder zu den bekannten Dramen beitragen. Salopp formuliert: Wenn Sie daran gewöhnt sind, sich mit lockeren Sprüchen immer wieder in die Nesseln zu setzen, könnte man das als ein Art Ablehnungssucht beschreiben. Sie spüren regelmäßig den Drang, genau das zu tun, wofür sie abgelehnt werden. Auch wenn es das ist, was Sie am meisten fürchten, können die Schaltgewohnheiten Ihres Gehirns Sie also immer wieder in eine selbsterfüllende Prophezeiung führen.
Der Satz: »Vor Inbetriebnahme des Mundwerks Gehirn einschalten« hätte deshalb schon unendlich vielen Menschen das Leben gerettet, wenn man ihn tatsächlich beherzigen könnte. Doch weil die meisten unserer automatischen Schaltungen – sprich: Gewohnheiten – das Großhirn schon links liegen gelassen haben, damit sie schneller sind, ist das leider kaum hinzukriegen.
Wir haben ja weiter oben schon die Gedächtnisspuren erwähnt, in welche die Energie und das Verhalten immer wieder fließt. Ist durch das häufige Erleben von Sorgen die entsprechende Spur tief genug ausgespült, wird unsere Gefühlsenergie von der Schwerkraft immer wieder in diese Spur gezogen werden. Haben wir aber häufig genug Glücksgefühle eingespeichert, funktioniert das mit Glück genauso. Wir haben das Zusammenwirken der immer leichter gehenden Schalter und des Sogs der Gewohnheit, und diesen Kräften sind wir nun mal ausgesetzt.

Vermissen Sie bei dieser Art von Sucht auch die Einteilung in gute und schlechte, angenehme und unangenehme Gefühle? Es gibt sie nicht. Mir wäre auch lieber, wenn man nur nach schönen Gefühlen süchtig werden könnte und nicht nach unangenehmen. Doch ich habe keinen Anhaltspunkt für die Annahme, dass die oben beschriebenen Eigenschaften der Rezeptoren und der Gewohnheitsbildung nur bei guten Gefühlen auftreten und nicht bei schlechten. Diese Bewertung kann unsere Biologie nicht leisten. Sie kann nur aus dem Lernen, aus der Lebenserfahrung kommen. Es wäre auch nicht sinnvoll, hätte die Natur es so eingerichtet. Für das Überleben kann es viel wichtiger sein, wenn man auf einen negativen, gefährlichen Reiz, der Furchtreflexe auslöst, immer schneller reagiert. So wird das Überleben gesichert. Dagegen kann es vollkommen unwichtig sein, dass der Körper immer empfindlicher auf ein angenehmes Kitzeln anspricht, mit dem man immer schneller das Lachen auslösen kann.

Wenn Sie darauf achten, können Sie den Sog nach negativen Gefühlen auch an sich selbst spüren, und ich behaupte, Sie kennen ihn vielleicht schon. Sehen wir doch mal nach: Hat Ihnen schon einmal etwas Sorgen gemacht, und Sie haben gemerkt, dass Sie immer wieder daran denken mussten? Sie haben die Sorgen als unangenehmes Gefühl genau gespürt. Doch Sie konnten die Gedanken gar nicht von ihnen wenden und haben so das Gefühl selbst immer wieder hervorgerufen. Warum haben Sie das getan? Nicht, weil Sorgen ein angenehmes Gefühl sind. Interessanterweise haben Sie ein sehr unangenehmes Gefühl immer wieder hervorgerufen. Weshalb machen Sie sich selbst das Leben schwer? Ist es die Absicht der Natur, nicht zu ruhen, bis die Probleme des Lebens gelöst sind? Ist überhaupt eine Absicht dahinter? Oder ist es einfach ein Konstruktionsfehler, mit dem

wir uns abfinden müssen? Wahrscheinlich ist es ein bisschen von allem.

Angenommen, Sie wären in einer Lebenssituation, in der Sie sich Monate lang fast jeden Tag um irgendetwas Sorgen gemacht haben. Jetzt ist es nicht mehr schwer, sich vorzustellen, dass Sie irgendwann aus dem Selbst-Herstellen des Gefühls gar nicht mehr herauskämen und sich tatsächlich eine Sucht nach Sorgen eingestellt hätte, die Sie kaum noch loslässt. Nun käme irgendwann der lang ersehnte Tag, an dem Sie es endlich schaffen, diese dauerbedrohliche Situation abzustellen.

Wenn Sie jetzt annehmen, eine solche Situation hätte schon seit ihrer Kindheit bestanden, also in der Zeit, in der das frische Gehirn seine Eindrücke und Gefühle noch am tiefsten verankert. Dann hätten Sie gar nicht erlebt, dass es auch anders sein kann. Sorgenfrei, unbelastet sein, das wäre etwa, wie wenn jemand von Ihnen verlangt, Englisch zu sprechen, ohne dass Sie es jemals gelernt hätten. Aber auch, wenn man so etwas als Erwachsener durchgemacht hat – berufliche Krisen, jahrelange Arbeitslosigkeit, bedrohliche Partnerschaften –, vielen von ihnen ist es, wenn so etwas vorbei war, gar nicht so viel besser gegangen, wie sie gehofft haben. Wenn eine Bedrückung vorbei war, gab es einen Moment der Erleichterung. Aber diese Stimmung hielt sich nicht. Das hat sie natürlich erstaunt. Wieso braucht der Körper so lange, um sich von einer schlimmen Erwartung zu lösen? Es ist doch irgendwie enttäuschend. Wir warten auf das große Aufatmen, denn die Bedrohung ist weg.

Doch die große Erleichterung lässt uns ziemlich lange warten. Die Sorgen bleiben in unserem Gefühls-System, und wir sehen uns weiter ständig danach um, ob nicht doch noch etwas da ist, das ein Sorgengefühl begründen kann. Die Gewöhnung an ein Unglücksgefühl hat dazu geführt, dass wir

diese Glücksblockade nun wie ein Perpetuum mobile als Selbstläufer immer wieder neu produzieren.
Wer so etwas erlebt, versucht natürlich die Frage nach dem »Warum« zu beantworten. Er fragt sich natürlich, worauf sich die Befürchtungen denn jetzt richten, und findet oft genug nichts, das sie noch rechtfertigen könnte. Doch das hilft nicht viel. Der Inhalt ist gar nicht entscheidend. Vielmehr hat sich unser Gehirn an die Chemie der Sorgen gewöhnt, an die Botenstoffe, die zu dem Unglücksgefühl gehören. Wie ein Alkoholiker, der immer einen Grund zum Trinken findet, greift es jetzt zu beliebigen Inhalten, um die gewohnten körpereigenen Drogen wieder herstellen zu dürfen. Als Voraussetzung, um unser Glück zu machen, ist es unendlich hilfreich, wenn wir wissen: Es ist nicht so, dass wir nichts täten, wenn wir uns unglücklich fühlen. Wir machen unser Unglück. Es entsteht aus den einfachen Gesetzen unseres Gehirns, aus den Grundlagen unserer Biologie. Dieser Hang zum Unglück-Machen bezieht sich nicht nur auf die Chemie, sondern auch auf die Physik des Gehirns.

Unglück kann sich selbst verstärken, Glück auch

Es gibt mehr als genug Zeitgenossen, die glauben, Undank sei der Welt Lohn. Ihre Lebenserfahrung hat ihnen gezeigt, dass sie umso weniger belohnt werden, je mehr sie sich angestrengt haben. Warum das so sein kann, werden wir später noch genauer betrachten. Kurz gesagt, die Erfahrung: »Undank ist der Welt Lohn« hat etwas zu tun mit grundsätzlichen Irrtümern über den Lebenssinn aller anderen Menschen auf der Welt. Doch für alle Enttäuschten, die bisher vergeblich auf einen Lohn ihrer Mühen gewartet haben, hat die Wissenschaft etwas Tröstliches herausgefunden:

Jeder von uns hat sein eigenes, nur ihm allein gehörendes Belohnungszentrum im Gehirn.
Man hat herausgefunden, dass elektrische Stimulation direkt im Belohnungszentrum extreme Lust verursacht, die für sich allein verstärkende Eigenschaften hat. Das bedeutet: Wenn dieser Gehirnbereich angeregt wird, will das entsprechende Lebewesen, Tier wie Mensch, immer mehr dieser Impulse spüren.
Um solche Stimulation zu erlangen, vernachlässigen Tiere Essen und Trinken bis zur Erschöpfung oder nehmen bereitwillig Schmerzen in Kauf. Die machtvollen Verstärkerqualitäten des Belohnungszentrums, seinen Einfluss auf Lebensentscheidungen, kann man kaum überschätzen.
Nun kommt die Frage, die für unser Thema höchst interessant ist: Gibt es diesen Verstärkungsmechanismus auch, wenn nicht Lust, sondern einfach nur Erregung – auch durch Sorgen oder Stress ausgelöst – dieses Belohnungssystem reizt?
Die Frage, ob unser Belohnungssystem auch auf Sorgen, Unglück und Schmerzen anspricht, ist sehr folgenreich. Wäre es so, dann würde alles nur von der Eindringlichkeit der Erfahrungen abhängen, die ich mit Glück oder Unglück gemacht habe. Es könnte dann tatsächlich so sein, dass ich durch Sorgen, Schmerzen und Glücksblockaden eine ähnliche Art Tendenz zur Wiederholung in Gang setze wie durch Glücksgefühle. Das Belohnungssystem würde mich für alles, was ich intensiv genug empfinde, belohnen.
Wir müssen uns das biologische Geschehen im Belohnungssystem noch etwas näher ansehen, um vielleicht mehr darüber herauszufinden. Das Belohnungssystem ist eine übergeordnete Einrichtung des Gehirns. Es ist für jede Art von nervlicher Verstärkung zuständig, ohne dass es selbst nach gut oder böse, gesund oder ungesund, angenehm oder un-

angenehm aussucht. Vereinfacht gesagt: Es funktioniert etwa wie der Verstärker Ihrer Stereoanlage: Ob Sie Klassik oder Pop hören – der Verstärker macht alles lauter, was ihm gerade unterkommt.

So ziehen Sie sofort praktischen Nutzen aus diesem Kapitel

- Wenn Sie Ihre Ziele nicht erreichen,
  Ihre Sorgen nicht einfach loswerden,
  immer wieder an die falschen Partner geraten,
  können Sie sich jetzt keine Vorwürfe mehr dafür machen. Sie sind ein Mensch; Sie sind Ihrer Biologie unterworfen, und deshalb kann es nicht anders sein. Sie sind in Ordnung. Aber wenn Sie wollen, können Sie es ändern, und zwar ganz ohne Selbstvorwürfe.

8. KAPITEL

Amygdala: das Herz der Seele

In diesem Kapitel entdecken Sie,

- was sich hinter dem geheimnisvollen Namen Amygdala verbirgt
- wieso Leiden süchtig macht
- warum Optimismus besser ist als Realismus
- dass man die Götter nicht gnädig stimmen kann
- dass es richtig ist, von sich aus immer wieder einen Schritt zurück zu gehen

… Costas nahm Mirellas Reaktion ärgerlich auf. »Was hast du getrunken?« fragte er. Immer, wenn sie Wein trank, wurde sie unbeherrscht. Doch er wollte es diesmal nicht zum Streit kommen lassen. »Tut mir Leid, aber du weißt, dass es bei mir manchmal schwierig werden kann. Ich musste meiner Mutter noch helfen, die Tische im Restaurant umzustellen.« Er küsste sie auf die Wange und setzte sich. Auch Mirella wollte jetzt nicht streiten. Gerade von seiner Mutter hatte sie gehört, dass er meist etwas anderes zu tun hatte, wenn er helfen sollte. Doch seine Mutter war ein Kapitel für sich. Sie atmete aus. Eine Pause entstand, in der beide vermieden, sich in die Augen zu sehen. Schließlich hob sie den Kopf und sah ihn an. »Naja«, sagte sie. »Jetzt sind wir also hier.« Er hob den Kopf. Ihre Blicke trafen sich. Er begann zu lächeln. Seine weißen Zähne blitzten in der Sonne, und plötzlich fiel auch von ihr der Ärger ab. Sie nahm seine Hand. Wie schön es hier war. Der Wein hatte ihre Stimmung gehoben, die Sonne schien, und es roch nach Wärme und Laub. »Hast du die Fahrkarten?« fragte sie ihn …

Amygdala – es gibt eine geheimnisvolle Zentrale der Macht

Bei der Erforschung unserer Gefühlsverarbeitung ist in den letzten Jahren ein Bereich des Gehirns in den Vordergrund gerückt: der so genannte Mandelkern, wissenschaftlich Amygdala genannt. Seine Beobachtung hat an Faszination zugenommen, seit wir in der Lage sind, ihn direkt bei der Arbeit zu beobachten. Er ist Teil eines komplizierten Systems, für das wir ihn hier stellvertretend benennen wollen. Was ist die Amygdala, und wo liegt sie genau?
Zu ihrer Funktion sei stellvertretend für viele Wissenschaft-

ler S. Hamann von der Emory-Universität in Atlanta angeführt. Er sagt: »Emotionale Erregung beeinflusst das Gedächtnis durch Faktoren, die während des Speichervorganges zusätzlich wirken. Studien zeigen, dass die Amygdala eine Schlüsselrolle dabei spielt, während des Speicherns bewusster Erinnerungen sowohl angenehme als auch unangenehme Gefühle anzuhängen.«[5]

Das gibt uns ein neues Verständnis von unserem Gedächtnis. Es bedeutet nämlich: Während Sie bewusst etwas lernen, lernen Sie ein ganzes Bündel von Gefühlen mit, die Sie eigentlich gar nicht lernen wollten. Nehmen wir einmal an, Sie lernen Englisch. Dann kann es offenbar so sein, dass ihr Gehirn einen speziellen Geruch in dem Klassenzimmer und den Ärger über den vergangenen Streit mit Ihrem Kollegen gleich mit speichert. Wenn Sie dann später diese Lektion wiederholen, wundern Sie sich, weshalb Sie so leicht ärgerlich werden. Jetzt sollten Sie sich über so etwas nicht mehr wundern. Es liegt an der Konstruktion Ihres Gedächtnisses.

Doch es sind offenbar nicht nur Begleitumstände oder Gefühle, die gleich mit gespeichert werden. Zu den unabsichtlichen Lernerfolgen gehören scheinbar auch eigene Aktivitäten und Bewegungsmuster.

Roth[6] drückt es so aus: »Wenn die Amygdala aktiviert ist, kann sie eine Reihe von motorischen Systemen, die zum emotionalen Reiz passen, anwerfen.« Anders gesagt: Ein Botenstoff, der das Belohnungssystem erreicht, kann auch Muskeln aktivieren, ohne dass wir darüber nachgedacht haben. Weiter: »Die anatomischen Verbindungen legen nahe, dass (sie) durch einfache *features*, ganze *Objekte*, den Kontext, in dem das Objekt auftaucht, sowie semantische Eigenschaften der Objekte, Bilder und Erinnerungen angeworfen werden (können).«

Es kann also fast alles sein, was sich zwischenmenschlich ab-

spielt: Einfache Bilder oder Gesten, Gegenstände wie ein Paar Schuhe, das an frühere Geliebte erinnert, die Musik, die schon einige Male in romantischen Stunden im Hintergrund dudelte, all das kann nicht nur Gefühle, sondern auch körperliche Reaktionen hervorrufen. Selbst die semantischen Eigenschaften von Eindrücken können uns motorisch in Gang bringen. Das heißt: Wir kennen das Bild gar nicht, das wir sehen, aber seine Bedeutung erinnert uns an irgendetwas mit der gleichen Aussage.

An anderer Stelle schreibt er: »All diese Verbindungsnetze sind bedeutsam dafür, wie emotionale Reaktionen, die einmal gestartet sind, sich selbst fortsetzen.« Was heißt das jetzt alles? Haben wir überhaupt noch eine Möglichkeit, frei zu entscheiden? Oder sind wir immer im Netz der verschiedensten Erinnerungen gefangen, bei allem, was wir tun?

Wir müssen uns erst einmal daran gewöhnen, dass wir mit einem Wort oder einem gelernten Gefühl gleich eine Menge anderer Dinge aufgesammelt haben, die dann automatisch wieder ihre Wirkung in uns entfalten. Wenn wir jetzt drei und drei zusammenzählen und uns klarmachen, dass unser gesamtes Spektrum an inneren und äußerlich sichtbaren Reaktionen mit angeregt werden kann, dann heißt das: Gesichter, Bewegungen, Worte, die uns an etwas Bekanntes erinnern, können auslösen, dass wir

- eine Reaktion zeigen, die uns auf dem Weg zum Glück weiter bringt,
- eine Reaktion zeigen, die uns unglücklich macht, eine unerklärliche Angst bekommen, ja sogar eine Krankheit entwickeln; umso leichter, wenn sie schon früher einmal erlitten wurde,
- automatisch unser Immunsystem schwächen oder stärken,
- schlechte oder gute Laune bekommen, aggressiv oder ru-

hig werden, uns Vorwürfe machen oder uns entspannen, und vieles mehr.

Für alle, die es genauer wissen wollen, zitiere ich Roth weiter: »Je nach der beteiligten Überträgersubstanz spricht man von adrenergen (Adrenalin) und colinergen (Acetylcholin) Nervenfasern und Rezeptoren. Mittlerweile vermutet man an die dreißig solcher Substanzen, die je nach der Stelle des Gehirns, an der sie auftreten, unterschiedliche, auch emotionale Wirkungen haben können.«

Dann beschreibt er die Amygdala: »Der Mandelkern ist das Gehirnzentrum, das die verhaltensbedingten, immunologischen und neuroendokrinen Reaktionen auf Bedrohungen aus der Umwelt koordiniert. Er dient außerdem als Speicher für das emotionale Gedächtnis innerhalb des Gehirns. Bei der Bewertung der Umwelt vergleicht er die ankommenden emotionalen Signale mit den gespeicherten emotionalen Erinnerungen. Auf diese Weise trifft der Mandelkern sofort Entscheidungen bezüglich des Bedrohungsgrades ankommender Informationen und kann wegen seiner Verbindungen zum Hypothalamus und anderen Zentren des vegetativen Nervensystems die Nervenbahnen ›überfallen‹, das vegetative Nervensystem aktivieren und die emotionale Reaktion in die Wege leiten, bevor die höheren Gehirnzentren die sensorischen Informationen erhalten. Der Mandelkern erhält auch afferenten Input aus dem Herzen. Eine seiner Funktionen besteht in der Organisation dessen, was ›vertraut‹ wird. Wenn die Rhythmusmuster des Herzens gestört sind oder nicht übereinstimmen, speziell bei kleinen Kindern, lernt der Mandelkern, Disharmonie als etwas Vertrautes zu erwarten; daher fühlen wir uns mit mangelnder Übereinstimmung ›heimisch‹, wodurch das Lernen, die Kreativität und das emotionale Gleichgewicht beeinflusst werden können.«

Dieser Satz hat eine enorme Bedeutung. Er heißt mit anderen Worten: Wer als kleines Kind Dysharmonie als etwas Vertrautes erfahren hat, fühlt sich nur »wohl«, wenn die innere Harmonie fehlt; dieser Mangel ist aber tatsächlich ein Unbehagen. Roth: »Auf der Basis dessen, was für den Mandelkern vertraut geworden ist, vermitteln die Stirnlappen Entscheidungen darüber, was einer Situation angemessen ist und was nicht.«

Da haben wir's also. Tatsächlich untermauert die Hirnforschung unsere These, dass für den, der Chaos gewöhnt ist, dieses Chaos ein Gefühl von »Es ist in Ordnung« vermittelt. Dieses Gefühl kann sich einstellen, wenn alle streiten, wenn sich bestimmte Schmerzen einstellen, wenn man sich allein und verlassen fühlt und so weiter. Wer sein Glück machen will, muss deshalb, biologisch gesprochen, erst einmal wissen, welche Gefühlslagen und Situationen für seine Amygdala vertraut geworden sind. Weiß er das nicht, wird er sich sein Leben lang wundern, wieso er immer da landet, wo er überhaupt nicht hin wollte.

… »Die Fahrkarten?« Costas sah sie erstaunt an. »Welche Fahrkarten?« Mirella hatte das Gefühl, dass ihr der Boden unter den Füßen versank. Eben hatte sie sich noch gefreut, über die Sonne, die angenehm weiche Luft und das helle Zwitschern der Vögel. Sie hörte nichts mehr. Ihr Herz klopfte bis zum Hals. »Wie?« Fassungslos sah sie Costas an. Die Fahrt nach Paris sollte der Beginn ihres gemeinsamen Lebens werden. Costas lehnte sich zurück. Er begann zu lächeln. Mirella spürte, wie ihr die Hitze ins Gesicht stieg. »Ich hasse das«, dachte sie sich und starrte ihn an. Sie musste sich zurückhalten, um nicht aufzustehen und zu gehen. Sie sah zu Boden. Alles an ihr war verspannt und hart geworden. Es dauerte endlose Sekunden, bis sie seine

Hand auf ihrer Schulter spürte. »Entschuldige bitte«, flüsterte er in ihr Ohr. »Es war blöd von mir. Aber ich kann's manchmal einfach nicht lassen.« …

Leiden macht süchtig

Wissenschaftler um Lino Becerra vom Massachusetts General Hospital[11] wollten aufspüren, ob gegensätzliche Gefühle vielleicht neuronale Ähnlichkeiten aufweisen, und verfolgten deshalb bei acht Freiwilligen die Gehirnantwort auf einen schmerzhaften Stimulus. Ihre Aussage: »Schmerz kitzelt das Belohnungszentrum.«

Der Philosoph Spinoza scheint Recht zu haben: Freude und Schmerz sind nur die gegensätzlichen Enden desselben Spektrums. Zumindest reagiert das Belohnungszentrum im Gehirn – eigentlich geeicht auf Geld, Essen oder Kokain – in Sekundenschnelle auf einen schmerzhaften Reiz. Kurz nach Abklingen der dortigen Aktivität springt auch das Schmerzzentrum an. Chronische Schmerzpatienten könnten von diesem Wissen profitieren.

Dank früherer Studien sind zumindest einige Areale des menschlichen Gehirns bereits recht gut kartiert. So kennt man etwa den Sitz des Belohnungszentrums und mit ihm assoziierte Bereiche wie den *Nucleus accumbens* durch die hektische Aktivität, die in diesen Hirnregionen auftritt, wenn Essen, Kokain – und beim Menschen auch Geld – ins Spiel kommen. Aber auch das andere Ende des Gefühlsspektrums führt zu einer gesteigerten Aktivität in spezifischen Gehirnarealen, die dank Magnetresonanzspektroskopie bereits lokalisiert sind.

Während die Teilnehmer auf ihren Händen kurzzeitig schmerzhafte Temperaturen ertragen mussten, durchleuchteten die Forscher mithilfe der funktionalen Magnetreso-

nanzspektroskopie das Gehirn der Probanden auf der Suche nach neuronaler Aktivität.
Was sie dabei fanden, erstaunte die Neurologen allerdings. Statt eines erwarteten aktiven Schmerzzentrums meldete sich das Belohnungszentrum als erste Struktur im Gehirn zu Wort. Direkt nach Setzen des Schmerzreizes reagierte diese Gehirnstruktur, während die Strukturen, die mit Schmerz assoziiert sind, erst zeitverzögert in Gang kamen. Nach Ergebnissen des Wissenschaftlerteams zog das Schmerzzentrum erst später während der 25 Sekunden dauernden unangenehmen Wärmebehandlung nach.
»Wir waren sehr überrascht, diese frühen und späten Antworten zu sehen«, gesteht Becerra. Kein Wunder, denn beide Areale galten bislang nicht als miteinander verschaltet. Und doch scheinen beide Gefühlsregungen die jeweiligen Endpunkte eines gemeinsamen Spektrums zu sein. Von diesen überraschenden Assoziationen könnten künftig chronische Schmerzpatienten profitieren, die mit Veränderungen der Gehirnstrukturen auf den Dauerreiz reagieren. Doch wie diese Änderungen vonstatten gehen, weiß bislang niemand. Als Anhaltspunkt könnte den Forschern dienen, dass die Schmerzpatienten keine freudvolle Aktivität – nicht einmal einen Kinogang – mehr genießen können.«
Wenn wir also daran gehen, herauszufinden, an welche Gefühle unsere Amygdala gewöhnt ist, sollten wir vielleicht gleich mit benennen, woran sie nicht gewöhnt ist. Denn das, was die oben genannten Forscher herausgefunden haben, bedeutet: Die paradoxe Situation, dass unser Hirn als Antwort auf unbefriedigende Situationen das Schild »Es ist in Ordnung« hochhält, kann weitere spannende Folgen haben. Sie kann dazu führen, dass wir gar nicht die emotionale Möglichkeit haben, wirklich entspannt und glücklich zu sein,

weil die zuständigen Zentren im Hirn schon von den unbefriedigenden Reizen belegt werden.
Wie schon weiter oben angedeutet, hilft es wenig, wenn man sich einfach vornimmt, weniger Unglück zu haben und statt dessen jetzt alles anders zu machen. Man würde das Sicherheitsbedürfnis missachten, mit dem man auf die Welt gekommen ist. Etwas salopp gesagt, würde sich die Sucht nach der Droge Angst damit genau so selten beherrschen lassen wie die Sucht nach Heroin, wenn man sich vornimmt, einfach weniger zu fixen. Die Folge wäre, dass die Angst sich einen anderen Gegenstand suchen könnte, um im gleichen Maß wie vorher fühlbar zu bleiben. Wenn man also etwas vorhat und merkt, dass man vorher zu Ängsten neigt, sollte man anders vorgehen, um die vorhandenen Gedächtnisspuren nicht noch tiefer zu graben.
Stellen Sie sich vor, Sie haben morgen eine Prüfung. Sie merken, dass Sie dazu neigen, Ihren morgigen Erfolg »klein zu denken«. »Ich will mir noch nichts für danach vornehmen; es wird ja sowieso schief gehen«, sind Ihre Gedanken, mit denen Sie eigentlich den Erfolg beschwören wollen, oder: »Ich stelle mich darauf ein, dass ich durchfalle, dann kann nichts mehr passieren.«
Während Sie all das denken, spüren Sie genau die Aufregung und Sorgen, vor denen Sie sich eigentlich bewahren wollten. Wenn Sie also zu dieser vorbeugenden Angst neigen, so machen Sie sich klar, dass Sie damit das Empfinden von Sorgen richtig trainieren. Was sie jedoch trainieren sollten, ist genau das Gegenteil: Sie sollten so häufig wie möglich das Gefühl empfunden haben, in dieser Situation optimistisch und voller Selbstvertrauen zu sein.

... Ganz langsam spürte Mirella, wie das Blut wieder aus ihrem Gesicht wich. Dafür kamen Tränen hoch, gegen die

sie jetzt mit aller Kraft ankämpfte. »Das macht mich krank«, dachte sie. »es macht mich irgendwann krank, wenn er nicht aufhört.« Sie öffnete die Augen und sah sein Gesicht direkt vor ihr. Das Lächeln war aus ihm gewichen. Sie sah, dass seine Augen zuckten. »Er macht sich Sorgen«, dachte sie, und fing nun doch an zu schluchzen. Er nahm sie in den Arm, noch fester, und sie küssten sich. Sie zog ihn an sich und schmiegte ihren Kopf an seinen. Sie sah nicht, dass er wieder lächelte …

Optimismus ist besser als Realismus

Oft stehen wir im Leben vor Situationen, deren Ausgang wir nicht kennen. Wir wagen etwas, oder wir werden in eine schwierige Situation hineingezogen. Stellen Sie sich vor, Sie wissen: In einer halben Stunde werden Sie eine Prüfung vor einem äußerst kritischen Gremium haben, das nur darauf wartet, Sie scheitern zu lassen.

Halten Sie für möglich, dass Sie vorher sagen: »Ich interessiere mich nicht dafür, was passieren könnte. Ich verschwende keinen Gedanken daran. Ich weiß, dass die Situation sich wundervoll entwickeln wird«? Wenn Sie so denken können, sind Sie phantastisch! Doch Sie sollten sich mal unter den Prüflingen umsehen, die das Gleiche vor sich haben. Sie werden fast überall feststellen, dass die Furcht vor den Gefahren der Prüfung beschworen wird. Die gemeinsame Aussage ist immer: Wenn man vor einer Gefahr optimistisch ist, bringt das Unglück. Pessimismus, anders gesagt: Unglückserwartung, beschwört dagegen den Erfolg. Optimismus, das zu frühe Erwähnen eines Erfolges, erhöht letztlich nur die Gefahr des Fehlschlags.

In dieses Netz aus seelischem Stacheldraht werden wir hineingeboren. Wenn wir uns daraus lösen wollen, müssen wir

damit rechnen, dass uns die Stacheln aus Sorgen ab und zu pieken. Doch es lohnt sich. Die Blockierung unserer Glücksproduktion durch Aberglauben und vorbeugende Befürchtungen spüren wir nur dann nicht, wenn wir, statt uns weiterzuentwickeln, regungslos stehen bleiben.
Gerade der letzte Punkt hat unsere Beachtung verdient. Wir wollen ja nicht nur eine einzige Stresssituation im Leben überstehen und bei der nächsten dann unsere ganze Kraft und unseren Vorrat an Gesundheit aufgebraucht haben. Wir wollen die Prüfungen des Lebens als positive Zeit unseres Lebens genießen können, und einige Untersuchungen legen nahe, dass wir das auch möglichst tun sollten. So schreibt die Zeitschrift »Advances in Body and Mind Medicine«:[14] »Immer wieder wird deutlich, dass insbesondere Optimismus gut tun kann. Auch Illusionen sind nicht nur erlaubt, sondern erscheinen sogar empfehlenswert. Sehr realistische und sich selbst gegenüber ehrliche Menschen hätten ein hohes Risiko depressiv zu werden, sagt der amerikanische Sozialpsychologe Martin Seligman. Andere Studien haben umgekehrt gezeigt, dass negative Emotionen und Stress direkt die Produktion bestimmter Moleküle, nämlich der entzündungsfördernden Zytokine, stimulieren. Durch eine solche Stimulation können Erkrankungen von Herz und Gefäßen, Arthritis und andere Krankheiten ausgelöst werden. Auch eine Studie zur Wundheilung hat eine bedeutsame Rolle von Zytokinen aufgezeigt.«
Versuchen Sie deshalb einfach nur, entscheidende Situationen immer besser zu genießen, bis Sie schließlich wissen: Solch eine Prüfung ist immer ein besonders intensives Stück Leben. Ich will so viele wie möglich machen! Dies ist das Ziel, und es ist ein wichtiges Lebensziel, Spaß an Prüfungen zu bekommen. Versuchen Sie dabei nichts Unmögliches: Erwarten Sie nicht von sich, keine Aufregung zu zeigen oder Ihr ge-

samtes Wissen abrufen zu können. Versuchen Sie vielmehr, Ihr Verhalten so genau wie möglich vorherzusagen und sich optimal auf Ihre eigenen Reaktionen vorzubereiten.

Je weniger Überraschungen Sie zu erwarten haben, umso besser können Sie Ihren Erfolg vorherbestimmen. Je genauer Sie Ihren Erfolg vorherbestimmen können, desto mehr Lust auf Prüfungen können Sie trainieren. Das ist gewinnträchtig, denn: Die Lust zu Prüfungen führt zum Beispiel zu abgeschlossenen Ausbildungen; also direkt zu Erfolg und Einkommen. Doch nicht nur Meisterprüfungen, Staatsexamen oder abgeschlossene Programmierer-Lehrgänge bringen Sie weiter. Sie gewinnen in allen Situationen, von denen Sie wissen: Ich tue etwas, das meine Fähigkeiten neu fordert. Ich betrete Neuland, und ich werde mein gesamtes Potential einsetzen und genießen können, um anschließend ein Stück mehr von der Welt erobert zu haben.

Vielleicht kommt Ihnen eine solche Einstellung etwas illusorisch vor, denn Sie dachten bisher: »Wenn ich etwas hasse, dann sind es Prüfungen. So etwas will ich nie wieder machen!« Wenn es tatsächlich so ist, dann stehen Sie am Anfang einer ganz neuen Möglichkeit. Sie können sich Zeit lassen, um langsam eine andere Einstellung zu trainieren, wenn Sie wollen.

Das, was ich oben geschildert habe, ist das Gegenteil dessen, was Sie bisher getan haben. Sie haben Ihre Sorgen trainiert und Sie wissen ja: Je häufiger Sie Sorgen empfinden, desto stärker wird die Neigung zur Wiederholung dieses Gefühls. Mit der Gleichung »Prüfungen machen unglücklich« haben Sie also erreicht, dass sich ein Bedürfnis nach der Wiederholung von Sorgen einprogrammiert hat. Wenn Sie dieses Buch nutzen wollen, geht es jedoch gerade darum, diesen Mechanismus zu erkennen und das Bedürfnis oder die Sucht nach Sorgen zu verlieren. Mit den oben geschil-

derten Veränderungen erreichen Sie erst einmal, dass sich ein Bedürfnis nach Genuss und Entspannung in intensiveren Lebenssituationen einprägt. Damit können Sie Ihr gesamtes Leben umkrempeln.
Lassen Sie sich Zeit, gönnen Sie sich Rückschritte und festigen Sie die neuen Gefühle jeden Tag ein bisschen mehr. Dann können Sie tatsächlich anfangen, Erfolge zu suchen und zu genießen.

... Langsam entspannte sich Mirella wieder. Der Geruch des Weingartens, das Singen der Vögel, die Wärme von Costas' Umarmung – die Gefühle tauchten langsam aus dem Nebel wieder auf. Sie spürte Hunger und löste sich von ihm. »Lass uns noch etwas essen und trinken, ja?« Sie sah ihn an. »Wir haben noch ein bisschen Zeit, bis der Bus fährt.« Costas' Augen zogen sich etwas zusammen. Doch er setzte sich. »Willst du auch noch einen Wein trinken?« fragte er, und es sollte nebensächlich klingen. »Ja«, antwortete sie und winkte die Wirtin heran ...

Wir müssen die Götter nicht gnädig stimmen

Wir Menschen haben – im Gegensatz zu allen anderen Lebewesen – das Gefühl der Angst von der wirklichen Bedrohung gelöst. Damit können wir unser Glück als einzige Wesen auch dann blockieren, wenn wir gar nicht in Gefahr sind. Wir haben aber noch mehr geleistet, nämlich ganz früh in Ritualen angefangen, die Angst wie ein Opfer zu zelebrieren, um die Götter gnädig zu stimmen. In gewisser Weise sind Sorgen zu einer Religion geworden, wie sie uns auch bei Naturvölkern begegnet. Die Annahme lautet: Wenn wir der Gefahr bzw. den dafür Zuständigen zeigen, dass wir ganz viel Angst haben, werden sie sanft gestimmt sein und

uns schon nicht so schlecht behandeln, weil wir ja den gebührenden Respekt beweisen. Wenn wir der Gefahr jedoch respektlos gegenübertreten und uns nicht klein und furchtsam geben, wird die Welt uns für unseren Hochmut strafen. Ich behaupte deshalb. Wir sind in unseren zwischenmenschlichen Beziehungen über den Stand der Naturvölker nicht hinausgekommen. Die Furcht vor Optimismus (»beschrei's nicht!«), mit der wir eingebildete Gefahren entschärfen wollen, ist nichts anderes als das Darbringen von Opfern, um die Götter gnädig zu stimmen. Sie ist so absurd wie die Riten der Inkas, die Jungfrauen opferten, damit die Ernte gut werden sollte.

Wir könnten nun einfach sagen: Wir sind klüger geworden. Wir opfern nicht, wir düngen lieber. Doch unser Lebensgefühl wird noch immer von uralten Sorgen durchzogen. Die Furcht bleibt als Opfer vorsichtshalber bestehen, auch wenn wir die früher unerklärlichen Gefahren heute schon längst beherrschen. Noch immer gehört zu unserer Kultur der Satz: »Vögel, die morgens singen, holt abends die Katz«, oder anders gesagt: Vergiss nie, Angst vor der Zukunft zu haben. Ich will deshalb kurz in Erinnerung rufen, was mit den opfernden Kulturen passiert ist. Der Sicherheitseffekt kann nicht so hoch gewesen sein, denn:

- Die Inkas wurden fast ausgerottet.
- Von den Naturvölkern am Amazonas lebt noch ein musealer Rest.
- Die Naturreligionen Afrikas sind vom Christentum oder Islam aufgesogen worden.
- Die Angst machenden Elemente des Christentums wurden von der Aufklärung entmachtet.

Wir sollten deshalb darüber nachdenken, wie wir aus den vorbeugenden Sorgen herauskommen. Doch das können wir nicht auf einmal.

Gehen Sie immer wieder einen Schritt zurück

Nachdem Sie dieses Buch gelesen haben, werden Sie sich vornehmen, alles ganz anders zu machen. Doch genau davon möchte ich Sie gerne abhalten. Meine Erfahrung hat gezeigt, dass menschliche Veränderung meist nach dem Muster »drei Schritte vor und zwei zurück« passiert. Das bedeutet, dass Sie auf Rückschritte vorbereitet sein müssen, wenn Sie einen Fortschritt erzielen wollen.

Das gilt besonders, wenn Sie sich an bestimmte Gefühle gewöhnt haben, die Sie jetzt verändern wollen. Nehmen wir zum Beispiel Ihre Gewöhnung an die Katastrophen aus aller Welt, wie sie täglich in den Nachrichten präsentiert werden. Wenn Sie versuchen, sich mehrere fernsehfreie Abende zu gönnen, könnte es sein, dass Sie nach drei Tagen die doppelte Zeit vor der Flimmerkiste verbringen, weil Sie wieder ein bestimmtes Sättigungsgefühl herstellen müssen. Wenn Sie jetzt nicht darauf vorbereitet wären, dass dieses Bedürfnis Sie irgendwann überwältigen wird, wäre anschließend Ihre Moral tief untergraben. Sie würden an Ihrer Fähigkeit zweifeln, Ihre Ziele zu erreichen, und möglicherweise Ihr Vorhaben aufgeben.

Dabei hätten Sie keinen Fehler gemacht. Sie hätten nur erlebt, dass Ihre Gewohnheiten stärker sind als Ihr Wille. Das ist aber eine Banalität. Es muss so sein.

Deshalb sage ich Ihnen schon vorher: Ihre Gewohnheiten werden immer stärker sein als Ihr Wille. Wenn Sie beim ersten Mal noch gegen sie triumphieren, werden Sie sicher beim zehnten Mal gegen sie verlieren und in Ihr altes Verhalten zurückfallen. Wenn Sie dann zu mir kämen und entmutigt wären, würde ich Ihnen nur sagen: »Hab' ich dir doch gleich prophezeit!«

Es besteht trotzdem keinerlei Grund, zu verzweifeln. Die Lö-

sung besteht nämlich darin, dass Sie sich auf den aussichtslosen Kampf gar nicht erst einlassen! Schlagen Sie Ihre Natur lieber mit Ihren eigenen Waffen und machen Sie das neue Verhalten, das Sie lernen wollen, einfach zu einer Gewohnheit. Das braucht zwar einen etwas längeren Atem, ist aber letztlich viel weniger anstrengend. Der Weg dahin ist nicht kompliziert. Denn Gewohnheiten bilden sich einfach durch Wiederholung des gleichen Verhaltens. Jedes Lernen menschlicher Verhaltensweisen, vom Laufen bis zum Mit-dem-Messer-Essen, funktioniert auf diese einfache Weise. Möglicherweise erinnern Sie sich noch daran, wie oft Sie hören mussten: »Nimm beim Essen den Ellbogen vom Tisch«, bis Sie es automatisch getan haben.
Mühsam muss also die Entwöhnung von Glücksblockaden nicht sein. Eher kann man sie mit dem Erlernen einer Sportart vergleichen. Wissen Sie noch, wie Sie schwimmen gelernt haben? Zuerst mussten Sie ganz bewusst die Arme nach vorn und seitlich bewegen und darauf achten, dass die Beine das Richtige taten und nicht einfach paddelten. Nach einigen Unterrichtsstunden ging diese Koordination schon von selbst, und heute würden Sie keinen Gedanken mehr daran verschwenden, wie Sie Ihre Arme und Beine bewegen müssen.
Wenn Sie damals nicht geübt hätten, sondern mit der Kraft Ihres Willens versucht hätten, das Ertrinken zu verhindern, wäre Ihnen das ziemlich albern vorgekommen. Doch in vielen Lebensbereichen tun wir immer noch so, als ob das möglich wäre. Verabschieden wir uns von dieser falschen Vorstellung und lernen neues Verhalten genau so naturgemäß, wie wir Schwimmen gelernt haben. Wir üben einfach immer wieder die richtigen Aktionen, und wenn wir immer wieder in alte Macken zurückfallen, akzeptieren wir das und üben unverdrossen weiter. Unsere Natur braucht diese

Rückschritte, denn sie muss ihre Fundamente sichern, so lange sie noch keine neuen hat. Das ist nicht anders als bei jedem Bergsteiger, der nach einem Stück gewonnener Höhe immer wieder einen Haken einschlagen muss, damit er weiter gehen kann. So verhindert er, dass er bei einem Fehltritt ganz abstürzt, auch wenn er mit dieser Methode viel langsamer vorankommt, als wenn er einfach so schnell wie möglich den Gipfel ansteuern würde.
Wie stellen wir jetzt unser Glücks-Suchgerät richtig ein? Was soll es für uns leisten? Wo wollen wir mit dem Üben anfangen? Mit den folgenden zwei einfachen Annahmen können wir schon arbeiten. Fangen wir an mit der Empfindung, die Glücksgefühle am häufigsten im Keim erstickt: Angst. Um dieser persönlichen Glücksblockade auf die Spur zu kommen, können wir mit zwei Fragen beginnen:

1. Ist mein Maß an Furcht der aktuellen Gefahr angemessen? Oder ist eine Automatik angesprungen, die mit alten Gewohnheiten, aber nicht mit der jetzigen Situation zu tun hat?
2. Woher kenne ich diese Angst? Wer hat sie noch außer mir?

Schon auf die erste Frage finden sich viele interessante Antworten, wenn wir uns umsehen. Vielleicht sind wir in speziellen Ängsten vereint mit Eltern, Geschwistern oder andern alten Bezugspersonen. Ich traf neulich einen Bekannten, den immer, wenn er mit dem Zug fahren sollte, lange vorher die Sorge befiel, zu spät zum Bahnhof zu kommen. Erst im Alter von 40 Jahren erfuhr er zufällig, dass sein Großvater dafür bekannt war, dass er immer eine halbe Stunde vor Abfahrt des Zuges am Bahnhof bereit stand. Auch mit Berufsgruppen, Nachbarn oder einer ganzen Nation können wir in einer Angst vereint sein. Und dann wird es spannend, zu fragen: Wieso hat jemand, der aus einer anderen Nation

stammt, in der gleichen Situation andere Sorgen? Weshalb essen Italiener und Griechen entspannt ihre Pasta und trinken ihren Ouzo, während uns in Deutschland vor Zukunftsängsten die Magengeschwüre plagen? Wir werden uns später noch intensiv mit diesen Fragen beschäftigen.

So ziehen Sie sofort praktischen Nutzen aus diesem Kapitel

- Seien Sie gezielt optimistisch. Nehmen Sie vor allem, was sie tun, an, dass es gut laufen wird. Tun Sie es aus gesundheitlichen Gründen, selbst wenn es Ihnen zu wenig realistisch ist.
- Planen Sie Konsolidierungsphasen in Ihr Leben ein. Wenn Sie einen Schritt weiter gekommen sind, beruflich oder in einer Beziehung, dann hasten Sie nicht gleich weiter. Nehmen Sie sich bewusst Zeit, um in Ruhe ein Fundament für die nächsten Schritte entstehen zu lassen.

9. KAPITEL

Kleine Chirurgie der Seele

In diesem Kapitel entdecken Sie,

- wie Sie die Gedächtnisspuren im Gehirn einfach erkennen
- wie Sie einen Zugang zu den Operationsgebieten der Seele finden
- wie der Körper Glück baut
- dass ein Glück selten allein kommt
- wieso Sie mehr wissen, als Sie wissen

... Langsam versank die Landschaft draußen in der Dämmerung. Der Regen prasselte monoton an die Fenster, und das Rauschen der Reifen auf dem nassen Asphalt drang als ein fernes Sirren durch die Scheiben. Es war zu warm im Bus, und Mirella spürte, wie die Müdigkeit in ihre Adern sickerte. Sie waren jetzt schon drei Stunden gefahren, und es würde noch lange dauern. Solche Fahrten hatte sie bisher nur mit ihrer Mutter zusammen erlebt. Sie lehnte ihren Kopf an Costas, wie sie es bei ihrer Mutter immer gemacht hatte. Ihre Mutter hatte dann ihren Kopf an den ihrer Tochter gelehnt, und so konnten sie sich beide entspannen. Jetzt spürte sie, wie Costas seinen Arm hob und um sie legte, damit sie sich bequem einkuscheln konnte. Das hatte ihre Mutter nie gemacht. Es fühlte sich ungewohnt an, aber während sie noch darüber nachdachte, überflutete sie ein Gefühl von Müdigkeit und Zufriedenheit. Innerhalb von einer Minute war sie tief eingeschlafen. Costas war glücklich. Er hatte so lange daran gearbeitet, dass sie mit ihm allein wegfuhr, und es erfüllte ihn fast mit Scham, jetzt zu fühlen, wie sehr sie ihm vertraute. Er sah sie an. »Ich muss aufpassen, damit ich mich nicht verliebe«, dachte er. Dann schweiften seine Gedanken zurück nach Hause. Er war froh, dass er abgehauen war, aber auch etwas wehmütig. Seit sein Vater gestorben war, hatten die Streitigkeiten mit seiner Mutter weiter zugenommen. Egal, was er anstellte, er konnte ihr nichts recht machen. Allein wenn er schon ihren Gesichtsausdruck sah, während er Stühle aus dem Garten wieder in die Gastwirtschaft schleppte, machte das die Stühle doppelt so schwer. Er hatte keine Kraft mehr, sobald er nach Hause kam. Auch jetzt, während er daran dachte, wurde er nur müde ...

So erkennen Sie Ihre Gedächtnisspuren

Wenn wir nutzen wollen, was wir heute über das Gehirn wissen, machen wir es uns natürlich so leicht wie möglich. Dazu gehört, dass wir einfach ein paar Begriffe bei den Herzchirurgen klauen, mit denen unsere Absicht sich gut erklären lässt. Es sind die Begriffe Zugang und Bypass. Eine der häufigsten Operationen am Herzen dient heute dem Ziel, ein schlecht mit Blut versorgtes Herz wieder besser zu ernähren, indem man neben einer verstopften Ader eine andere einbaut, durch die das Blut wieder ungehindert an sein Ziel kommt. Dazu braucht man einen Zugang; das heißt man muss wissen, wie man an das Gebiet kommt, in dem die neue Ader eingebaut werden soll, damit das Ganze auch funktioniert. Diese Ader, durch die die Ernährung des Herzens dann wieder fließt, nennt man Bypass. In unserer Praxis haben sich diese Begriffe als günstig erwiesen, denn wir tun beim Einüben von Glück nichts anderes. Wir suchen einen Punkt, an dem wir eine Quelle für unsere positive Energie finden, um neue Bahnen anschließen zu können; Bahnen für die Energie, die unsere Seele ernährt und uns glücklich macht. Wenn wir einen solchen Punkt gefunden haben, bauen wir eine neue Bahn, durch die wir unsere Gefühle in die ersehnte Richtung lenken können.

Wenn ich diese Operation in einzelne Schritte einteilen soll, heißen sie:

Schritt 1: Wir beginnen damit, die Gedächtnisspuren sichtbar zu machen, die wir jetzt in unserem Kopf durch die Welt tragen. Sie formen täglich unsere Entscheidungen und Vorlieben, unsere Zielrichtungen und Hemmnisse. Das ist einfach. Wir betrachten einfach, was wir tun. Wir sehen, wie eine Situation beginnt, kriegen mit, was wir so alles weiter machen und wo wir schließlich landen.

In Kurzform könnten Sie also zum Beispiel feststellen, dass sich folgende szenische Reihenfolgen immer wieder abspielen:

- Sie beginnen einen Job, er macht ihnen Spaß, dann fangen Sie an, sich über den Chef zu ärgern, nach drei Monaten hören Sie auf. Oder:
- Sie beginnen eine Beziehung, sind glücklich, nach sechs Monaten wird der Streit immer häufiger, die Beziehung scheitert.
- Sie fahren in Urlaub, freuen sich auf dem Weg, aber schon am ersten Tag sind Sie unzufrieden mit allem.
- Sie bekommen eine Aufgabe, fangen mit Elan an, aber am Abgabetag sind Sie nicht fertig.
- Sie bekommen Ihr Gehalt, aber schon am 15. des Monats werden Sie langsam unzufrieden, weil Sie viel zu früh Pleite sind.
- Sie lernen neue Menschen kennen, sind enthusiastisch, sie häufiger zu treffen, aber schon nach einem Monat merken Sie, dass sich die anderen mit Ihnen nicht mehr so häufig verabreden. Es endet wie immer, dass die anderen miteinander herumziehen, aber Sie nicht dabei sind.

Fangen Sie an, bei sich nach Ihren individuellen Regelmäßigkeiten zu suchen. Wenn Sie dann irgendwann sagen können: »Jetzt habe ich ein bisschen Wissen darüber, was ich eigentlich immer mache. Ich erkenne ein paar Spuren, in die ich immer wieder rutsche«, dann bekommen Sie wahrscheinlich richtig Lust, etwas anders zu machen. Damit fangen wir dann also an.

So finden Sie den Zugang für Veränderungen

Wenn wir nach dem Stand der Wissenschaft anfangen wollen, neue Gedächtnisspuren einzugraben, mit denen wir

glücklicher werden, dann beginnen wir mit einem Trick. In unserer Reihenfolge ist es:
Schritt 2: Wir suchen den Zugang. Wir graben ein bisschen in der Schatzkiste unserer Erinnerungen, um irgendeinen Teil einer glücklichen Erinnerung an Land zu ziehen. Ein Sonnenuntergang am Meer, an den Sie sich erinnern, eine Berührung, die Sie nicht vergessen haben, einen Erfolg, den Sie gefeiert haben: All dies sind Glückskeime, die wir in uns tragen. Es ist einfach, einen solchen Glückskeim in aktuelle Situationen einzubauen; man muss sich nur ab und zu bewusst daran erinnern, während man etwas ganz anderes tut. Wir nehmen uns das gleich intensiver vor. Nun kommt:
Schritt 3: Damit dann dieses Gefühl fließen und auch heute in neuen Situationen zu neuen guten Gefühlen führen kann, müssen Sie nur ein paar simple Regeln beachten. Erfolg haben Sie, wenn Sie,

- eine ehrliche Karte Ihrer alten Gewohnheiten gemacht haben, also wissen, an welcher Weiche Sie falsch abbiegen, und
- daraus den Plan ziehen, wo Sie Weichen anders stellen, sich also anders als bisher verhalten wollen.

Je mehr Beratung, Tipps und Hinweise Sie dabei bekommen, desto leichter wird es natürlich. Deshalb werden wir uns in den folgenden Kapiteln noch intensiv damit beschäftigen.

So baut der Körper Glück

In dem Prospekt einer ausländischen Unternehmensberatung fand ich neulich folgende interessante Passage, die ich hier erwähne, damit Sie einmal alle Botenstoffe gelesen haben, die an dem Vorgang Glück beteiligt sind:
»Es gibt keine allgemeingültige Formel für Glück. Was unse-

re medizinische Wissenschaft weiß, ist folgendes: Der Hypothalamus steuert die Hypophyse und alle Hormondrüsen des Körpers. Empfängt er in einer Glückssituation Signale von der Amygdala (im limbischen System nimmt sie Sinneseindrücke auf und übersetzt diese in Gefühle), regt er die Ausschüttung von Endorphinen an. Das ventrale-tegmentale Areal signalisiert im Nucleus Accumbens (Belohnungszentrum) bei Glücksmomenten die Ausschüttung von Dopamin, dem Motivator und Antreiber für Handlungen. Harmonisierende Wirkung auf den Menschen leistet das Serotonin, welches drei- bis fünfmal pro Sekunde ausgeschüttet wird.
Der eigentliche Glücksstoff ist aber das Endorphin, in der Hypophyse produziert, ein körpereigenes Opiat, wirkt entspannend und euphorisierend und dockt an speziellen Rezeptoren von Nervenzellen an. Ein weiterer Stoff, das Oxytozin, aktiviert Zellverbindungen im Hirn und löst ein Gefühl von Geborgenheit und Vertrautheit aus. (Anmerkung: Der präfrontale Cortex gilt als Steuerventil unserer Emotionen im Hirn.) Dabei stehen Impulse im mittleren (medialen) Hirnlappen für kognitive Funktionen, die über unser Selbstbild entscheiden. Ein Aufleuchten im unteren Teil, dem ventromedialen präfrontalen Cortex, wird als Gefühl identifiziert und im oberen Teil, dorsolateral, als Ratio. Diese Impulse entstehen durch eine höhere Sauerstoffkonzentration in der jeweiligen Region und somit eines schnelleren Blutflusses.«
Als wissenschaftliche Quellen für diese These werden eine ganze Reihe von Instituten angeführt, die deutlich machen, welche Kreise die Glücksforschung bereits zieht.
Es gibt inzwischen eine kaum überschaubare Anzahl von Studien und anderen wissenschaftliche Arbeiten von Psychologen, Biologen, Soziologen, aber auch Wirtschaftwis-

senschaftlern zur Glücksforschung. Es ist doch schön, sagen zu können: Glück boomt. Einen kleinen Ausschnitt der betreffenden Institute habe ich im Anhang zusammengestellt, falls Sie sich auf den entsprechenden Web-Seiten weiter schlau machen wollen.

Viele Unternehmensberatungen haben sich nun auf die Fahnen geschrieben, für teures Geld folgendes zu erreichen: »Auf Basis wissenschaftlicher Untersuchungen weltweit zum Thema Glück entwickelt ein Team aus Unternehmern, Geschäftsführern und Betriebsberatern Fahrpläne zum Glücklichsein und richtet sich an alle Mitarbeiter in einem Unternehmen. Das Ergebnis soll eine deutliche Steigerung in der Lebenszufriedenheit eines jeden Mitarbeiters sein. Glückliche Menschen, so der ganzheitliche und nachhaltige Ansatz, haben so gut wie keine Probleme in der internen Unternehmenskommunikation, bleiben gelassen, überlegt und stabil in Stresssituationen, finden schneller und vor allem bessere Lösungswege, indem sie ihre Intelligenzanpassung und ihre Intelligenzorganisation nutzen, um beweglich in der Verfolgung von Zielen zu bleiben. Menschen, die oft Glück empfinden, verfügen über eine deutlich höhere Leistungsmotivation für ihr Privat- und vor allem für ihr Berufsleben.«

Nun, ich glaube, Sie können einen ähnlichen Effekt zum Preis eines Buches erreichen. Der erstreckt sich allerdings hoffentlich nicht nur auf die Steigerung des Ergebnisses Ihres Arbeitgebers, sondern auch auf die offenbar nicht wirtschaftlich interessanten Teile Ihres Lebens. Partnerschaft, Kinder, Naturerleben, Essen und Trinken etc. sind nämlich mindestens ebenso wichtig wie die Leistungsmotivation für Ihr Berufsleben. Wenn Sie in diesen Bereichen mehr Glück ansteuern können, hat meine Anstrengung des Schreibens und Ihre Mühe des Lesens sich doch schon gelohnt.

… Es war weit nach Mitternacht, doch die Stadt war noch lebendig, als der Bus schaukelnd an der Gare du Lyon anhielt. Mirella wachte auf, als der Fahrer das Licht über den Sitzen einschaltete. Ruckartig setzte sie sich auf. Plötzlich hatte sie der Arm beengt, an den sie sich gelehnt hatte, und jetzt war sie hellwach. Sie hatte zu Costas gesehen, und irgendwie sah er anders aus. Seine Haare hingen zerzaust über der Stirn, und sein Kopf war nach unten gesunken. Doch als sich sein Gesicht hob und die Augen öffneten, kam wieder das vertraute Lächeln. »Hey, wer bist du denn?« versuchte er einen dieser Witze, die sie nicht mochte. Sie drehte sich zum Fenster. »Das frag' ich mich auch.« murmelte sie halblaut und sah auf die grauen, regennassen Straßen, deren schmutziger Abglanz in der Dunkelheit schimmerte. War es richtig, jetzt hier zu sein? Morgen früh würde sie ihre Mutter anrufen. Sie spürte, wie Costas seine Hand auf ihre Schulter legte, und schüttelte sie ab. »Schon gut.« Costas drehte sich weg. Er stand auf und nahm seine Tasche …

Ein Glück kommt selten allein

Unsere Theorie der Unglückssucht heißt ja bekanntlich: Wir nehmen an, dass sich das körperlich-seelische System jedes Menschen im Lauf der Zeit an ein bestimmtes Maß von Sorgen gewöhnen kann, genau wie an Nikotin oder Alkohol. Sinkt der Pegel ab, so strebt alles im Menschen dahin, wieder die gewohnte Gefühlslage herzustellen.
Als ich lesen lernte, war eine der ersten Erinnerungen, die ich an einen Text habe, ein gerahmter Spruch, der auf dem Schreibtisch meines Großvaters stand. Ich erinnere mich, wie ich den goldenen Rahmen fasziniert in die Hand nahm und las: » Ich will dem Schicksal in den Rachen greifen. Ganz niederbeugen soll es mich bestimmt nicht.« Es war ein Satz,

den Ludwig von Beethoven 1802 an einen Freund schrieb, als er taub zu werden begann. Ich war deshalb fasziniert von diesen Zeilen, weil mein Großvater in der Nazizeit aus allen Ämtern vertrieben worden war, nachdem er sich kritisch über Hitler geäußert hatte. Er hatte schlimme Erfahrungen damit gemacht, dem Schicksal in den Rachen zu greifen. Dennoch stand dieser Spruch als Lebensmotto auf seinem Schreibtisch, eben, weil er sich von der Reaktion auf seinen Mut nicht hatte beugen lassen. Es war für ihn selbstverständlich, authentisch zu sein und seine Meinung zu sagen und sich nicht mit Sorgen zu zerfleischen, was alles passieren konnte. Wenn tatsächlich etwas passiert war, das auf Grund dieser Struktur eben passieren musste, dann arbeitete er selbstverständlich daran, wenigstens innerlich wieder aufzustehen. So wiederholte er – gar nicht absichtlich – das Gefühl, mit sich im Reinen und zufrieden sein zu können. Die Gewohnheit, dass diese innere Zufriedenheit sich sozusagen selbst immer wieder herstellte, folgte den gleichen Gesetzen wie bei anderen Leuten die Gewohnheit, sich in einen Zustand der Besorgnis zu bringen.

Nehmen Sie nun einmal an, Sie sind an ein geringes Maß von Sorgen gewöhnt. Sie haben Leben und Fühlen gelernt inmitten von Menschen, deren Wahlspruch war: »Wird schon gut gehen. Mein Schutzengel hat mir bisher aus jeder Patsche geholfen.« Sie haben unter Menschen gelebt, die oft glücklich waren und die dieses Glück auch zeigten und darüber sprachen. Ich weiß, das ist nicht typisch für uns Deutsche, aber das heißt ja nicht, dass es nicht geht. Nicht nur in den südlichen Ländern, sondern auch bei uns kann man aus einem solchen Umfeld stammen. Schön, wenn es so ist, denn dann hat man automatisch gelernt, wie mit anderen Menschen umzugehen sei, wie man sie berührt und mit ihnen spricht, damit ein Raum für Glücksgefühle entsteht.

Wenn Sie die Fähigkeit in Ihrem Gewohnheitsschatz haben, mit Worten, Gesten, Blicken und Berührungen solche Räume zu bauen, müssen Sie nicht überlegen, wie Sie glücklich werden. Sie müssen nur andere Menschen finden, die auch gelernt haben, in Räumen des Glücks zu leben, damit Ihnen keine Angst vor ungewohntem Glück begegnet. Doch Sie werden wenige Irrtümer begehen, weil Sie die Fähigkeit haben, automatisch zu erkennen, wer zu Ihren Gewohnheiten passt. Das kommt ganz einfach daher, dass zu Ihrem glücksgewohnten Umfeld andere Menschen gehörten, die sich darin gut bewegen konnten.
Wie Sie wissen, suchen wir automatisch nach ähnlichen Situationen und Leuten im Leben. So werden auch Sie automatisch auf die Leute stoßen, die zu Ihren gewohnten Gefühlen passen. Die meisten von uns haben zwar leider nicht das Glück, inmitten solcher Möglichkeiten aufgewachsen zu sein. Menschen wie Sie und ich können aber einen anderen Weg finden, um sich den richtigen Glücksinstinkt zuzulegen. Da kommt es uns doch gerade recht, dass man das Glücklichsein auch üben kann, ja sogar üben muss. Scheint Ihnen dieser Weg mühsam? Dann möchte ich Sie fragen, was man Schöneres üben könnte als glücklich sein. Überlegen Sie einmal, was die Leute alles üben. Viele üben Tennis oder Golf spielen. Andere üben eine Fremdsprache. Wieder andere üben Autofahren oder Kopfrechnen, ganz zu schweigen von denen, die im Rahmen ihrer Berufsausbildung üben, Beton gleichmäßig zu verteilen, anderen Leuten in den Zähnen zu bohren oder verstopfte Klos zu reinigen.
Warum tun sie das? Nun, wahrscheinlich deshalb, weil sie etwas Geld verdienen wollen. Damit wollen sie dann irgend etwas tun, was sie zufrieden oder gar glücklich macht. Die Tätigkeit selbst ist deshalb oft eher ein notwendiges Übel.

Wenn Sie jedoch alle möglichen Kröten schlucken müssen, um die Voraussetzungen für ein Glücksgefühl schaffen zu können, dann frage ich mich: Macht es nicht viel mehr Sinn, gleich das Glücksgefühl zu üben und herauszufinden, dass es vielleicht gar nicht so sehr vom Geld abhängig ist? Das ist am Anfang vielleicht etwas mühsam, aber es wird von Tag zu Tag besser gehen. Wir werden später noch darauf eingehen und uns selbst wundern, wie die Glücksautomatik zu funktionieren beginnt.

… »Warte doch!« Sie kannte die Stadt nicht, und Costas hatte es so eilig. »Ich kann nicht so schnell«, sie lief zu ihm, und als er sich wieder in Bewegung setzte, nahm sie seine Hand. Er wusste, wo die Wohnung seines Onkels lag, in der sie während dessen Urlaub wohnen konnten, und es war eine umständliche Fahrt dahin. Sie tauchten in den Eingang zur Metro hinab, und Mirella fühlte sich zunehmend unwohl. »Wie leicht kann hier jemand 'ne Bombe reinwerfen, und niemand kommt wieder 'raus.« Sie sah Costas von der Seite an, doch der lief weiter. »Blödsinn«, murmelte er nur. »Hier ist noch nie was passiert.« Sie schwieg, doch das beklemmende Gefühl war nicht gewichen, und es verstärkte sich noch, als sich die Türen des Metro-Waggons hermetisch hinter ihnen geschlossen hatten. »Ist die Londoner U-Bahn auch so?« Costas bemühte sich, nicht ärgerlich zu werden. »Die ist privat. Nicht halb so sicher!«, antwortete er und versuchte, dabei überzeugend auszusehen. »Die gehört der Stadt. Genau wie hier. Hab ich neulich gerade in der Zeitung gelesen.« Sie sah ihn abschätzig an. Doch er wich ihrem Blick aus. »Hoffentlich müssen wir hier nicht die ganze Zeit mit diesem Ding 'rumfahren«, dachte sie nur und sah zu den Papierschnipseln und Kaugummi-Abfällen auf dem Fußboden …

Sie wissen mehr, als Sie wissen

Aus den wissenschaftlichen Erkenntnissen über alle Begleit-Eindrücke, die wir uns in jeder Lebenssituation ungeplant mit einprägen, können wir sofort und direkt Nutzen ziehen. Denn offenbar lernen wir mit glücklichen Momenten auch die Begleitumstände. Das heißt, dass Räume, in denen wir glücklich waren, Klänge oder Farben, die dazu gehörten, und alle möglichen Accessoires, die wir gar nicht genau wahrgenommen haben, als Auslöser dienen können. Nutzen Sie diese bauliche Eigenschaft Ihres Gehirns. Wenn Sie glücklich sein wollen, machen Sie sich eine innere oder auch geschriebene Liste der Orte, an denen Sie in der Vergangenheit glücklich waren, und der Besonderheiten, die Sie in glücklichen Momenten wahrgenommen haben. Sie kommen zu den typischen Situationen hinzu, in denen die meisten Menschen eine innere Bereitschaft zum Glück empfinden. Sonnenuntergänge am Meer, besondere Tage wie Geburtstage – Sie wissen schon, was ich meine.

So empfehle ich zum Beispiel Freunden, die sich in Glücksbereitschaft versetzen wollen, gerne bestimmte Filme wie »Don Juan de Marco« mit Marlon Brando. Als Musikwissenschaftler könnte ich Ihnen auch eine Reihe von Musikstücken nennen, die glücksbereit machen. Noch besser ist aber, wenn Sie selbst in Ihrem Gedächtnis danach kramen, welche Filme, Gedichte, Rezepte oder Musik glückliche Momente Ihres Lebens untermalt haben. Nun haben Sie irgendwann eine Sammlung von Räumen, Situationen, Farben und allem möglichen Kleinkram, mit denen Sie Ihre Glücks-Schatzkiste füllen können. Die Lehre aus der Funktion der Amygdala heißt jetzt: Wenn Sie etwas aus Ihrer Schatzkiste nehmen, weckt das die Erinnerung an

glückliche Situationen und setzt Verhaltensweisen und Gefühle in Gang, die das Empfinden von Glück erleichtern.
Dabei kommt uns zugute, dass wir uns wegbewegen können von der alten Vorstellung, seelische Veränderungen, die wir anstreben, seien etwas unendlich Schwerwiegendes und Kompliziertes im Vergleich zu besagtem Fitnesstraining. Wir wissen nun noch etwas genauer als vorher: Seele und Körper sind eins. Deshalb gründen wir, wenn wir uns vom Trauerkloß zum Glückspilz mausern, einfach unser seelisches Fitness-Center. Da geht's dann los mit entsprechenden fachlichen Anleitungen, wie Sie sie auf den kommenden Seiten von mir als Ihrem seelischen Fitness-Trainer bekommen. Vor allem: Wir wollen Spaß haben, während wir ackern, und ich kann Ihnen versprechen: Sie werden so viel Spaß haben, wie Sie wollen, denn wir üben das Schönste, was man im Leben üben kann: Glück machen.
Halt: Da ist noch etwas anderes. Wir steuern ein Schiffchen namens Leben durch ein unberechenbares Meer. Irgendwie müssen wir navigieren. Wir müssen irgendwo gelernt haben, nicht auf Grund zu laufen, keinen Felsen zu rammen und den allgegenwärtigen Piraten nicht in die Hände zu fallen. Dafür ist es gut zu wissen, wovor wir uns vorsehen müssen, und ein Warnradar zu haben. Leider führt uns dieses Navigationssystem häufig von einem Missgeschick zum nächsten, weil es sich an den Treibstoff Unglück gewöhnt hat. Wir brauchen also Werkzeug, um es richtig einzustellen.

Bloß: Wir wollen ja nicht nur im Kreis fahren und Klippen umschiffen. Wir wollen auch irgendwo hinkommen. Wir brauchen deshalb auch ein Ziel-Radar, mit dem wir lange vorher sehen können, in welcher Richtung unsere Ziele liegen, und das uns hilft, nach den Kurven des Lebensweges

wieder die richtige Richtung zu finden. Es geht also darum, unser Warn-Radar zu einem Zielgerät umzubauen. Dieser Zielfinder sieht so aus:

Wir können einen sechsten Sinn dafür entwickeln, wie wir unsere Ziele erreichen, und uns eine Gebrauchsanweisung einprogrammieren, die unablässig Wege zu unserem Glück sucht, Gefahren umschifft oder auch mal auf ein Hindernis zugeht, um es zu überwinden. Wir können eine Sehnsucht in uns tragen, die nicht erlischt, bevor sie ihre Träume und Ideen verwirklicht sieht und sich deshalb von keiner Welle und keinem Wind abbringen lässt, sondern immer nach dem entscheidenden anderen Weg sucht, dem Umweg, der schließlich als einziger zum Ziel führt.

Dies ist vielleicht etwas ganz Neues für uns. Der Instinkt, der uns zielsicher zu unserem Glück führen kann, war vielleicht in der Grundausstattung nicht enthalten, mit der wir auf die Welt losgelassen wurden. Überlegen Sie einmal, ob er in Ihrer Ursprungsfamilie vorkam: ob es einen Glückspilz gab, der immer auf die Füße fiel, oder jemanden, der sein Leben in vollen Zügen genoss; der das Glück in Beruf und Partnerschaft gefunden hatte.

Vielleicht ist unser Glücksinstinkt ja da, aber noch zu klein geraten, um in dem großen Meer einen Weg zu finden, oder er war noch gar nicht fertig gebaut, als Sie oder ich angefangen haben, einen eigenen Weg zu suchen. So ist es bei den meisten Menschen. Weil es aber ein enorm hilfreicher sechster Sinn – oder besser gesagt, eine sehr wertvolle Gewohnheit – sein kann, wollen wir versuchen, den Glücks-Instinkt zu hegen und zu pflegen, damit er wächst und gedeiht. Ich will im nächsten Kapitel dafür ein paar Beispiele nennen.

So ziehen Sie sofort praktischen Nutzen aus diesem Kapitel

- Führen Sie ein grobes Tagebuch. Darin skizzieren Sie Ihre Pläne, auch die kleinen, und schreiben auf, was jeweils daraus geworden ist. So bekommen Sie einen unbestechlichen Abdruck von einigen Gedächtnisspuren.
- Schreiben Sie sich einen Glücks-Katalog. Schreiben Sie auf, was bei Ihnen bisher Glücksgefühle ausgelöst hat, und hängen sich den Katalog an den Spiegel oder legen ihn auf den Schreibtisch. Daraus ergeben sich die Zugänge für die Operationen im nächsten Kapitel.

10. KAPITEL

Lösen Sie seelische Ablagerungen

In diesem Kapitel entdecken Sie,

- wie Sie Bypässe legen, um das Glück zu ernähren
- was man über die Biologie des Glücks heute weiß
- wie Liebe und Glück schwere Krankheiten beeinflussen

Es gibt eine erinnerte Selbstbewertung

In Ihren körperlichen Gefäßen bilden sich im Lauf der Jahre Ablagerungen, in denen sich all das Ungesunde befindet, das Sie zu sich genommen haben. Das ist in Ihrer Psyche nicht anders. Viele, viele Jahre waren Sie damit beschäftigt, in Ihrem Psychotop die Grundfertigkeiten zu lernen, die man zum Leben braucht. Laufen, Sprechen, immer kompliziertere Bewegungsabläufe und Denkleistungen; all dieses Lernen fand in einer typischen Umgebung und Atmosphäre statt. Zu diesem seelischen Klima, in dem Sie aufwuchsen, gehörten Kommentare von anderen, die Sie irgendwann übernommen haben. Und es gehörten alle Äußerungen, Begegnungen und Eindrücke dazu, die die Seele belasten und dann Gefühle, Ängste und Mißerfolgsserwartungen ablagern. Seelische Ablagerungen sind wie Schneeverwehungen. Sie versperren die geraden Wege, auf denen Sie am schnellsten vorwärts kämen. Deshalb kann es sein, dass Sie Umwege zu Ihren Zielen gehen, die Ihren Erfolg beeinträchtigen und Ihr Glück behindern.

Diese Ablagerungen, die Sie mit jedem Lernen einer Fähigkeit in Ihr Gehirn eingelöffelt haben, bestimmen Sie noch heute. Dazu gehört Ihre Selbstbewertung, und auch sie entspricht nicht dem Jetzt, sondern ist gelernte Geschichte. Wenn Sie mit sich ganz alleine sind, fühlen Sie bei jeder Tätigkeit die Gefühle, die sich mit diesen Fähigkeiten eingestellt haben. Einer der wichtigsten Bestandteile dieser Gefühle ist ein automatisches Richtig-oder-falsch-Gefühl, eine automatische, ungeteilte Sicherheit, oder das Gefühl: »Hoffentlich ist das richtig, was ich hier tue.« Es kann natürlich auch Situationen geben, bei denen Sie Dinge anfangen mit dem Gefühl: »Das wird sowieso nichts«, wenn es eine gleiche oder ähnliche Tätigkeit ist, bei der Sie gelernt haben, ne-

gative Kommentare oder Misserfolgsgefühle einzusammeln. So führt Ihr Gefühlsgedächtnis dazu, dass Sie bei jeder Handlung schon vorher ein Gefühl haben, das zu dieser Aktion gehört und damit natürlich auch über Erfolg oder Misserfolg entscheidet. Dieses Gefühlsgedächtnis ist stark in uns verankert. Doch die Mittel sind einfach, mit denen wir es in ein Richtigmacher-Gefühl drehen können.

So legen Sie einen Bypass für eine bessere Selbstbewertung

Wer mit dem Gefühl umherläuft, er mache immer wieder entscheidende Dinge falsch, kann damit nicht glücklich werden. Doch wenn er beginnt, das zu verändern, kann er glücklicher werden als jemand, der dieses Problem nie hatte. Sein Vorteil: Er kann bewusst mit dem Training des Sicherheitsgefühls beginnen und durch professionelles Herangehen weiter kommen als jeder, der sich damit nie systematisch beschäftigt hat.
Wie re-programmieren wir jetzt unsere Selbstsicherheit? Auch hier beginnen wir wieder mit einem einfachen kleinen Schritt und nutzen alle Möglichkeiten zur Transplantation angenehmer Gefühle. Wenn wir es schaffen, eine Tätigkeit mit einem hoch positiven Gefühl zu infizieren, können wir viele unangenehmere oder ungünstige Gefühle löschen. Die Aufgabe heißt deshalb: Wenn es uns gelingt, Spaß zu haben, gelingt auch das Re-programmieren. Mit welchem Betätigungsfeld möchten Sie beginnen? Welches Gefühl möchten Sie haben? Ich will mal ein paar Beispiele herausgreifen:
Es mag für Ihren Beruf sehr wichtig sein, vor vielen Kollegen Englisch sprechen zu können. Wenn Sie jedoch in einer großen Konferenz sitzen, treibt Ihnen der bloße Gedanke,

dass Sie jetzt eigentlich etwas sagen müssten, den Sorgenschweiß auf die Stirn. Wenn Sie mit Geschäftspartnern auf Englisch verhandeln müssen, sind Sie schon zwei Tage vorher kalkweiß. Sie erinnern sich jedes Mal, dass Ihr Klassenlehrer den schönen Spruch sagte: »Manche lernen's eben nie«, und Sie sind nun mal eben total unbegabt.

Können Sie daran denken, an einer solchen Situation Spaß zu haben? Sie können. Und Sie haben die Sicherheit, dass es funktionieren wird in dem Moment, in dem Sie den Spaß an Ihren Fähigkeiten zu empfinden beginnen. Nichts ist stärker als der Satz: »Lust überschreibt Ängste.« Deshalb ist auch hier ein einfacher, klarer Weg vorgegeben, den Sie aber auf viele verschiedene Arten beschreiten können. Sie können

1. mit dem Üben da anfangen, wo Sie ein bisschen Lust daran fühlen, vielleicht fangen Sie bei Schimpfworten oder Liedtexten an oder wo immer Sie merken, dass das Sprechen ihr Gefühl kitzelt;
2. den Ort zum Beginnen suchen, an dem Sie sich sicher fühlen, sei es in der Familie, im Urlaub oder irgendwo sonst, wo Sie frei sind;
3. herausfinden, in welchem Umfeld Sie Stolz auf Ihre Fähigkeiten entwickeln. Dort können Sie üben, immer besser den Fun-Factor beim Reden zu spüren; nicht so sehr Form und Inhalt schleifen, sondern einfach immer mehr das Reden genießen;
4. eine Sprachschule oder ein professionelles Training besuchen, bei dem Sie immer vertrauter und geübter werden und dadurch auch hier immer mehr sich selbst in dieser Situation genießen lernen.

Der Trick, mit dem Sie Ihr Hemmung überschreiben, liegt also nicht darin, das Sie irgendwann so gut sind, dass Sie kein Lampenfieber mehr haben. Die Welt ist voll von Menschen,

die besser, reicher oder schöner als andere sind und trotzdem mehr Sorgen haben. Der Trick liegt darin, dass Sie merken, wie Sie Tätigkeiten genießen können; wie reizvoll es sein kann, Dinge zu machen, die Ihnen früher nicht zugänglich waren. So geht der Weg vom Falschmacher-Gefühl zum Richtigmacher-Gefühl auch bei allen anderen Dingen, die Sie neu einüben wollen. Dabei müssen Sie oft einen Schritt zurückgehen bis in ein Psychotop, in dem Sie sich sicher fühlen und den Spaß spielerisch üben können. Ob Sie in Ihrem eigenen Freundeskreis die Leute zusammenkriegen, an denen Sie – mit oder ohne Ankündigung – etwas Neues ausprobieren können, oder ob Sie sich ein professionelles Trainings-Umfeld wählen: Das Überschreiben gelingt umso schneller und besser, je mehr Sie das Neue genießen lernen. Nun ist es einfach, und das Gute daran ist, dass dieses Prinzip bei allen Beispielen funktioniert.

Wenn Sie das Falschmacher-Gefühl in Ihrem Gefühlsgedächtnis tragen, und merken, wie es Sie dabei behindert,

- andere Menschen anzusprechen,
- als Sportler erfolgreich komplizierte Bewegungsabläufe zu beherrschen,
- sich um interessante Aufgaben zu bewerben,
- sich zu melden und Ihre Ideen einzubringen,
- einem attraktiven Wesen Ihre Gefühle zu zeigen,

so wird Ihnen das Umprogrammieren gelingen nach dem einfachen Grundsatz: »Lust löscht Sorgen.«

Lust löscht Sorgen

Der erfolgreiche Weg geht also so:

1. Ich übernehme die Verantwortung für das, was mir nicht gefällt. Ich frage mich: Was trage ich täglich dazu bei, dass es so ist, wie es jetzt ist? Nur so kann ich etwas ändern.

2. Ich gehe zurück bis in ein Umfeld, in dem ich sorgenfrei und spielerisch üben kann. Erst wenn ich den Spaß an der Sache spüre, gehe ich den nächsten Schritt.
3. Ich gehe immer nur einen kleinen Schritt. Ich will mich nicht verschlucken. Mein Gefühlsgedächtnis hat sich langsam gebildet. Wenn ich mich zu schnell verändern will, kann mir zwar ein großer Schritt gelingen, aber mein Risiko ist hoch, dann wieder zurückgeworfen zu werden, wie es in »Die Angst vor dem Glück«[3] beschrieben ist. Wer in diesen einfachen Stufen gemütlich, ohne Zwang, aber dafür mit wachsendem Spaß am Leben weiter geht, dem wird es gelingen, alte Gefühle mit den ersehnten neuen zu überschreiben.

... »Ja, ist gut, Mama, bring ich mit.« Mirella wollte gerade die Tür hinter sich schließen, als das Bild plötzlich verschwamm. »Komm«, hörte sie von ferne rufen. »Komm jetzt!« Mühsam öffnete sie die Augen. »Wo bin ich?« Sie sah hässliche, bekritzelte Bänke um sich herum. »Komm, wir müssen 'raus!« Costas zog sie am Arm. Sie nahm all ihre Energie zusammen und stieg, noch schlaftrunken, aus der Metro. Als sie oben auf der Straße angekommen waren, war sie mit einem Schlag hellwach. Die Häuser hatten wie Reliefs gestaltete Fassaden und waren sanft gelblich angeleuchtet, ein nicht endendes Meer von Autolichtern zog langsam vorüber, und die ganze Straße summte vor Menschen. So viel drängendes, pulsierendes Leben hatte sie noch nie gesehen. »Wo war ich bisher?« dachte sie und schüttelte den Kopf. Sie wusste: Diesen Moment würde sie nie vergessen. Unwillkürlich zog sie Costas ganz fest an sich heran ...

Es gibt auch ein Wetter in unserem Inneren

Mir gefällt der Begriff des inneren Wetters. Ich sage Ihnen auch, weshalb:

Vor vielen Jahren sprach ich mit einer verzweifelten Frau, die keine Lust mehr am Leben hatte. Alles erschien ihr trübe und aussichtslos. Wenn sie in die Vergangenheit blickte, konnte sie kaum etwas sehen, worüber sie sich gefreut hatte. Wenn sie die Gegenwart betrachtete, war nichts zu erkennen, das ihr irgendwie Spaß bereitet hätte. Sie hatte einen Job, bei dem es tagein, tagaus darum ging, allein in einem Zimmer zu sitzen und Zahlen zusammen zu rechnen. Es war die drögste und langweiligste Tätigkeit, die ich mir vorstellen konnte, aber sie hatte sich diesen Job gesucht, und weil es kaum jemanden gab, der ihn hätte machen wollen, war er sicher. Jeder Versuch, sie auf eine andere Idee zu bringen, lief ins Leere. Auch die Zukunft zeigte keinen Silberstreif am Horizont. Es gab in ihrem Beruf keine Aufstiegsmöglichkeiten, die sie aus ihrem grauen Zimmerchen herausgeführt hätten, und so blieb nur die trübe Aussicht, all das auch noch in zwanzig Jahren machen zu müssen.

Wir überlegten, ob eine Familientherapie uns weiter bringen könne. Eines Tages beschloss ich deshalb, mir das Psychotop anzusehen, in dem sie aufgewachsen war, und sie stimmte zu. Wie es das Schicksal wollte, regnete es an dem Tag, als wir uns auf den Weg machten. Sie sprach während der halbstündigen Fahrt kaum ein Wort. Wir kamen zu einem kleinen Backsteinhaus, und ihre Eltern, zwei von der Landarbeit gekrümmte ältere Leute, öffneten uns die Tür.

Das Zimmer, in dem sie viele Jahre ihrer Jugend verbracht hatte, war noch unverändert, da sie auch heute noch ab und zu nach Hause fuhr, um ihre Eltern zu sehen. Als ich darum bat, es ansehen zu dürfen, führten sie mich in einen kleinen

Raum, der kühl und einfach eingerichtet war. Er hatte ein kleines Fenster, von dem man den Nebel auf den Feldern sehen konnte. Es klingelte, und die Eltern verließen kurz den Raum. Ein Moment der Stille trat ein. Plötzlich setzte sie sich leise auf einen Stuhl, der die ganze Zeit unbeachtet vor dem Fenster gestanden hatte, und sagte tonlos: »Wie viele Stunden habe ich damit verbracht, den Regen an diesen Scheiben 'runterlaufen zu sehen!«

Wandert das äußere Wetter nach innen? Tragen wir irgendwann die Farben in uns, die in der Umgebung vorherrschen, in der wir aufwachsen? Oder besser gesagt, in dem Psychotop? Um diese Frage zu beantworten, ob sich das Licht und das Wetter in unserer Seele spiegelt, habe ich einmal nachgesehen, in welchen Ländern der Erde Selbstmord am häufigsten vorkommt. Ich musste das tun, weil es keine Statistik über die Höhe der Lebensfreude in verschiedenen Ländern gibt. Meine Idee: Selbstmord ist das eine Ende der Skala, an deren Gegenpol Lebensfreude steht. Wir könnten die Statistik also auch auf den Kopf stellen und daraus lesen, in welchen Ländern die Menschen das intensivste positive Lebensgefühl haben.

Liest man die obengenannte Statistik der Weltgesundheitsorganisation also umgekehrt, dann stehen an der Spitze der Lebensfreude-Statistik Griechenland, Portugal, Italien und Spanien und an ihrem Ende Litauen, Estland und Lettland, die einzigen dort aufgeführten nördlichen Länder. Es drängt sich der Eindruck auf: Je nördlicher, desto getrübter ist die Lebensfreude, und je südlicher, desto heiterer ist die Stimmung. Wenn man auch diese Aussage noch an allerlei Bedingungen knüpfen muss, die sie einschränken können, so bin ich mir doch sicher: Der Spruch von der »Sonne im Herzen« hat seine Berechtigung. Und die Antwort auf die Frage nach dem »inneren Wetter« ist immer ein Hinweis auf helle

Freude oder einen getrübten Blick ins Leben. Nehmen wir also einmal an: Das Wetter, das in Ihrem ursprünglichen Psychotop vorherrschte, seine Farben und seine Temperatur, ist mit all dem, was Sie damals gelernt und erlebt haben, in Ihre Seele gewandert.
Das innere Wetter ist ein Faktor, der über unser Lebensgefühl entscheidet, wenn wir allein sind. Wir haben in unserem ursprünglichen Psychotop die Farben und Temperaturen eingesaugt, die jetzt über unser Lebensgefühl entscheiden.

So legen Sie einen Bypass für besseres inneres Wetter

Wenn Sie auch die Erfahrung gemacht haben, dass Trübsinn mit einem inneren Grau einhergeht, und man sich bei schönen Erlebnissen innerlich irgendwie heller fühlt, ist es sinnvoll, unser »inneres Wetter« in neue Bahnen zu lenken. Wir nehmen an, dass die innere Beleuchtung sich mit der äußeren Beleuchtung einprägte, die in der Zeit unseres Heranwachsens oft herrschte. Doch wie ändern wir die Beleuchtung in unserem Alltag? Nach der vorhin zitierten Statistik wäre es dafür am günstigsten, nach Griechenland auszuwandern. Doch wer kann das schon? Also müssen wir die Sonne in unser Leben holen, und dazu betrachten wir uns sowohl unseren Arbeitsplatz als auch unsere Wohnung.
Die Frage ist: Beleuchte ich meine Lebensräume so, wie sie auch in meinem alten Psychotop beleuchtet waren? Falls ja, fangen wir mit einfachen, kleinen Schritten an, etwas zu ändern. Bedenken Sie dabei eins: Die alten Gefühle neigen dazu, sich fortzuschreiben. Wenn Sie jetzt etwas ändern, kann eine große Versuchung entstehen, wieder zur alten Beleuchtung zurückzukehren. Ich würde jedoch dazu raten,

sich ganz bewusst an neue, farbigere und hellere Lichter zu gewöhnen. Selbst wenn Sie die Beleuchtung in Ihrem Lebensraum noch nicht verändert haben, können Sie schon etwas tun. Vielleicht haben Sie einen der Lieblingssätze der Anthroposophie schon einmal gehört: »Wie außen, so innen.« Er hat auch andersherum seine Berechtigung: »Wie innen, so außen.« Wenn Sie eine trübe Stimmung haben und Ihr inneres Wetter eher grau aussieht, richtet sich auch Ihre Wahrnehmung danach. Sie registrieren dann eher das Grau in der Umgebung, und dies verstärkt wiederum Ihre innere Gestimmtheit. Doch es gibt einen kleinen Trick, der hilft. Achten Sie einmal ganz bewusst auf helle Punkte in Ihrem Lebensraum. Gerade wenn es außen trüb ist, sind irgendwo Lampen an; wenn Sie durch die Straßen gehen, sind die Geschäfte beleuchtet; wenn Sie an der Arbeit sitzen, gibt es vielleicht einen farbigen Bildschirmschoner, der zwischendurch Ihre Augen erfreuen kann. Wenn Sie darauf achten, werden Sie sich wundern, wie viele Lichter und Farben in Ihrer Umgebung zu sehen sind. So können Sie gezielt die Spirale zurückdrehen, in der sich das innere und äußere Grau sonst aufschaukelt. Machen Sie sich deshalb folgende einfache Regeln zu eigen:

- Beleuchten Sie Ihren Lebensraum bewusst mit hellen Lichtquellen in warmen Farben.
- Suchen Sie die Sonne, und zwar möglichst die echte, und baden darin – gut geschützt –, so oft Sie können.
- Gewöhnen Sie sich an, das Licht zu suchen und bewusst die Lichtquellen wahrzunehmen, wo immer Sie sind.
- Wählen Sie für den Urlaub sonnensichere Gegenden. Wenn Sie in unseren nördlichen Breiten leben, sollte nicht auch noch der Urlaub farblos sein.
- Bringen Sie Farbe in Ihr Leben. Wenn nötig, muss man eben so weit gehen wie der Sohn eines befreundeten Ma-

lermeisters, dessen Vater bei seiner Hochzeit mit einer farbigen Frau sagte: »Ich habe ihm immer gesagt: Mut zur Farbe!«

... Die dichte weiße Gardine bauschte sich etwas im Luftzug, und eine Fülle unbekannter Straßengeräusche drang mit den Sonnenstrahlen ins Zimmer. Mirella sah sich um. Neben ihr schlief Costas. Er atmete ruhig, gleichmäßig, und sein gelöstes Gesicht steckte sie an mit entspannter Zufriedenheit. Sie ließ sich wieder zurücksinken auf das Bett und genoss die Süße, die sich in ihren Adern ausbreitete. »Das süße Leben!« dachte sie und hatte das Gefühl, völlig in den weichen, weißen Kissen zu versinken, die leicht nach Vanille dufteten. Sie hatte die Augen geschlossen, und trotzdem wurde es heller in ihr. Es war, wie wenn sich sanftes Licht ausbreitete, das von innen kam. »Ich hätte nicht gedacht, dass es so schön sein kann«, hatte Costas gestern noch geflüstert, bevor er einschlief. »Ich hätte nicht gedacht, dass es so schön sein kann.« Sie dachte diesen Gedanken nicht nur, sie fühlte ihn bis in die Zehenspitzen und genoss staunend, wie ihre Füße gleichzeitig ganz heiß wurden. Wie von fern registrierte sie, dass diese Wärme sich unwiderstehlich in ihr ausbreitete, während sie sich in den sanften Sog des Einschlafens ziehen ließ ...

Wir tragen ein altes Spiegelbild in uns

Wir haben ein ganz bestimmtes Bild von unserem Aussehen. Wir fühlen uns groß oder klein. Wir empfinden uns als dick oder dünn. Wir bewerten unser Gesicht als schön oder hässlich. Wenn Sie einen Moment die Augen schließen, können Sie das alles leicht nachprüfen. Fühlen Sie in Ihre Arme; Sie haben ein Gefühl dafür, ob sie sich dick oder dünn

anfühlen. Setzen Sie sich auf den Stuhl; Sie fühlen sich schwer oder leicht und beweglich. Diese Gefühle haben Sie gelernt, als Sie die ersten Kommentare zu Ihrem Aussehen gehört und dann in den Spiegel gesehen haben, um sich zu prüfen.
Nur: Ihr Selbstbild ist Geschichte. Nichts davon muss heute noch stimmen. Wie Sie sich empfunden haben, hing nämlich ab von den Vergleichen, die Sie in ihrem Psychotop gefunden haben. Wenn die Leute, die Sie dort ständig vor Augen hatten, dicker waren als Sie, kamen Sie sich eher schlank vor. Waren Sie dünner, fühlten Sie sich eher zu dick. Wenn diejenigen, an denen Sie sich gemessen haben, schöner aussahen, sind Sie eher kritisch gegenüber Ihrem eigenen Gesicht geworden. Sahen Sie jedoch sehr gut aus und haben das auch immer wieder gehört, so ist dieses Gefühl ein Teil Ihres Selbstgefühls geworden.
Gehen wir nun davon aus, dass sich diese Gefühle immer wieder selbst bestätigt haben. Dann stoßen wir auf ein Phänomen, das Sie bestimmt auch gut kennen. Sie haben sich dann nämlich irgendwann nicht mehr vor den Spiegel gestellt, um herauszufinden, wie Sie wirklich aussehen. Sie haben sich vor den Spiegel gestellt, um sich zu bestätigen, dass Ihr Gefühl stimmt. Da standen Sie dann und sagten zu sich selbst: » Siehst du, du bist doch zu dick.« »Siehst du, du bist doch zu dünn.« »Siehst du, deine Beine sehen doch unmöglich aus.« »Deine Nase ist doch viel zu lang.« Und vieles, vieles mehr. Dieses Gefühl bestimmt darüber, wie Sie durch's Leben gehen. Es kann sogar bestimmen, ob Sie krank werden, indem Sie z. B. Magersucht bekommen. Deshalb ist es sehr wichtig, ob Sie mit Ihrem Bild von sich selbst zufrieden sind oder nicht. Wenn nicht, können wir wieder mit ein paar einfachen Schritten beginnen, das Körperbild zu re-programmieren. Das Ziel ist, die Spirale aus Selbstkritik

und ihrer Bestätigung zu stoppen und den umgekehrten Trend anzustoßen: die positiven Seiten an sich zu entdecken und zu erreichen, dass sie sich von selbst immer weiter verstärken. Das ist einfacher, als Sie denken.

So legen Sie einen Bypass für ein besseres inneres Spiegelbild

Haben Sie auch ein inneres Spiegelbild, das nicht dem äußeren entspricht? Ich glaube, das ist bei den meisten Menschen so. Sie tragen ein Bild von sich herum, das sich irgendwann in früheren Zeiten eingeprägt hat, und leben in der Annahme, dass sie eben so und nicht anders aussähen. Das ist günstig, wenn das alte Bild besser ist als das, was ihnen jetzt aus dem Spiegel entgegensieht. Viel zu oft ist es jedoch leider umgekehrt. Viele Menschen fanden sich schon immer unattraktiv oder voller Fehler und haben sich im Lauf Ihres Lebens positiv verändert, ohne es wahrzunehmen.

Wer das ändern will, muss irgendwie damit beginnen, die Aufmerksamkeit auf die positiven Aspekte zu lenken, die bisher unbeachtet geblieben sind, weil sie nicht eingeübt wurden. Ich mache Ihnen dazu ein paar Vorschläge, die aber wieder nur einen Bruchteil der Möglichkeiten darstellen.

1. Investieren Sie einmal ein paar Euro und lassen sich von einem professionellen Studio fotografieren. Es genügt schon, wenn sie ein schönes Portrait machen. Sie können aber natürlich alles fotografieren lassen, was Sie einmal anders sehen wollen, als Sie es bisher kannten. Das schönste der Bilder hängen Sie dann groß neben den Spiegel, in dem Sie sich jeden Tag sehen. Jetzt hat zumindest Ihr altes, gewohntes Bild von sich keine alleinige Gültigkeit mehr.

2. Erinnern Sie sich daran, was andere Menschen an Ihnen gut fanden. Versuchen Sie, sich die Sätze genau in Erinnerung zu rufen, die Sie in diesem Zusammenhang gehört haben. Ich habe häufig mit Menschen zu tun gehabt, die von ihren Eltern eher kritische Sätze übernommen und für sich selbst programmiert haben. In der Verwandtschaft gab es jedoch oft einen Menschen, der etwas entfernter und deshalb objektiver war, und von dem sie viel begründetes Lob und Anerkennung gehört haben.
3. Tun Sie etwas! Wenn Sie sich zu dick finden, beginnen Sie nicht mit Diäten, sondern mit Sport unter fachkundiger Anleitung. Das Ernährungsverhalten ändern Sie von selbst, wenn Sie die ersten Veränderungen durch regelmäßigen Sport zu spüren beginnen. Der Weg ist immer der gleiche: Sie wissen, dass sich die Gefühle, die Sie im Moment beherrschen, immer wieder bestätigen und verstärken wollen. Also geht es darum, eine Handlung anzuregen, die neue Gefühle mit sich bringt, und zu erreichen, dass sich diese neuen Gefühle dann in der gewünschten Richtung selbst verstärken.

   Die erste sportliche Aktion, bei der Sie sich aktiver, kräftiger, interessanter aussehend erleben als bisher, kann der Anfang dieser Entwicklung sein. Das ist wie ein Außenbordmotor, den Sie anwerfen müssen: Wenn es um Sport und eine Veränderung Ihres Aussehens durch Aktivität geht, brauchen sie am Anfang Energie, um in eine neue Richtung zu starten. Dann springt der Motor jedoch an, und das Wohlgefühl beim Sport steigert sich genau so wie Ihre Lust an einem neuen, attraktiveren Selbstgefühl. Dass es alle möglichen Tricks gibt, um die Energie am Anfang leichter aufzubringen, wissen Sie selbst: ob Sie jemand anderen suchen, mit dem Sie ge-

meinsam etwas tun und sich gegenseitig ziehen, oder ob Sie im Voraus einen teuren Beitrag zahlen, den Sie verlieren, wenn Sie daraufhin nicht regelmäßig hingehen.

4. Tun Sie etwas – das gilt natürlich auch für Kosmetik und die Erarbeitung eines persönlichen Stils. Ihr Aussehen entspricht Ihrem Selbstgefühl, und Ihr Selbstgefühl definiert Ihre Entscheidungen. Daher kann es sein, dass Sie sich immer wieder für die gleiche ungünstige Frisur oder die gleichen unvorteilhaften Klamotten entscheiden, die mit Ihrem veralteten Körperbild übereinstimmen. Deshalb auch hier: Wenn Sie etwas anderes erreichen wollen, müssen Sie etwas anders machen. Dabei geht es nicht anders, als dass Sie über Ihren Schatten springen. Gehen Sie zu einem professionellen Typ-Berater oder suchen Sie sich einen anderen Menschen, der auf diesem Gebiet wirklich Ahnung hat, und probieren Sie einmal etwas aus, was Ihnen vorher nicht eingefallen wäre.
5. Aus der Sicht unserer Methode sind auch kosmetische Operationen nicht abzulehnen. Es wäre blind, zu leugnen, dass unsere Kultur die Erfolgsaussichten eines Menschen – sei es bei der Partnerwahl oder im Beruf – immer mehr von Äußerlichkeiten abhängig macht. Ich habe viele Frauen und Männer getroffen, die absolut zuverlässig, intelligent und von wunderbarer Menschlichkeit waren, aber nicht attraktiv aussahen. Sie erhielten nicht das Interesse, das sie verdient hätten, und der Grund war irgendein unwichtiges körperliches Detail, das nicht den Leitbildern von »schön und reich« entsprach.

   Zweimal habe ich erlebt, dass sich jemand daraufhin zu einer kosmetischen Operation entschloss. Was soll ich sagen? Die Welt ist ungerecht. Das Interesse potentieller Partner war plötzlich wesentlich stärker, und die Einsamkeit war zu Ende. Das wird natürlich nicht immer funk-

tionieren, sondern nur dann, wenn man sich durch das gestiegene Selbstbewusstsein anders verhält. Doch wer heute diese Möglichkeit grundsätzlich ausschließt, leidet unter unserer oberflächlichen Kultur möglicherweise mehr, als es sein müsste.

Psychoneuroimmunologie: Wissen, das glücklich macht

Wie können wir möglichst viele Situationen unseres Lebens so gestalten, dass wir unsere Möglichkeiten optimal nutzen und dabei noch unsere Gesundheit fördern? Wenn man sich mit Gesundheitsforschung beschäftigt, ist es gut, ab und zu einmal den Blick aus dem Dschungel der Forschungsergebnisse zu erheben. Es gibt unendlich viele Veröffentlichungen, die nachweisen, dass eine positive Lebenseinstellung die Gesundheit und Lebenserwartung fördert. Es gibt noch mehr Publikationen, die belegen, dass Pessimismus, häufige Konflikte und Liebesarmut krank machen und das Leben verkürzen. Noch viel länger bekannt ist, dass Süchte – von Nikotin bis Alkohol, von Fress- bis Magersucht, von Spiel- bis Drogensucht – die Lebenszeit radikal vermindern können. Wer sich verliert in diesem Dschungel der Forschungsergebnisse, die sich häufig in Details widersprechen, der weiß überhaupt nicht mehr, was er tun soll. Sicher kennen Sie Untersuchungen zu Essen und Trinken, die sagen, gesund sei genau das, was andere für gefährlich halten. Treten wir deshalb aus diesem Dschungel heraus und betrachten das Thema einmal im Licht unserer Theorie. Hier haben wir, so finde ich, sehr schnell eine Richtschnur, nach der wir uns ausrichten können.
Sie heißt: Ich finde mich wertvoll, und ich handele danach. Jeder, der sich eingehend mit Menschen beschäftigt, be-

ginnt sie als eine unendliche Ansammlung komplizierter, wundervoller Lebenswelten zu bewundern. Dieses Wunder sind wir selbst, jeder von uns, und es gilt den Wert jeder lebendigen Zelle in uns zu verstehen und zu empfinden. Wer so empfinden kann, entwickelt automatisch den Impuls, das Geschenk des Lebens in sich zu beschützen und so gut wie möglich zu behandeln.

Daraus entsteht eine bestimmte Lebenshaltung. Ich meine nicht eine der vielen Ideologien, die in Bezug auf Gesundheit entstanden sind. Es gibt die Vegetarier, die Makrobioten, die Lakto-Vegetabilen, die Trennkost-Anhänger oder die Rohkost-Fans. Auch bestimmte Geisteshaltungen wie z. B. die Anthroposophie sind nicht ausreichend als Weg zu Gesundheit und langem Leben. Selbstverständlich kann man in der Zusammenfassung der ernährungsbezogenen Untersuchungen sagen, dass Menschen, die weniger oder rein vegetarisch essen, statistisch gesehen länger leben. Umgekehrt gilt das aber nicht. Keine dieser Ausrichtungen ist die Garantie für ein langes gesundes Leben. Der Grund: Es gibt noch andere Faktoren, die darüber entscheiden, ob eine Krankheit ausbricht oder wie lange die Lebensenergie reicht. Dazu gehören natürlich auch Erbfaktoren.

Doch es gibt eine spezifische Lebenshaltung, die inzwischen auch in Langzeitstudien erwiesen ist. Dazu bemühen wir wieder die noch junge Wissenschaft der Psychoneuroimmunologie: »Fühlen Sie sich von Ihrer Frau geliebt?« Diese Frage ist im Rahmen einer Studie 10 000 Männern gestellt worden. Wer mit »Ja« antworten konnte, litt deutlich seltener an Angina pectoris, einer Mangeldurchblutung des Herzmuskels, als Geschlechtsgenossen, die sich ungeliebt fühlten.

Die Zeitschrift »Psychologie heute« nannte diese Studie in einem Überblick über Ergebnisse der Psychoneuroimmuno-

logie (PNI). Diese faszinierende Wissenschaft soll erforschen, wie Gefühle und Gedanken das Immunsystem und damit auch den allgemeinen Gesundheitszustand entscheidend beeinflussen.

Liebe schützt vor Krankheit

Eine andere von der Zeitschrift genannte Langzeitstudie hat nachgewiesen, dass Menschen, die sich als Kinder von den Eltern geliebt fühlten, eine Art Schutzschild gegen Krankheiten im Erwachsenenalter haben. In den 50er-Jahren wurden 126 gesunde Studenten nach dem Verhalten ihrer Eltern in der Kindheit gefragt. 35 Jahre später wurden sie erneut befragt. Das Ergebnis: Diejenigen, die Vater und Mutter abweisend, streng, hart arbeitend und wenig fürsorglich geschildert hatten, litten im mittleren Alter deutlich häufiger an Herzkrankheiten, Bluthochdruck und Alkoholismus als diejenigen, die sich von den Eltern positiv gewertet und grundsätzlich geliebt fühlten.«[8]

Glauben Sie, dass Liebe gesund macht? Sicher ist da etwas dran. Die Untersuchung, die von dem Einfluss der elterlichen Fürsorge erzählt, spricht jedoch gegen diesen einfachen Satz. Die Befragten wurden in einem Alter von Krankheiten verschont, in dem die Eltern schon lange nicht mehr für sie sorgten. Sie sorgten offenbar selbst für sich mit der Liebe, die ihnen die Eltern antrainiert hatten.

Das ist der entscheidende Faktor. Die Liebe, die Ihnen von anderen Menschen entgegengebracht wird, macht nicht gesund, wenn Sie selbst nicht Ihres Wertes sicher sind und für Sie fest steht, dass Sie diese Liebe wirklich verdienen. Auch das hat etwas mit Gewohnheiten zu tun. Die Menschen, die von ihren Eltern liebevoll und fürsorglich behandelt werden, sind nicht wertvoller als diejenigen, die Abwertung und Ver-

nachlässigung erfahren. Doch wenn sie Liebe entgegengebracht bekommen, verhalten Sie sich entsprechend ihren Gewohnheiten auch liebevoll, nicht zuletzt sich selbst gegenüber. Hier liegt der Grund für die geringere Anfälligkeit gegen Krankheiten. Wer weniger selbstschädigende Gewohnheiten mit sich herumtragen muss, weil er weniger an Schädigungen gewöhnt wurde, führt sein Leben natürlich selbsterhaltender und schonender. Wer dagegen an das Gefühl gewöhnt wurde, dass innerliche und vielleicht auch äußerliche Schmerzen zu seinem Leben gehören, wird mit der Wiederholungstendenz dieser Schädigungen zu kämpfen haben.

Glück schützt vor Krebs

Eine großangelegte Studie beweist, was zahlreiche Experten schon immer behauptet haben: Wer anfällig ist für Stress, Sorgen und Depressionen, ist auch gefährdeter, an Krebs zu erkranken. Norwegische Forscher haben dies in einer Mega-Studie herausgefunden, berichtet das Wissenschaftsmagazin »New Scientist« in einer aktuellen Ausgabe. Die Studie der norwegischen Psychiater an über 60 000 Personen hat ergeben, dass Schwarzseher und Sorgengeplagte gefährlich leben. Patienten, bei denen man in Tests hohe Sorgen-Werte ermittelte, wiesen mit einer 25 Prozent höheren Wahrscheinlichkeit prämaligne Veränderungen (Krankheits-Vorstadien) auf. Besonders auffällig dabei waren die Zusammenhänge zwischen Psycho-Stress und speziellen Tumoren wie Lymphomen und Melanomen.

Auch in früheren Untersuchungen konnten Experten feststellen, dass diese Malignome etwas mit Defiziten im Immunsystem zu tun haben. Indizien, dass Stress, Sorgen und Depression die Abwehr knebeln, gibt es bereits: In einer

brasilianischen Untersuchung zeigten depressive Patienten im Vergleich zu Gesunden eine eingeschränkte Aktivität der weißen Blutkörperchen und abgeschwächte Antikörper-Antworten, berichtet die »Medical Tribune Deutschland«.[13] In jüngster Vergangenheit hatten sich zahlreiche Forschungsberichte mit dem Thema »Sorgen« und »Krankheit« beschäftigt. Nach Ergebnissen einer psychiatrischen Studie der Carnegie Mellon University in Pennsylvania[12] an mehr als 300 gesunden Freiwilligen konnten die Experten feststellen, dass Fröhlichkeit auch immun gegen Erkältungskrankheiten macht. Nach den Untersuchungsergebnissen erkrankten die negativ beeinflussten Testpersonen drei Mal so oft an Schnupfen wie die Vergleichsgruppe der Zufriedenen.

Was bedeutet das nun für Ihr Bemühen, Glücksblockaden loszuwerden? Es bedeutet, dass Sie mit einigen wenigen Veränderungen Ihr Leben auf eine ganz neue Basis stellen können:

1. Versuchen Sie, Ihre Gefühle in der jeweils anstehenden Situation so ehrlich wie möglich vorauszusehen und schon vorher zu wissen, in welche Stress-Spur Sie rutschen werden.
2. Üben Sie so lange immer wieder, in erfolgssicherer, gelassener Haltung Stress-Situationen vorauszusehen und zu erleben, bis Sie solche Situationen zu genießen beginnen und Gelassenheit automatisch anstreben (s. Anhang).
3. Trainieren Sie, sich mit dem Wunder unserer eigenen Existenz, dem Funktionieren Ihres Körpers und Geistes zu befassen, und von dem Geschenk des Lebens Glücksgefühle bereiten zu lassen (s. Anhang).

Doch versuchen Sie grundsätzlich, der Versuchung zur Schönfärberei Ihrer Fortschritte zu widerstehen. Sie wissen, dass es widerstrebende Gewohnheiten gibt, die Ihnen im-

mer wieder einen Rückschritt bescheren können. Schließen Sie in Ihre Pläne mit ein, dass es nach zwei Schritten vorwärts einen Schritt zurück gehen sollte. Das ist nötig, damit Sie nicht Ihre bisherige Sicherheit verlieren, bevor Sie eine neue, positivere Sicherheit unserer Möglichkeiten gewonnen haben.

Wenn ich von Trainieren spreche, ist auch nicht an ein schweißtreibendes Training à la Workout gedacht, dem man sich nun täglich unterwerfen sollte. Es geht einfach darum, die Gewöhnung an Sorgen immer seltener zum Zuge kommen zu lassen und dafür ganz bewusst Selbstwert, selbst erfüllende Erfolgsprophezeiungen und Genuss am eigenen Leben zu praktizieren.

So ziehen Sie sofort praktischen Nutzen aus diesem Kapitel

- Es gibt einen einfachen Test dafür, ob Sie die richtigen Schritte machen, um mit mehr Glück Ihre körperliche Gesundheit zu stärken. Viele Apotheken bieten die Messung der freien Radikalen in Ihrem Blut an. Sie sollten die Investition für diesen Test riskieren und dann versuchen, die Anzahl der freien Radikalen bis zum nächsten Test zu einem frei gewählten Zeitpunkt durch die richtige Lebensweise zu verringern. Dieses Ziel wird in verschiedenen Bereichen die richtigen Weichenstellungen nach sich ziehen.
- Gewöhnen Sie sich an ein regelmäßiges Entspannungstraining. Die Liste der Methoden von Autogenem Training bis zu Meditation ist lang, und Hinweise finden Sie im Anhang, bei Ihrem Hausarzt oder Ihrer Krankenkasse, die Zuschüsse zahlt.

11. KAPITEL

Beziehungsglück üben

In diesem Kapitel entdecken Sie,

- wieso die Beziehungen zu Ihren Familienmitgliedern, PartnerInnen und Freunden automatisch gefährlich sein können

- warum Sie die Menschen, die Ihnen nahe stehen, als Sorgenbringer einsetzen, obwohl Sie das Gegenteil wollen

Wer liebt, lebt gefährlich

In dem Tätigkeitsbericht der Rettungshundestaffel des Roten Kreuzes in Baden-Baden steht unter dem Datum 20. 4. 2002 der lakonische Eintrag: »43 Jahre alter Mann verschwindet mit suizidaler Absicht nach Streit mit seiner Ehefrau. Die Suche wurde erfolglos abgebrochen.« Statistiken über die Ursache von Selbstmorden ergeben einen hohen Prozentsatz von Menschen, die sich deshalb das Leben nehmen wollen, weil sie sich von einem geliebten Menschen schlecht behandelt fühlen. Haben die Schlager recht, die immer wieder besingen, wie gefährlich Liebe ist? Ist es besser, sich gar nicht einzulassen auf etwas, was uns abhängig macht und die Herzen brechen kann? Vielleicht können wir uns sehr einfach schützen, indem wir uns auch selbst gut behandeln: Als Mensch, den wir lieben.

Regelmäßig erscheinen wissenschaftliche Untersuchungen, die aussagen, dass Herzinfarkte häufig nach familiären Auseinandersetzungen auftreten. Es sind also gerade die nahe stehenden Menschen, die oft das größte anzunehmende Unglück für die Betroffenen mit verursachen. Die deutschen Sprichwörter kennen die Gefahr, die von Eltern, Kindern und ganz allgemein den lieben Verwandten ausgeht, und deshalb heißt es dann: Freunde kann man sich aussuchen, Verwandte nicht. Und auch die Gefahren des Zusammenlebens in einer Zweierbeziehung füllen ganze Seiten in Äußerungen des Volksmundes, in Witzen und der Kriminalstatistik. Wie kommt es, dass wir noch nicht einmal sicher sein können, dass im Schoß der Familie oder bei dem oder der Liebsten der Ort des Rückzuges und des Glückes zu finden ist?

Die Antwort liegt, wie so oft, in der Natur des Menschen. Sie hat uns mit dem berühmten Selbsterhaltungstrieb ausge-

stattet, und wie der Name schon sagt; es heißt: Selbsterhaltungstrieb, nicht Fremderhaltungs- oder Partnererhaltungs-Trieb. Mit den Trieben ist es ja nun so, dass sie meist dem Fortbestand der Art dienen sollen, in der Tierwelt genau wie beim Menschen. Deshalb haben seit Tausenden von Jahren Millionen von Priestern, Pädagogen und Moralphilosophen vergeblich versucht, sie dem Menschen auszureden oder abzugewöhnen.
Doch alles, was von der Natur zur Erhaltung der Art gedacht ist, setzt sich immer wieder durch, Und wenn wir auch inzwischen hier und da auf zivilisierte Menschen treffen, die ihren Trieben nicht mehr überall und bei jedem Triebdruck nachgehen, so wollen wir trotzdem nicht so tun, als könnte man den menschlichen Selbsterhaltungstrieb wirklich unterdrücken.
Nehmen wir also zum Beispiel an, dass Sie einen Menschen kennen lernen, in den Sie sich verlieben. Sie entwickeln Sehnsucht, sind glücklich, wenn Sie in seiner Nähe sind, und freuen sich, wenn sie ihm eine Freude machen können. Doch hier geht es schon los. Unzählige Beziehungen scheitern, weil ein Mensch einem anderen eine Freude macht, der andere sich aber gar nicht erkennbar freut. Da hilft kein höfliches Abstreiten: Wenn man jemandem eine Freude macht, will man etwas dafür zurück haben, nämlich das Gefühl, dass der andere weiß und merkt, dass man ihm etwas gegeben hat. Wenn Sie Glück schenken, wollen Sie auch Glück bekommen.
Nun hat sich möglicherweise Ihre Beziehung stabil erwiesen, und Sie ziehen zusammen. Ihren Partner würde es jetzt glücklich machen, wenn er seine Mutter mit in die Wohnung nehmen könnte. Doch Sie wollen das nicht. Warum? Weil sie selbst in dieser Wohnung auch ganz gerne glücklich wären. So wird es weiter gehen. Mit einer Wahrscheinlich-

keit von mehr als 30 Prozent kommen Sie irgendwann an den Punkt, an dem Sie sagen: Wenn ich mein Glück machen will, muss ich diese Beziehung beenden.
Dann werden Sie sich auf die Suche nach einem Partner oder einer Partnerin machen, die Ihrem Glück weniger im Wege steht.
Vielleicht machen Sie sich aber auch nicht auf die Suche nach einer engen Beziehung, weil Sie sagen: ich will erst mal mein Glück suchen und dann einen Partner oder eine Partnerin. Ich würde Sie darin bestärken. Es spricht sehr viel dafür, dass Sie erst lernen sollten, wie Sie alleine glücklich sein können, bevor Sie das Glück in einer Partnerschaft suchen. Viele der Anregungen für glückliche Momente, die im Anhang angeführt sind, führen zu Glücksgefühlen, die Sie sich ganz allein holen können. Das ist von der Natur auch so vorgesehen, denn Ihr Leben, das grundlegende und höchste Glück, wurde ganz allein Ihnen geschenkt und nicht unter mehreren Personen aufgeteilt. Wahrscheinlich ist Ihr Glück außerdem mehr als eine Partnerschaft, denn es gehören dazu auch Bereiche wie Beruf, Freunde und die Herkunftsfamilie. Die Wahrscheinlichkeit, eine beglückende Partnerschaft zu finden, wird umso größer, je weniger Sie die Verantwortung für Ihr gesamtes Lebensglück an diesem anderen Menschen anhängen wollen.
Nehmen Sie deshalb jetzt erst einmal selbst die Verantwortung für das eigene Glück an und sehen nach, wieso Sie bisher nicht so viel Glück in Ihrem Leben produziert haben, wie Sie eigentlich wollen. Wenn Sie davon ausgehen, dass der Mensch ein Gewohnheitstier ist, muss es damit zu tun haben, dass Sie Ihre automatischen Verhaltensweisen zu den falschen Zielen geführt haben.

Mit Liebe kann man sich automatisch unglücklich machen

Gedächtnisspuren stecken an. Wenn wir uns unseren Gewohnheiten entsprechend verhalten, beeinflussen wir auch andere. Wir müssen deshalb klar sehen,

- dass wir unsere Umgebung zur Erhaltung unserer Stress-Gewohnheiten und Sorgen einsetzen, obwohl wir sie für mehr Glück einsetzen könnten;
- dass Liebe immer zu dem gleichen Unglück führen kann und wir herausfinden müssen, wie wir das ändern können;
- dass ansteckender Pessimismus das Berufsleben ergriffen hat, und wir davon angesteckt werden, wenn wir die Arbeit nicht mit einem neuen Ziel nutzen können, nämlich dem Ziel, uns Glücksmomente zu schenken.

Wieso passiert mir immer wieder das Gleiche, fragen sich täglich unzählige Menschen. Doch Sie und ich wissen: Wir müssen bekannte Verhaltensweisen wiederholen, damit wir uns am Leben erhalten können. Dabei ist unser wichtigster Helfer das Gedächtnis. Glücklicherweise haben wir nicht nur unser bewusstes Gedächtnis zur Verfügung, denn wir speichern nicht nur das, was wir im Sprachunterricht oder in der Berufsausbildung gelernt haben. Wir haben viel mehr Gedächtnis zur Verfügung als unser Großhirn, das für das Denken zuständig ist. Was wir aus unserem Gedächtnis auf Wunsch wieder abrufen können, ist weniger als die berühmte Spitze des Eisberges, von dem der größte Teil gar nicht zu sehen ist, denn: Was wir unternehmen und wie wir uns entscheiden, dafür sind die entscheidende Erinnerungen überall in uns gespeichert:

- Wir nutzen unser Körpergedächtnis. Das fängt beim Immunsystem an. Wenn das Körpergedächtnis nicht speichern könnte, welche Erreger es schon kennen gelernt

hat, wären wir immer wieder den gleichen Krankheiten schutzlos ausgeliefert. Das Immunsystem ist aber nur ein kleiner Teil seiner Fähigkeiten. Wenn das Körpergedächtnis keine Möglichkeit hätte, die Geborgenheit schenkende Wirkung des Streichelns oder einer Umarmung zu speichern, würden wir die sanften Genüsse des Lebens verpassen. Unendlich viele Erfahrungen liegen in ihm verborgen, die von Berührungen über Bewegungsabläufe und alle inneren Ereignisse wie Schmerzen oder Krankheiten reichen.

- Wir nutzen unser Gefühlsgedächnis. Wir speichern in allen möglichen und unmöglichen Situationen unseres Lebens, welche Gefühle sie auslösen. Deshalb wissen wir vorher, dass uns ein hasserfüllter Blick der Schwiegermutter Angst machen und der rotgoldende Sonnenuntergang am weißen Strand mit Frieden erfüllen wird. Ohne diese Ebene des Gedächtnisses wären wir seelenlose Automaten.
- Wir könnten das Gedächtnis, in dem alles mit allem verknüpft ist, noch weiter auf verschiedene Begriffe aufteilen. Wichtig ist aber erst einmal, was daraus folgt: Nur weil wir bei vielen Situationen vorher wissen, was wir anrichten oder zu unseren Gunsten bewirken werden, kann unser Zusammenleben halbwegs funktionieren. Da macht es keinen Unterschied, ob wir uns am Amazonas oder im Dschungel des sozialen Zusammenlebens befinden: Wenn wir nicht vorher wissen, welche Tiere wild und welche Pflanzen giftig sind, werden wir kaum heil wieder rauskommen. Das gilt auf vielen Ebenen. Fangen wir bei der Sprache an.
- Sie können sich nur zurecht finden in einer menschlichen Gemeinschaft, in der Sie die Sprache verstehen. Nehmen Sie jetzt einmal an, Sie sind unter anderen Menschen, deren Sprache Ihnen fremd ist. Dann haben Sie zwei Mög-

lichkeiten. Die erste: Sie müssen die neue Sprache lernen. Das ist mühsam und umständlich. Deshalb werden Sie es nur tun, wenn es keine bequemere Möglichkeit gibt, das Problem zu lösen. Diese Lösung hieße: Die anderen müssen Ihre Sprache lernen. In einem solchen Fall entscheiden letztlich die Machtverhältnisse. Wer am längeren Hebel sitzt, drückt den anderen seine Sprache auf. Bei unseren gesprochenen Worten ist es noch relativ einfach, zu beobachten, wie der Wettstreit ausgeht. Sie hören, wessen Sprache letztlich siegt, oder auch, wie sich Misch-Sprachen bilden.

Doch jetzt wird es komplizierter: Wir sprechen nämlich nicht nur mit Worten. Unser Gesichtsausdruck, unsere Gesten, unsere Bewegungen, der Klang unserer Stimme, all dies sind Sprachen, mit denen wir Informationen in die Welt schicken. Meist merken wir es gar nicht, doch wir drücken damit aus, was wir empfinden und von der Umgebung erwarten. Hier liegt der Schlüssel für etwas Geheimnisvolles, das Sie vielleicht auch schon einmal beschäftigt hat.

Durch irgend eine geheime Macht lernen wir immer wieder ähnliche Menschen kennen, mit denen wir ähnliche Probleme haben. Selbst wenn wir uns jemanden suchen, der ganz anders zu sein scheint, kann es plötzlich passieren, dass sie oder er die gleichen unangenehmen Dinge tut, mit denen uns stressige Vorgänger auch schon genervt haben. Diese merkwürdigen Zufälle sind für uns nur deshalb geheimnisvoll, weil wir nicht merken, welchen Gesichtsausdruck, Stimmklang, welche Gesten und Bewegungen wir den ganzen Tag machen. Das ist nämlich die Sprache, mit der wir über die Beziehungen informieren, in denen wir aufgewachsen sind.

Die Umgebung versteht diese Sprache: die Sprache unserer Gefühle und Erwartungen. Sie versteht uns und reagiert ih-

rerseits so, dass sich unsere Gefühle und Erwartungen bestätigen.
Das liegt natürlich auch daran, dass wir auf bestimmte Menschen zugehen, die etwas an sich haben, das uns aus unserer Erfahrung vertraut ist; etwas, dem wir schon einmal begegnet sind. Wir besetzen unsere Dramen oft schon so, dass die Darsteller der Helden und Schurken sich ähneln. Und es wird uns erleichtert, für unsere gewohnten Gefühle immer neue Darsteller zu finden, weil die sich kaum gegen etwas wehren können, worüber sie gar nicht nachdenken. Wer registriert schon, was die anderen mit ihrem Gesichtsausdruck, ihren Gesten und dem Klang ihrer Stimme sagen, und kann sich bewusst dagegen entscheiden, irgendwie mitzuspielen?
Wir haben deshalb eine große Chance, Situationen zu finden, in denen das Verhalten der Mitmenschen unsere gewohnten Gefühle berechtigt erscheinen lässt. Es »gelingt« immer wieder,

- die Menschen zu finden, die unser altes Misstrauen wieder bestätigen,
- die Freunde kennen zu lernen, die uns doch wieder hängen lassen, wenn es darauf ankommt,
- die Partner kennen zu lernen, die uns niemals ganz glücklich machen können, und
- den Beruf und den Chef zu suchen, der unsere Talente an ihrer Entfaltung hindert.

Die Welt weiß, was Sie ärgert

Auf diese geheimnisvolle Weise weiß die Welt, womit sie uns ärgern, stören, klein halten und unglücklich machen kann, und sie will partout nicht aufhören, das zu tun. Doch wir sind nicht machtlos. Die Einsicht, von der aus wir es ver-

ändern können, heißt: Wir suchen uns aktiv die Darsteller, die das Stück verstehen und sich so verhalten, dass unsere alten Sorgen immer wieder bestätigt werden.

Hier ist das nächste Feld für unsere Detektiv-Arbeit. Wo haben wir gelernt, was wir jetzt im Geflecht menschlicher Beziehungen mitteilen? Woher stammen die Botschaften, mit denen wir immer wieder ähnliche Ergebnisse erreichen? Wo war die Landschaft, in der wir mit diesen Botschaften und diesen Gefühlen unseren Platz finden mussten? Die Vermutung liegt nahe, dass wir die ältesten Ursprünge unserer Gedächtnisspuren, aus denen heraus wir jetzt leben, in unserer Ursprungsfamilie oder einer entsprechenden Ansammlung von Menschen finden können. Deshalb gibt es inzwischen eine Vielzahl von Therapeuten, die annehmen, dass man in seinem Leben immer wieder etwas Ähnliches wie seine erste Familie nachbaut. So gesehen, kann es äußerst interessant sein, nach Ähnlichkeiten zwischen heutigen und damaligen Bezugspersonen zu suchen, selbst wenn diese Ähnlichkeiten nur aus unserem Verhalten ihnen gegenüber bestehen. Bezogen auf unser Gehirn heißt das: Wir brauchen bestimmte zwischenmenschliche Situationen, damit in unserem Gehirn gewohnte körpereigene Drogen entstehen können. Unser Gefühls- und Situationsgedächtnis weiß aus langjähriger Erfahrung, wie solche Situationen beginnen, und es erinnert sich, wie wir uns vor ihrem Beginn immer verhalten haben. Es ist also keine Kunst für jeden von uns, die Situationen immer wieder so zu lenken, dass das Ergebnis unseren Erwartungen entspricht.

Hier ist die direkte Verbindung von den Botenstoffen in unserem Gehirn zu dem Verhalten. Und hier ist auch eine biologische Erklärung dafür, warum wir immer wieder mit den Menschen, die wir um uns sammeln, die gleichen unbefriedigenden Situationen erleben, nein: selbst herbeiführen. So

wie dieser Mechanismus für jeden Einzelnen gelten kann, ist er natürlich auch in jeder Gruppe zu finden, vom Anglerverein bis zur amerikanischen Regierung.

Stellen wir uns noch einmal ein Beispiel für solch eine Verhaltenskette vor:

Schritt 1: Es gibt einen Impuls, der uns erreicht. Das kann ein Wort oder eine Handlung von einem Freund, Kollegen, Partner oder Familienmitglied sein. Es kann aber auch ein Bedürfnis aus unserem Inneren sein, etwas, für das wir andere Menschen brauchen. Auch ein Reiz aus einem Massenmedium, der uns erreicht, kann jede beliebige Verhaltenskette in Gang setzen. Es haben sich etliche Studien seit den Siebziger-Jahren mit der Erzeugung bedrohlicher Weltbilder befasst. Ein Ergebnis ist, dass zum Beispiel hohe Gewaltanteile im Fernsehen dem Zuschauer auch die nähere Umwelt bedrohlicher erscheinen lassen, als sie tatsächlich ist, also unsere alltägliche Glücksbereitschaft vermindern können.

Schritt 2: Der biologische Begleitvorgang dieses Impulses ist eine Sensibilisierung, d. h. im oben genannten Beispiel eine schnellere Reaktion mit Angst und Unzufriedenheit. Das ist auch deshalb logisch, weil man natürlich lernen muss, auf Gefahren immer besser vorbereitet zu sein, also immer früher zu reagieren.

Schritt 3: Das häufigere Auftreten der Furcht führt zur Einprägung der Begleitumstände. Ein bestimmter Geruch, ein bestimmter Stimmklang eines Angehörigen, die im Vorfeld erlebter Gefahr auftraten, lösen nun für sich alleine die Sorgen aus. Eine bestimmte Bewegung an der Börse, die im Vorfeld eines Aktiencrashs auftrat, löst nun allein die Sorgen vor einem Absturz aus und provoziert ihn damit. Solche Begleit-Erinnerungen haben zwar mit dem eigentlichen Gefühl gar nichts zu tun. Aber dadurch, dass sie gleichzeitig mit ihm

auftreten, prägt sich unser Gedächtnis diesen Zusammenhang ein und erzeugt seinen eigenen Aberglauben. Diese Vorgänge können als »bedingte Reflexe« dann für sich genommen wieder Sorgen auslösen und die Glücksbereitschaft senken.

Schritt 4: Diese Sensibilisierung bewirkt auch biologische Vorgänge; sie aktiviert körpereigene Drogen, wie diejenigen, die inzwischen allgemein unter dem Namen Endorphine bekannt sind. Diese körpereigenen Drogen neigen zur Selbstverstärkung. Das ist mit körpereigenen Drogen nicht anders als mit allen anderen Suchtmitteln: Wenn man (in diesem Fall unser Körpergedächtnis) erst einmal weiß, wie man sie sich besorgen kann, holt man immer mehr davon. Das Gefühl, das uns dann dazu drängt, die Dosis immer weiter zu erhöhen, nennen wir Suchtdruck. Vielleicht wäre der Begriff Sucht-Sog angemessener, denn man erlebt dieses Gefühl eher wie einen Sog, durch den bestimmte Gefühle oder Substanzen in unser Inneres gezogen werden. Im Fall der körpereigenen Drogen hat es unser Innenleben natürlich leicht. Es sitzt sozusagen an der Quelle. Die Verführung ist groß, einem Sog der Sucht nachzugeben, wenn man Eigentümer der Drogenfabrik ist.

So stellen wir ohne jede innere Drogenpolizei automatisch die Substanzen her, mit denen der Körper die Schalter im Gehirn schärft, sodass sie empfindlicher werden. Das müssen – beim Thema Unglück – körpereigene Drogen sein, die Unglücksgefühle leichter auslösen und die Chance auf Glücksgefühle dadurch immer weiter senken. Man könnte sie auch natürliche Verstärker nennen. Für die Verarbeitung dieser natürlichen Verstärker ist, wie wir wissen, das Belohnungszentrum im Gehirn zuständig.

Um seine Stimulation zu erlangen, vernachlässigen Tiere Essen und Trinken bis zur Erschöpfung oder nehmen bereit-

willig Schmerzen in Kauf, was die machtvollen Verstärkerqualitäten des Belohnungszentrums belegt. Hier spielen Überträgersubstanzen wie das Dopamin eine Rolle. So reagiert das sogenannte Dopaminsystem speziell auf Erregung. Erregung erzeugt Hirnaktivität, die wiederum vermehrt das Dopamin, das wiederum die Bereitschaft zu Erregung erhöht. Was jedoch bei einer Droge wie Heroin zur Zerstörung des sozialen Lebens führen kann, ist gleichzeitig unsere Garantie auf Glück, wenn wir das entsprechende Know-how haben. Denn die negativen Folgen machen eins ganz klar: Das System funktioniert. Gerade das Dopamin, das oft als Überträgerstoff des Glücksgefühls bezeichnet wird, können wir dann durch unsere Erinnerung und das wiederholte Fühlen von Glück dazu bringen, dass der Körper es häufiger und leichter produziert. Hier hilft uns das Gehirn beim Üben, weil es immer sensibler reagiert und die Schwelle senkt.

Machen wir uns deshalb die notwendigen Techniken zu eigen, mit denen wir das Dopamin leichter zum Fließen bringen können. Wir sitzen an der Quelle, und anders als bei Heroin und anderen Drogen können wir dadurch, dass wir unser Gehirn kennen, jetzt so richtig ein beglückendes soziales Leben aufbauen. Ziehen wir daraus die richtigen Schlüsse: Es gibt im Gehirn viele Substanzen, die zu einer selbstverstärkenden Spirale von Erregung und Sorgen zusammenwirken können und dadurch das Erleben von Glück ausschließen. Die Folgen dieser Konstruktion erfahren wir täglich am eigenen Leib, und was das Unangenehmste daran ist: Sorgen und Angst sind die ansteckendsten Krankheiten unserer Zeit. Sie können das Leben eines einzelnen Menschen zur Hölle machen. Doch nicht nur das: Sie können ganze Völker wirtschaftlich ruinieren und das Klima des Zusammenlebens vergiften. Wie drehen wir jetzt den Spieß

um und nutzen unsere körpereigenen Botenstoffe für's Beziehungsglück?
Wenn Sie wie vorgeschlagen ihr eigenes Verhalten überall da, wo sie mit mehreren Menschen zu tun haben, betrachten, kann es sein, dass Sie zu dem Ergebnis kommen: Ich komme meist unzufrieden aus den Begegnungen wieder hinaus. In unserer Sprache heißt das, dass Sie feststellen: Ich nutze eigentlich mehr Kontakte, um ein gewohntes Gefühl von Unzufriedenheit und Unglücklichkeit wieder zu erleben, als zu meinem Glück.
Nehmen Sie sich jetzt nicht vor, einfach alles anders zu machen. Folgen Sie den Botschaften der Hirnforschung und beginnen Sie an einem Zugang, also einem Punkt, der in Ihnen schon existiert. Sie sind Ihr innerer Detektiv: Es beginnt die Suche nach Kernen des Glücks, nach Erinnerungen und Accessoires aus Situationen, in denen Sie Ihren Kontakt zu anderen Menschen genossen haben. Welche Menschen gibt es, mit denen Sie ausgesprochen gern zusammen sind? Wie sehen die Situationen aus, in denen Sie das Miteinander am schönsten finden? Welche Bestandteile solcher Situationen können Sie als Keim des Glücks daraus lösen und in eine andere Situation übertragen?
Bei diesem Thema fällt mir immer wieder ein ganz bestimmtes Bild ein: Als Kind half ich, um ein bisschen Geld zu verdienen, in den Sommerferien auf einem Bauernhof. Unsere Arbeit bestand im Okulieren, dem Veredeln von Rosen auf den Feldern der Familie. Man nahm dazu einen bestimmten Abschnitt von einer Edelrose und setzte ihn mit einem Schnitt unter die Rinde eines weniger schönen Gewächses, das in der nächsten Saison wunderschöne Blüten bekam.
Es war hart, in der sengenden Sonne mit schmerzendem Rücken acht Stunden täglich auf dem Feld zu arbeiten. Doch

wenn wir ein Jahr später vor den blühenden Feldern voll leuchtender, duftender Rosen standen, war es Glück. Nichts anderes betreiben Sie, wenn Sie aus einer zufriedenen oder glücklichen Situation Gedächtnis-Bausteine in Ihren Alltag transplantieren. Sie verpflanzen einen Keim aus Glück in ihre Gegenwart und ernähren ihn so weiter, dass daraus eine kräftige Pflanze wird. Das ist in den Lebensbereichen besonders notwendig, in denen unser Alltagsleben den Druck erhöht und damit die Glücksbereitschaft immer weiter gesenkt hat.

Selbstverständlich werden Sie auf die gleiche Weise auch von anderen Menschen genutzt, die ihrerseits Darsteller brauchen, um gewohnte Gefühle zu wiederholen. Sehr häufig werden Sie zum Beispiel mit Ängsten angesteckt, die aus einem anderen Leben stammen. Wenn Sie merken, dass Sie mit einer Sorge angesteckt werden, die nicht zu Ihrem Leben, sondern zu einem anderen Menschen gehört, hilft allein diese Entdeckung schon sehr viel weiter. Es ist ein wohltuendes Erlebnis, wenn Sie bei einer Angst, die Sie schon immer begleitet hat, plötzlich entdecken: »Da stammt sie her! Der, von dem ich sie gelernt habe, musste sie für sich entwickeln. Aber die Gefahren, in denen er gelebt hat, gibt es für mich kaum. Es steckt mich also jemand mit seinen Sorgen an, obwohl mich gar nichts bedroht!«

Überall begegnen Ihnen solche Situationen: Stellen Sie sich vor, Ihre Mutter ist durch einen ärztlichen Kunstfehler in Lebensgefahr geraten und warnt Sie jetzt, zum Arzt zu gehen. Sollten Sie diesem Rat folgen? Unsere Beziehungen sind – oft aus den besten Absichten – angefüllt mit den Versuchen, eigene Sorgen auf andere Menschen zu übertragen. Das ist sehr wichtig, wenn man seine Kinder vor den Gefahren des Lebens warnen will, die ihnen garantiert begegnen werden. Es kann aber ein großes Hindernis sein, wenn eine ganz spe-

zielle Sorge dahinter steht, die auf einem seltenen Erlebnis beruht. Wenn Sie nicht zum Arzt gehen, weil Ihre Mutter etwas Schlimmes erlebt hat, schadet sie Ihnen mit einer Furcht, die nicht aus Ihrem Leben stammt. Das Gleiche tun Eltern, die Sie warnen, von einem hohen Balkon nach unten zu sehen, obwohl Sie schwindelfrei sind.

In vielen Familien gibt es auch Geschichten wie diese: Angenommen, Ihr Vater warnt Sie vor dem Fliegen. Er sucht alle Artikel über Flugzeugabstürze heraus, erzählt Ihnen von jedem Entführungsdrama und bringe Ihnen beiläufig mal ein Video mit Amateuraufnahmen von Flugzeugcrashs mit, die Sie sich »ja mal ansehen« können. Gleichzeitig schwärmt er davon, wie sicher das Leben in seinem Ferienhaus an der Ostsee ist, und rechnet Ihnen die Preisersparnis vor, die Ihnen ein Urlaub in seinem Häuschen eintragen würde. Irgendwann spüren Sie dann wirklich etwas Beklemmung beim Gedanken an Ihren nächsten Urlaubsflug, und er erreicht sein Ziel: Sie beschließen, die Ferien bei Ihren Eltern an der Ostsee zu verbringen. Vielleicht fällt es Ihnen erst wie Schuppen von den Augen, wenn Sie ein halbes Jahr später erfahren, dass Ihre Eltern zu einem günstigen Kurzurlaub nach New York aufgebrochen sind. Vielleicht wird Ihnen aber auch schon früher deutlich: Ihr Vater versucht einen Sorgenhandel. Er will Ihnen Sorgen machen, damit Sie die Zeit mit den Eltern in deren Häuschen verbringen. Er versucht, Ihnen Sorgen einzuflößen, die Sie in Ihrem bisherigen Leben nicht entwickeln mussten.

Dieser Sorgenhandel ist besonders in Zweierbeziehungen und bei der Kindererziehung verbreitet. Der berühmte »schwarze Mann«, der in Afrika übrigens weiß ist, ist heute vielleicht etwas aus der Mode gekommen. Doch heute wie damals werden Kindern Sorgen gemacht, an denen Sie das ganze Leben zu tragen haben. Der Grund: Es ist so einfach,

Menschen mit Sorgen zu manipulieren. Vielleicht schrecken auch Sie noch vor Dingen zurück, vor denen Ihnen Angst gemacht wurde, weil das Zusammenleben dann einfacher war. Falls dabei Verhaltensweisen sind, die Ihnen heute nützen könnten, lässt sich nur empfehlen: Machen Sie sich klar, wer ein Interesse an Ihren Sorgen hatte, und beginnen Sie Schritt für Schritt, umzulernen. Je nach dem Gewinn, den der Sorgenabbau für Sie bringen kann, könnte auch ein Profi-Verhaltenstrainer durchaus zu einem Profit-Verhaltstrainer für Sie werden.
Nehmen Sie sich deshalb die Zeit, sich zu überlegen, wovor Sie Sorgen haben, und probieren Sie es mit der Frage: Stammt die eine oder andere Hemmung vielleicht aus einem ungewöhnlichen Erlebnis einer Bezugsperson? Hat mir jemand eine Sorge übertragen, die nicht zu meinem Leben gehören kann? Auch hier kann es heilsam sein, wenn Sie die Empörung fühlen, die dieser Sorgenhandel auslösen kann.

Bringen Sie Ängste zurück an den Absender

Für alle Stress-Arten die Sie nach diesem Muster durch Identifikation eingesammelt haben, gilt eines: Es sind nicht Ihre Sorgen. Sie sollten versuchen, sie loszuwerden. Die ersten Schritte dazu sind einfacher, als Sie vielleicht jemals gedacht haben. Sorgen können sich nämlich so einfach lösen, wie sich eine chemische Verbindung auflöst, wenn ein neues Element hinzutritt. Dieses neue Element, das wir nutzen, sind gezielt eingesetzte Gedanken. Ihr Ziel ist, die Selbstverständlichkeit der Verbindung zu lösen, mit der wir uns bestimmte Sorgen immer zu eigenen gemacht haben, obwohl sie gar nicht aus unserem eigenen Leben kamen.
Nun beginnt die Suche: Woher stammen die Sorgen; wem gehörten sie ursprünglich, bevor wir sie auf uns übertragen

und dann als unsere angesehen haben? Es sind diese zwei Fragen, die uns schnell klarmachen können, wo so manche Sorge ihren Ursprung hat. Befragen Sie deshalb Ihre eigene Erinnerung. Wenn Sie können, befragen Sie auch ganz offen Eltern oder Geschwister: »Sag mal, hast du das auch, dass ...?« Unendlich viele Menschen haben nach gezielten Fragen im Familienkreis festgestellt, dass es die gleichen Gedanken und Verhaltensweisen unter ihren Vorfahren gab.

Lieben Sie nicht aussichtslos

Es gibt ein typisches Wiederholungsmuster der Liebesepisoden in Cowboyfilmen. »Sie« trifft »ihn«, verliebt sich unsterblich in ihn und versucht ihn für sich zu gewinnen. Doch er kann seine Liebe nicht zeigen. Er rennt weg, wenn er Gefühle zu spüren droht. Sie gibt nicht auf. Nachdem er sie zum dritten Mal wortlos abgewiesen hat, gesteht er ihr schließlich: »Ich bin schon einmal enttäuscht worden. Wenn es noch mal geschehen würde, könnte ich es nicht ertragen. Deshalb habe ich mir geschworen, mich nie zu verlieben.« Dann dreht er sich um und reitet zum Beispiel in die untergehende Sonne. Hier endet häufig der Western. Hätte »sie« Kenntnis von den Gesetzen der Amygdala, würde sie nun vielleicht sagen: »Du wirst es immer wieder erreichen, enttäuscht zu werden, komm wieder, wenn du deine eigene Aktivität in diesem Spiel sehen kannst und die inneren Grundlagen für eine glückliche Beziehung schaffen willst.« Dann würde sie ihn zwar schweren Herzens, aber mit klarem Verstand davon reiten lassen. Im Film wäre das schlecht, weil er dann nach zehn Minuten zu Ende wäre. Doch solche Situationen gibt es nicht nur im Film.
Im wirklichen Leben kann es natürlich auch umgekehrt sein, und nicht er, sondern sie möchte sich vor ihren Gefühlen

schützen. Doch die Episode endet meist nicht damit, dass sie oder er in den Sonnenuntergang reitet. Viel häufiger rennt einer dem anderen hinterher und schafft es, eine Art von Beziehung aufzubauen, die dem Objekt der Begierde kleinste emotionale Regungen abringt. Bis der Gebende dann merkt, dass er nichts zurück bekommt, vergehen viele leidvolle Stunden, denn der nehmende Partner wird immer mehr haben wollen, ohne dadurch glücklicher zu werden. Er wird weiter daran arbeiten, die Botenstoffe in seinem Hirn zu produzieren, die seine gewohnten Gefühle erzeugen. Irgendwann wird der missionarische Partner daran zerbrechen und krank werden. Es besteht nur dann eine Chance, wenn ihm jemand hilft, vorher aufzugeben, und zwar aus der resignierten Einsicht: »Gegen das Bedürfnis, ständig neue Gründe für das Misstrauen, die schlechte Laune oder den Alkohol zu suchen und zu finden, kommt keiner an. Meine Liebe ist aussichtslos.« Nachdem Sie etwas über Gedächtnisspuren wissen, sollten Sie gegen aussichtslose Liebe gefeit sein. Zumindest würde ich Ihnen raten, möglichst früh ehrlich mit sich zu sein und sich zu entscheiden, ob Sie auch ohne die Erfüllung Ihrer Sehnsucht leben wollen.

Vertrauen Sie mal

Das Thema »Vertrauen führt zu Unglück« ist in unendlich vielen Beziehungen aktuell. Und wir organisieren unser Leben so, dass die Angst, sich fallen zu lassen, immer größer wird. Dieser steigende Stress in unseren Beziehungen ist aber nur scheinbar ein privates Problem der Partner. Wer genauer hinsieht, erkennt auch hier die Ansteckung, die über unseren Lebensstil in unser Innenleben eindringt. Klar, dass der Lebensstil wesentlich von Bedingungen geprägt wird, die wir selbst nicht gestalten können, und von Vorbildern gelenkt

wird, die in den Medien erscheinen. Beides führt dazu, dass ihre Trends in unser Lebens greifen und unsere Ziele und Erfolgsbeweise definieren. Irgendwann können wir uns kaum noch dagegen wehren. Das gilt auch für unsere modernen Partnerschaften, die jedem den

- attraktivsten,
- beruflich und finanziell erfolgreichsten,
- sexuell total kompetenten und
- körperlich fittesten

Partner oder Partnerin bringen sollen, genau so, wie es in den großen Serien, bei Promis und in Hochglanz-Illustrierten ja offenbar möglich ist. Dies sind Werte, die immer wichtiger werden, und sie bedeuten Leistung und Konkurrenz bis in unseren innersten Kern. Vertrauen bringt keine Sicherheit mehr, denn Verlässlichkeit und besonders Fürsorglichkeit sind mit Power und Durchsetzungsfähigkeit schwer zu vereinen und werden eher als behindernde Eigenschaften angesehen.

Sicherheit schafft immer mehr allein der Marktwert. So lange wir also in allen oben genannten Kategorien top sind, werden wir auch sozial angesehene PartnerInnen bekommen und behalten. Wenn wir nachlassen, müssen wir uns Sorgen machen, dass unsere Anstrengungen nicht reichen und wir verlassen werden. Dadurch steigt von Jahr zu Jahr in immer mehr Partnerschaften die Furcht vor

- nicht ausreichender Attraktivität,
- Mangel an Erfolgs- und Statussymbolen,
- sexueller Leistungsabnahme oder
- überhaupt jedem Anzeichen von Schwäche.

Diese Entwicklung beruht auf der Ansteckung mit der in unserem Leben inzwischen allgegenwärtigen Befürchtung, das eigene Ansehen und irgendwann die Würde zu verlieren, wenn man in punkto Leistung nicht mithalten kann. Sie führt

dazu, dass im Alltag die Botenstoffe von Stress und Angst in unserem Körper immer häufiger unsere Chance auf Glücksgefühle blockieren. Dabei denkt niemand mehr darüber nach, wie absurd die Leistungen sind, die beruflichen Erfolg, also Sozialprestige und Geld bringen und dadurch den »Marktwert« erhöhen. Es gibt Leute, die damit Geld verdienen und bekannt werden, dass sie im Fernsehen Maden essen, die diesen schrecklichen Tod wirklich nicht verdient haben. Menschen, die sich chirurgisch zu skurrilen Gebilden formen lassen, steigen in ihren Chancen auf soziales Prestige und Medien-Präsenz. Die Glücksbereitschaft und die Glücksfähigkeit hat jedoch vollkommen andere Voraussetzungen. Ein gutes Beispiel dafür sind die ehemaligen Marktwert-Ikonen Dieter Bohlen und Verona Feldbusch. Bei der Heirat der beiden verkündete bekanntermaßen die Mutter des Bräutigams die Wahrheit, dass er von seiner neuen Frau schwerlich erwarten könne, dass sie sich um ihn kümmere, sollte er krank werden.

Es ist daher eher unklar, wie weit absurde berufliche Tätigkeit oder ein ungewöhnlicher Körper die Menschheit weiter bringt. Es spielt auch keine Rolle, ob man mit seiner Aktivität der Menschheit oder der Natur nützt oder schadet. Wichtig für den Marktwert ist allein, dass man in den häufig sinnentleerten Spielen und Ergebnissen unserer Arbeitswelt Geld und Aufmerksamkeit ergattert und die gängigen Raster körperlicher Attraktivität übertrifft.

Das alles führt zu entscheidenden Folgen für unsere Gehirnaktivität und die Glücksbereitschaft: Der öffentliche Druck und die täglichen Sorgen, die zu Grundlagen unserer »Leistungsgesellschaft« voller unsinniger Leistungen geworden sind, dringt ungehindert ins Private. Konkurrenz und Leistungsdruck herrscht jetzt auch in intimen Lebensbereichen, in denen man vertrauen, sich fallen lassen, schwach sein und

bei Bedarf auch beschützt werden muss, um seelisch gesund zu bleiben. Folgerichtig

- lassen sich immer mehr normal aussehende Leute von gierigen Doktoren Körperteile aufpolstern, abhobeln, aufspritzen oder absaugen, um die Sorge zu bannen, dass jemand attraktiver ist und man selbst aus einem der Rennen des Liebeslebens geworfen wird, welche das »merkwürdige Verhalten moderner Menschen zur Paarungszeit« auszeichnen;
- taumeln immer mehr eigentlich gesunde Zeitgenossen schwitzend, leichenblass und keine Peinlichkeit fürchtend um Seen oder Parks, gehetzt von der Furcht, schwach oder krank zu werden und auf die Hilfe anderer so genannter Leistungsträger angewiesen zu sein;
- probieren ehemals ganz normale Menschen aus den neuesten Ratgebern die lebensgefährlichsten Sexpraktiken, damit ihre völlig erschöpften Partner oder Partnerinnen keine Lust mehr auf andere bekommen können, denn die Konkurrenz ist allgegenwärtig;
- antworten auch die, die sich mies fühlen, auf die Frage: »Wie geht's?« mit schmerzverzerrtem Lächeln: »Ich könnte Bäume ausreißen«, damit die Lebensabschnitts-Partner keine Fluchtimpulse bekommen, weil sie mit einer Versagerin oder einem »Loser« gesehen werden könnten.

Die Floskel mit dem Bäumeausreißen habe ich mir zwar auch angewöhnt. Ehrlicherweise frage ich jedoch anschließend gleich nach: »Wo ist der nächste Bonsai?«

Das alles bedeutet: Das Belohnungszentrum in unseren Gehirnen hat immer häufiger mit Situationen und ihren Botenstoffen zu tun, die Unzufriedenheits- und Stressgefühle einüben. Diese zunehmende Blockierung unseres Denkens und Fühlens lässt immer weniger Raum für die Stimulierung unserer Glückszentren durch Sicherheit und bedingungslo-

ses Angenommen-Sein. Es wird durch die selbstverstärkenden Fähigkeiten der Amygdala eine Spirale in Gang gesetzt, die in den meisten von uns einen Trend erschafft, immer mehr von diesen Gefühlen herzustellen. Stress boomt.
Hinzu kommt, dass Liebe immer auf einem Boden wachsen muss, der bereits den erprobten Keim zum Unglücklichsein enthält, denn: Schon seit jeher ist vom Beginn einer Liebe an die Angst vor ihrem Verlust ein ständiger Begleiter. Sie ist sozusagen die Rückseite der Medaille: Die menschliche Natur ist auf Sicherheit programmiert. Das führt dazu, dass man sich einer neuen Liebe nicht rückhaltlos öffnet. »Ich will mich nicht zu sicher fühlen« denken wir, oder: »Erst abwarten, ob es auch hält, bevor ich dem anderen einen zu großen Platz in meinem Leben einräume.«
Wenn man mal überlegt, scheint das ja auch vernünftig zu sein. Wir kennen den anderen Menschen kaum und haben seine Zuverlässigkeit noch nicht getestet. Wenn wir zu früh unser Herz öffnen und finden uns dann einem ausgemachten Ekel voller niedriger Motive ausgeliefert, wer rettet uns? Andererseits ist genau diese vorbeugende Sorge auf beiden Seiten das Gift, das Beziehungen ausgesprochen kurzlebig macht.
Es ist diese Sorge, die uns davon abhält, unsere Liebe wirklich zu zeigen, und sie wendet die Gefahr, verlassen zu werden, nicht ab. Sie kann diese Gefahr nicht entschärfen; dafür wird sie sie aber deutlich vergrößern. Je reservierter und weniger liebevoll uns das Misstrauen macht, umso größer ist die Wahrscheinlichkeit, dass die Beziehung wirklich scheitern wird. Auch hier leiden wir unter dem Suchtcharakter von Sorgen. Einmal gelernt, holt unser Gefühlsgedächtnis sie immer dann wieder hervor, wenn die Situation Ähnlichkeiten mit früher zeigt.
Nun besteht natürlich ein gewisser Charme darin, dass wir

selbst für die Ähnlichkeiten der Situationen sorgen. Doch selbst wenn wir das mal nicht tun, genügt nach unserer Kenntnis der Amygdala schon ein an sich unwichtiger Erinnerungsrest. Ein Geräusch, ein Geruch, ein Satz, der uns bekannt vorkommt, kann den gesamten Inhalt der biologischen Tupperdose, in der das Gehirn unsere Sorgen eingelagert hat, komplett in die aktuelle Situation kippen.
Das britische Magazin »New Scientist«[9] hat uns kürzlich neue Studien präsentiert, nach denen wiederkehrende Sinnesreize und Situationen erneut die früher damit verbundene Gefühlslage auslösen. Es ist also sehr leicht für unser emotionales Gedächtnis, eine bedeutungslose Kleinigkeit in unserer aktuellen Situation zu finden, die wieder ein altes Misstrauen auslösen oder verstärken kann. Hinzu kommt, wie das gleiche Wissenschaftsmagazin berichtet, dass die Gefühlslage bestimmen kann, an welche Inhalte wir uns erinnern. Wenn alles zusammenpasst, kann es uns passieren, dass wir zuerst einen alten Gefühlsrest empfinden und dann die gleichen Worte wieder gebrauchsfähig auf der Zunge liegen haben, mit denen wir schon unsere früheren Beziehungen ruiniert haben.
So wundern wir uns vielleicht, dass wir zufällig immer an Weihnachten mit dem Menschen in Streit geraten, der gerade zu fassen ist, selbst wenn er oder sie gar nichts mit unserer Vergangenheit zu tun hat. Es kann der Urlaub sein, es kann das Autofahren sein, es kann fast jede Situation sein, die sich im Leben häufiger wiederholt: Plötzlich entdecken wir die schlechten Eigenschaften unserer neuen Liebe, die uns irgendwie an vergangenen Stress erinnern, und benehmen uns so, wie es die oder der andere beim besten Willen nicht verstehen kann.
In jeder Beziehung, die neu beginnt, leben wir deshalb mit der Wahrscheinlichkeit, dass sich auch altbekannte negative

Gefühle wieder ihre Bühne schaffen und sich zum Beispiel alte Befürchtungen einstellen, selbst wenn sie auf den neuen Menschen an unserer Seite überhaupt nicht mehr zutreffen. Doch damit nicht genug. Die Sorgenverstärker unserer Zeit, die schnellere Ablösbarkeit von Beziehungen und der gesteigerte Beziehungs-Leistungsdruck bringen nun mit sich, dass wir immer weniger Vertrauen bilden und uns darauf ausruhen können.

Stattdessen steigen unsere Sorgen, denn ein Absinken des »Marktwertes« kann immer schneller das Ende einer Beziehung bedeuten. Jemand, der dann als Verlierer übrig bleibt, hat damit gleich zwei Probleme: Seinen gesunkenen Marktwert und den Verlust einer Beziehung, die er oder sie gerne erhalten hätte. Wie finden wir nun ein Gegenmittel gegen die schneller schwankende seelische Abhängigkeit, in die uns diese schöne neue Welt gestürzt hat?

Wie können wir unter dem steigenden Druck modernen Lebens, der unsere Glücksbereitschaft immer weiter senken kann, Glück machen? Auch hier gilt wieder die einzige Devise, die wirklich funktioniert: Warte nicht auf etwas, was nicht kommt. Mach' es selbst. Stelle dein Glück selbst her. Warte nicht auf den Traumprinzen oder die ideale Geliebte, die dir etwas schenken möchten, das nur du fühlst, nämlich dein Glück. Er oder sie wird dich vielleicht wirklich lieben, aber das natürliche Interesse haben, selbst glücklich gemacht zu werden, erst recht, wenn er dieses Buch gelesen hat. Nutze die Möglichkeiten deines Belohnungssystems. Niemand außer dir hat ein gleich hohes Interesse an deinem Glück wie du. Für jeden Partner werden aber nur die Momente deines Glücks von Bedeutung sein, die ihm oder ihr helfen, selbst glücklich zu werden. Und außerdem: Niemand sitzt so nah an deinem Belohnungssystem, man könnte auch sagen an der Quelle deines eigenen Glücks wie du.

Wir brauchen also das Werkzeug, um selbst das Fundament für unser Glück zu bauen. Und, wie es der Zufall so will: Wir tragen alles, was wir dafür brauchen, bereits die ganze Zeit in uns herum, ohne etwas daraus zu machen.

So ziehen Sie sofort praktischen Nutzen aus diesem Kapitel

- Bewerten Sie positiv, dass jeder andere Mensch sein eigenes Leben erhalten und seine eigenen Interessen verfolgen muss. Verlangen Sie deshalb von niemandem, selbstverleugnend für Sie da zu sein!
- Falls Sie das Gefühl haben, ein anderer Mensch ist selbstlos für Sie da, fragen Sie regelmäßig, was Sie für diesen Menschen und seine Interessen tun können, und überraschen ihn oder sie mit eigenen Geschenken.
- Entscheiden Sie sich frei, ob Sie das Rennen um den Marktwert mitmachen möchten oder nicht. Wenn ja, arbeiten Sie entsprechend zielgerichtet an Ihrem Aussehen, Auftreten und den entsprechenden Statussymbolen. Wenn nein, machen Sie genussvoll, was Sie am ehrlichsten und bequemsten finden. Beides ist okay, nur: Machen Sie nicht beides gleichzeitig halbherzig.

12. KAPITEL

Gedächtnisspuren prägen Beziehungen

In diesem Kapitel geht es darum, wie Sie

- die Spuren Ihres Beziehungsgedächtnisses erkennen können
- und wie Sie mit diesem Wissen neue Entscheidungen treffen

... Es war das Knurren seines Magens, das Costas aufweckte. Er blinzelte in das helle Licht, das den Raum füllte. Sein Blick glitt durch das Zimmer, über die glänzend polierten Art-Deco-Möbel, die er so gerne ansah, zu den schweren grünen Vorhängen, die nicht ganz geschlossen waren. Er liebte diesen Raum, in dem es immer leicht nach Orangen-Tee roch, und er war stolz auf das Vertrauen, das ihm sein Onkel entgegenbrachte. Niemals hätte er ihn enttäuschen wollen, den einzigen Menschen, der ihn wirklich ernst nahm. Er hatte oft überlegt, was es war, aber jedes Mal, wenn er sich mit ihm getroffen hatte, ging er wieder mit dem Gefühl, wertvoll und irgendwie glänzend zu sein. »Ich vertraue dir. Du bist wie ich!« Er fühlte jetzt noch, wie die Wärme in ihm aufgestiegen war in dem Moment, als sein Onkel diesen Satz zu ihm gesagt hatte, während er ihm den Wohnungsschlüssel gab. Er hatte sich mit aller Kraft bemüht, nichts zu zeigen, aber sein Onkel hatte ihn nur wortlos an sich gezogen. Seine Augen fingen an zu schmerzen. Er stand auf ...

Wer passt zu meinem Gehirn?

Wie heißt der schöne alte Spruch? »Gleich und gleich gesellt sich gern.« Er stimmt, aber nicht in dem Sinn, dass Sie sich nur mit Leuten umgeben, die Ihnen gleichen. Sie umgeben sich mit Leuten, die denen gleichen, an die Sie sich in Ihrem Psychotop gewöhnt haben. Es kann auch sein, dass Sie genau vor denen fliehen und versuchen, das Gegenteil zu finden. Doch die Erfahrung zeigt, dass es mit den Gegensätzen, die sich anziehen, anstrengender wird als mit Menschen, bei denen man schon vorher instinktiv weiß, wie sie sich verhalten werden. Diese Variante ist deshalb etwas für Menschen, die viel Abwechslung suchen und dafür auch Anstrengung nicht scheuen. Viele Forscher haben darüber

geschrieben, wieso man sich eher mit Menschen umgibt, an denen einem irgendetwas bekannt vorkommt. Das leuchtet ein, und viele von uns wissen aus persönlicher Erfahrung, dass es Menschen gibt, zu denen man leichter Kontakt findet, weil man ein Gefühl hat, als würde man sie schon ewig kennen.

Bedenken wir, dass zum Beispiel bei der Partnerwahl ja häufig auch das Ursprungs-Psychotop, also die Familien der Partner noch vorhanden sind. Der neue Mensch wird also neues Familienmitglied, und das bedeutet: Er oder sie muss tatsächlich in das Psychotop passen, aus dem man kommt.

Dies sind Kriterien, die im Hintergrund wirken, wenn wir unser Umfeld auswählen. Und ist das erst einmal geleistet, tritt die nächste Phase ein. Dafür gibt es auch einen dieser schönen Sprüche. Er heißt:

Was nicht passt, wird passend gemacht

Wenn wir uns Menschen auswählen, an denen uns irgendetwas bekannt vorkommt, dann heißt das natürlich auch: Es gibt all das andere, das uns nicht bekannt vorkommt. Es gibt also immer Bereiche, an die wir nicht gewöhnt sind und wo wir nicht wissen, wie wir miteinander umgehen sollen. Ich will das etwas schematischer darstellen: Als wir gelernt haben, einem anderen Menschen bestimmte Dinge zu sagen, haben wir auch die begleitenden Gefühle gelernt. Wenn ich jemandem sage: »Ich bring dich um, du Schuft«, fühle ich tödliche Entschlossenheit, wenn ich unter Gangstern aufgewachsen bin.

Genau so gibt es begleitende Gefühle zu bestimmten Inhalten, die wir hören. Sie wurden mit den Situationen gelernt, in denen uns bestimmte Sachen gesagt wurden. Wenn ich mitbekommen habe, wie meine Mutter »Ich bring dich

um, du Schuft« zu meinem Vater immer dann sagte, wenn sie ihm wieder nicht böse sein konnte, werde ich nicht sonderlich erschrecken, wenn ich diesen Spruch höre. Wenn nun ein Mann, der diesen Spruch von seiner Mutter kennt, auf eine Frau trifft, die unter Gangstern aufgewachsen ist, kann es leicht Missverständnisse geben, die zu einem raschen Ende der Beziehung führen können. Da aber die meisten Paare die Floskel »bis dass der Tod uns scheidet« nicht früher als nötig realisieren wollen, lohnt sich der Versuch, sich aufeinander einzustellen.

Vieles passt nicht, und angesichts dieses Gefühls möchte jeder natürlich erreichen, dass er sich gemütlich in einem sicheren Terrain bewegen kann. Dieses Sicherheitsgefühl ist daran gebunden, dass ihm möglichst viel Bekanntes begegnet. Man nutzt deshalb zwei Möglichkeiten:

1. Was man nicht kennt, verkennt man eben so, dass es zur eigenen Erfahrung passt. Wir nehmen nur die Teile wahr, die wir in bekannte Schubladen unserer Wahrnehmung stecken können, und reagieren darauf: natürlich falsch.
2. Was so deutlich anders ist, dass man es nicht verkennen kann, versucht man zu verändern. Man beginnt, auf den anderen Menschen mehr oder minder diskret einzuwirken, bis er sich so verhält, dass man sich damit sicher fühlen kann.

Im günstigen Fall ist das ein gegenseitiger Annäherungsprozess. Meist jedoch führt es zu Spannungen und Auseinandersetzungen.

Es gibt zwei gute Gründe zur Veränderung

Es gibt zwei sehr gute Gründe, unsere Gefühle in den persönlichsten, engsten Beziehungen mit Bypässen zu heilen: Erstens entstehen in uns selbst positive Gefühle, und zwar

in einem Lebensbereich, der unser Innerstes betrifft. Zweitens können wir die Menschen glücklicher machen, die mit uns zusammen leben.

Dies ist nicht nur eine gute Tat; es strahlt auch auf uns zurück und vergrößert wieder das eigene Glücksgefühl. Der Weg dazu ist wie immer ganz einfach, und er beginnt wie immer mit kleinen Schritten.

Fangen Sie gleich an, falls Sie dieses Buch zu Hause lesen und ein Mensch, der mit Ihnen wohnt, in die Tür kommt. Der erste Schritt heißt: Wenn Sie das nächste Mal einen Menschen treffen, der zu Ihrer Familie oder Ihrem engsten Kreis gehört, verkneifen Sie sich das, was Sie als erstes zu ihm sagen wollen. Stattdessen sagen Sie etwas, von dem Sie glauben, dass es die andere Person freuen wird. Das muss jetzt nicht so aussehen, dass Sie Ihren Kindern, wenn Sie sie das nächste Mal sehen, versprechen: »Ab sofort fahre ich Euch jeden Tag zur Schule!« Es muss auch nicht so aussehen, dass Sie Ihrer Partnerin oder Ihrem Partner sagen: »Ich habe übrigens beschlossen, dir dreitausend Euro zu schenken!« Es genügt, wenn Sie sagen: »Dein Pullover gefällt mir«, »Hab' ich mich schon bei dir dafür bedankt, dass du mir neulich bei X oder Y geholfen hast?« oder »Möchtest du auch einen Tee trinken?«

Diese Methode probieren Sie am besten immer wieder aus. Zwingen Sie sich nicht, immer darauf aufzupassen, dass Sie alles richtig machen. Und vor allem: Machen Sie sich keine Vorwürfe, wenn Sie immer wieder in Ihre Routine zurückfallen und jeden, der reinkommt, erstmal fragen: »Was willst du denn schon wieder?« Wenn Sie gerade daran denken, es anders zu machen, denken Sie eben daran, und dann werden sie merken, wie viel Spaß diese Aktion bereiten kann. Sie werden wahrscheinlich ganz von selbst dazu übergehen, immer mehr davon in Gang zu setzen.

Es kann gut sein, dass Sie am Anfang Kommentare hören wie »Was ist denn mit dir los?«, »Willst du etwas von mir?« oder »Ist alles in Ordnung?« Dann liegt es ganz bei Ihnen, was Sie tun. Entweder Sie lächeln still und machen weiter, oder Sie sagen: »Ich will unser Lebensgefühl neu einüben. Wenn du Lust hast, können wir zusammen versuchen, was dabei 'rauskommt.« Vielleicht heißt die Antwort: »Ich kann's ja mal probieren, was soll schon passieren!«
Mit dem ersten einfachen Schritt haben Sie schon viel erreicht. Viel mehr müssen Sie auch gar nicht tun. Die nächsten Schritte bestehen nur darin, den positiven Reiz, den Sie mit so einer einfachen kleinen Bemerkung setzen können, auf möglichst viele Situationen wirken zu lassen. Halten Sie – nicht nur, wenn jemand den Kopf in die Tür steckt – zwischendurch immer wieder einmal an und stoppen den ersten Impuls, etwas zu sagen oder zu tun.
Überlegen Sie kurz: Was könnte ich jetzt stattdessen sagen oder tun, über das sich der oder die andere freuen würde? Dann tun Sie es – eine Bemerkung ist eine Kleinigkeit und kostet nichts –, und je häufiger es Ihnen gelingt, desto schöner wird das Zusammenleben. Dabei schadet es überhaupt nicht, wenn Sie miteinander offen darüber sprechen, worum es geht. Wenn es in Ihrer Umgebung Personen gibt, die dabei mitmachen wollen, werden Sie plötzlich viel Spaß und Gelächter erleben, und sei es auch mit der unschädlichen Variante, dass Sie diese Methode erst einmal durch den Kakao ziehen.
Es geht auch noch intensiver. Sie können Tage miteinander verbringen und sich vornehmen, möglichst wenig von dem zu tun, was Ihr Alltagsleben ausmacht. Denken Sie daran: Alte Gefühle hängen an alten Tätigkeiten, Worten und Orten. Um neue Gefühle zu bahnen, sollten Sie an einem neuen Ort etwas anders machen als bisher. Sie sollten Ihren Um-

gang durch neue, positive Worte und Gefühle bereichern, um den Weihnachts-Effekt zu erreichen: Jedes wirklich positive Erlebnis kann ein altes, negatives Gefühl überschreiben, das bisher Begleiter dieser Situation war, und damit eine positive Zukunft anstoßen. Die Neugestaltung Ihrer privaten Beziehungen können Sie also in einfachen, kleinen Schritten beginnen und, wenn Sie mögen, langsam umfangreicher werden lassen.

Es gibt kaum etwas, das mehr Spaß bringt und glücklicher macht. Einige Beispiele stelle ich noch einmal zusammen:

- Wenn Sie jetzt jemanden sehen, sagen Sie nicht, was Ihnen als erstes einfällt. Überlegen Sie kurz, über welche Worte er oder sie sich freuen würde und sagen Sie das dann.
- Wenn Sie häufiger die ersten Bemerkungen stoppen, die Ihnen auf der Zunge liegen, fällt Ihnen vielleicht auf, dass Sie sich angewöhnt haben, andere gern mal zu verspotten oder abzuwerten. Allein das ist schon eine wichtige Entdeckung. Machen Sie sich keine Vorwürfe dafür. Vielleicht stammt sie aus einem alten Psychotop. Aber allein das Weglassen solcher Negativ-Reize im Umgang mit anderen Leuten kann schon sehr viel Glück bringen.
- Machen Sie so etwas immer öfter und gönnen Sie sich den Spaß, immer erfindungsreicher in Bemerkungen zu werden, über die sich andere wirklich freuen können.
- Sprechen Sie offen mit Ihrer Umgebung darüber, ob die anderen auch daran interessiert sind, den Alltag aufzuhellen. Machen Sie sich davon jedoch nicht abhängig. Sie haben auch so Ihren Spaß.
- Wenn Sie jedoch in Ihrem Umfeld jemanden haben, der ernsthaft und absichtsvoll daran geht, Ihre positiven Lebensgefühle zu vermiesen, sollten Sie versuchen, eine Trennung zu erreichen. Wer mit Ihnen zusammenlebt

oder zu Ihrem Freundeskreis gehört, sollte es schon gut mit Ihnen meinen.

- Suchen Sie sich neue Plätze, um etwas miteinander zu unternehmen, und neue Unternehmungen. Selbst wenn Sie es zu Hause gemütlich haben: Sie erleben sich und andere ganz anders, wenn Sie mal ein Wochenende in ein Hotel gehen und z. B. Wellness betreiben.

Es würde Jahre dauern, wollte ich jetzt die Möglichkeiten aufzählen, die Ihnen offen stehen, wenn Sie Ihre Partnerschaft, die Familie, den Freundeskreis mit positiven Gefühlen anreichern möchten. Doch wenn Sie erst einmal angefangen haben, machen die ersten Schritte Lust auf weitere, und Sie werden täglich entdecken, dass angenehme Gefühle – in diesem Fall zu unserem Glück – die gleiche Eigenschaft haben wie unangenehme: Einmal programmiert, verstärken sie sich selbst.

Lassen Sie dem Zufall mehr Raum

Das deutsche Sicherheitsbedürfnis ist sprichwörtlich. Deshalb klingt diese Aufforderung für viele von uns wie eine direkte Aufforderung zu heillosem Chaos. Sollen wir etwa nicht planen, wann wir aufstehen und zur Arbeit gehen, und es dem Zufall überlassen? Sollen wir uns keine Termine und Merkzettel machen und dann dem Chef, der eine halbe Stunde gewartet hat, sagen: »Entschuldigen Sie, aber ich wollte es dem Zufall überlassen, ob ich an unseren Termin denke oder nicht?« Wir müssten wohl mit einer Antwort rechnen wie: »Dann werde ich es ab jetzt dem Zufall überlassen, ob Sie Gehalt bekommen oder nicht.«
So viel Zufall sollten wir deshalb nur den ganz Mutigen unter uns überlassen. Etwas weniger können wir jedoch alle wagen. Die Glücksforschung hat erwiesen, dass die Men-

schen, die von sich behaupten, oft Glück zu haben, sich durch eine hervorstechende Eigenschaft auszeichnen: Sie nutzen Zufälle. Das bedeutet: Erstens gibt es also viele Zufälle in ihrem Leben und zweitens nutzen sie sie. Ich weiß, es gibt viele Leute, die sagen: »Es gibt keine Zufälle«, aber das Schöne ist ja gerade, dass es sie doch gibt. Wie kommen wir also an die Zufälle, die wir nutzen können? Ganz einfach. Wir öffnen die Augen dafür. Die Wirklichkeit sieht nämlich immer so aus, dass wir uns auf unserem kleinen Pfad der Planung in einem Meer von Zufällen befinden. Ich werde es Ihnen beweisen:

Wenn Sie das nächste Mal aus dem Haus gehen, um einzukaufen, dann versuchen Sie doch mal zu planen, wen Sie unterwegs treffen werden. Nehmen Sie sich vor: »Sobald ich das Haus verlasse und in die Einkaufsstraße einbiege, wird mir Frau Meier, Herr Gattermann und Frau Schulz begegnen. Sonst niemand.« Dann gehen Sie aus dem Haus und sehen, ob Ihr Plan aufgegangen ist. Sie biegen in die Einkaufsstraße ein, und plötzlich kommen Ihnen lauter Menschen entgegen, die Sie überhaupt nicht eingeplant hatten. So eine Unverschämtheit. Oder so ein Zufall? Machen Sie unverdrossen weiter. Planen Sie, wer neben Ihnen an der Kasse stehen wird. Schon wieder werden Sie frustriert feststellen, dass Ihr Plan nicht aufgeht. Zufällig werden ganz andere Leute an der Kasse stehen, als Sie geplant haben.

Nun gibt es zwei Möglichkeiten: Entweder Sie rufen Frau Meier, Herrn Gattermann und Frau Schulz an und beschimpfen sie, weil sie sich als so unzuverlässig erwiesen haben. »Sie hatten kein Recht, meinen Plan zu zerstören«, können Sie zum Beispiel wahrheitsgemäß sagen und gespannt auf die Antworten warten, die dann kommen könnten. Oder Sie machen es andersherum. Fragen Sie die beiden, die vor und hinter Ihnen an der Kasse stehen: »Was wollen

Sie denn hier? Ich hatte Sie überhaupt nicht eingeplant!« Damit, ob Sie es glauben oder nicht, sind Sie schon auf dem richtigen Weg. Sie tun nämlich das, was die oben genannten Glückspilze häufig tun. Sie nehmen Kontakt auf mit Menschen, die ihnen zufällig begegnet sind. Würden Sie die beiden Kassennachbarn nun fragen, würden Sie wahrscheinlich Antworten bekommen, über die Sie sich alle amüsieren könnten. Beim nächsten Zusammentreffen in dem Geschäft würden Sie sich bereits kennen.

Ich erinnere mich an einen Studentenjob im Auslandsfernamt, bei dem wir uns immer den gleichen Spaß erlaubten: Wir wählten eine Nummer, sagen wir mal, von Herrn Mustermann. Wenn wir uns dann, was ja im Leben häufig vorkommt, verwählt hatten, und am anderen Ende der Leitung war nicht Herr Mustermann, so fragten wir ganz harmlos: »Wieso nehmen Sie denn dann ab, wenn Sie nicht Herr Mustermann sind?« Fast immer war am anderen Ende zuerst ratloses Schweigen, und was dann kam, reichte immer für eine Anekdote im Freundeskreis.

Es lässt sich unschwer erkennen, dass Sie zufällig viel mehr Menschen begegnen, als Sie planen können. Die Zufälle bieten deshalb auch viel mehr Chancen als die – im Vergleich dazu – wenigen Begegnungen, die Sie sich vornehmen. Damit bieten die Zufälle natürlich auch mehr Chancen auf Glück. Deshalb ist es gar nicht erstaunlich, sondern ganz logisch, dass diejenigen Menschen sich als glücklicher einschätzen, die ihr Glück auch aus dem Potential der zufälligen Begegnungen fischen.

Machen Sie sich einmal klar, an wie vielen Menschen in Ihrem Leben Sie vorbeigerannt sind, die vielleicht eine Chance für die verschiedensten Dinge dargestellt hätten. Wenn Sie nur mit einem Bruchteil dieser Zeitgenossen ins Gespräch gekommen wären, was hätte sich daraus alles er-

geben können! Es lohnt sich deshalb sehr, ab und zu mal jemanden anzusprechen, der zufällig neben Ihnen steht oder sitzt oder dem Sie irgendwie zufällig über den Weg laufen. Genauso lohnt es sich, mit Ihren beruflichen Gesprächspartnern auch über Gott und die Welt zu reden, weil Sie zufällig die verrücktesten Interessen kennen lernen können, aus denen sich vielleicht ganz neue Gemeinsamkeiten ergeben.

Das riesige Potential des Zufalls anzuzapfen, ist immer eine lohnende Aktion. Ob Sie auf einer Reise einen nicht geplanten Umweg machen oder länger an einem Platz verweilen, als Sie eigentlich geplant hatten: Als Glückssucher sind Sie so etwas wie ein Goldsucher, und im großen Berg der Zufälle lassen sich immer Glücksmomente finden, die man niemals planen könnte. Sie sollten viellieicht nicht ganz so weit gehen, aber der Direktor eines Kunstmuseums in Neu Delhi sagte mir einmal:

»Ich habe immer nur im Park gesessen! Aber ich habe viele Leute angelächelt, die vorüber gegangen sind, und mit vielen gesprochen. Daraus hat sich alles in meinem Leben ergeben: Meine Frau, meine Freunde, und schließlich bin ich auch an meinen Job gekommen über viele Stationen, die mit einer Begegnung im Park begonnen haben.« Auch diese Haltung war mutig.

Es gibt noch eine dritte Tugend, für die der Satz gilt: »Weniger ist mehr.« Ich meine unsere typisch deutsche Konsequenz. Ich finde, dass auch diese Eigenschaft ganz zu Unrecht als Tugend angesehen wird, denn eigentlich heißt sie ja nur: Ich habe vor einigen Tagen, Wochen oder Jahren einen Plan gefasst, und nun führe ich diesen inzwischen veralteten Plan auch durch. Viele Leute halten sich für tugendsam, weil sie gerade im zwischenmenschlichen Bereich ihre Konsequenz hochhalten. Doch glauben Sie mir: Mit Konse-

quenz wurde schon unglaublich viel Glück zerstört. Das gilt auch im beruflichen Bereich, denn Konsequenz heißt: Ich höre irgendwann auf, darüber nachzudenken, ob ich auf dem richtigen Weg bin.

Stellen Sie sich vor, Sie sind geschäftlich auf der Autobahn unterwegs und kommen an eine Umleitung. Wenn Sie konsequent wären, müssten Sie aussteigen und dem Autobahnpolizisten, der in seinem blinkenden Auto sitzt, sagen: »Hören Sie mal, junger Mann, ich habe mir vorgenommen, diese Strecke zu fahren, und ich werde mein Vorhaben konsequent umsetzen. Es ist Teil meines Business-Plans.« Der Polizist wird Sie vielleicht ratlos ansehen, aber letztlich wird er Ihnen klarmachen, dass es besser für Sie ist, wenn Sie jetzt von Ihrem Plan abweichen.

Doch das gilt nicht nur für die Autobahn. Sie sollten sich dadurch auszeichnen, dass Sie immer dann die Richtung ändern können, wenn Sie etwas dazu gelernt haben. Das gilt für Ihre Liebsten, wenn sie einem Gesetz nicht entsprochen haben, das Sie Ihnen vielleicht aufgegeben haben, und für Ihr ganzes übriges Leben gilt es auch. Wenn Sie sich vorgenommen haben, Geld zu sparen, dann sparen Sie, aber nicht mit hundertprozentiger Konsequenz. Ab und zu mal die zusammengebissenen Zähne lockern, ist wichtig für Ihre Gesundheit, Ihr Glück und die ganze Volkswirtschaft. Wenn Sie sich im Beruf auf eine Schiene gesetzt haben, leisten Sie sich den Luxus, die Lage immer wieder neu zu beurteilen. Bevor Sie sich konsequent auf ein Abstellgleis manövrieren, können Sie vielleicht selbst Weichen stellen, die Sie immer neu am Puls der Zeit halten. Lassen Sie es mich so formulieren: Hundertprozentige Konsequenz und dauerndes Lernen schließen sich gegenseitig aus. Es ist besser, sich für dauerndes Lernen zu entscheiden, dies allerdings konsequent.

Nutzen Sie den kleinen Glücks-Werkzeugkasten

Fassen wir zusammen: Wenn wir uns die Werkzeuge bereit legen, mit denen wir Glück in unserer Partnerschaft bauen können, dann heißt der erste Schlüssel am Anfang jeder Beziehung erst einmal: Bestandsaufnahme der Gewohnheiten. Diese Bestandsaufnahme muss auch sein, wenn Sie mit einer Beziehung neu starten möchten, weil im Lauf der Zeit immer mehr Unzufriedenheit eingesickert ist. Nehmen Sie sich Zeit, um allein oder mit einem Menschen, der Sie schon möglichst lange kennt, Antworten auf die Fragen zu finden: Welche Gewohnheiten von mir haben in den vergangenen Beziehungen die Glücksbereitschaft gesenkt und das Glück abgebaut? Gibt es etwas, das sich schon häufiger wiederholt hat? Sie brauchen tatsächlich Zeit, um Antworten zu finden, und wenn Sie bei so einfachen Gewohnheiten beginnen wie: »Ich bin Nichtraucherin, und er war Raucher.« Machen Sie es sich nicht kompliziert und versuchen Sie nicht, so tief wie möglich zu schürfen. Stellen Sie sich einfache Fragen wie:

- Wie verbringe ich meine Freizeit?
- Worüber spreche ich gern?
- Wie rede ich über Gefühle?
- Wie reagiere ich auf Liebeserklärungen?
- Was mache ich, wenn es romantisch werden soll?
- Was mache ich beim Sex, um glücklich zu werden?
- Frage ich, was der oder die andere sich wünscht?
- Wie rede ich über das, was der andere tut und ist?
- Was macht mir Angst und verschließt mich?
- An welche Süchte habe ich mich gewöhnt?

Stellen Sie sich solche einfachen Fragen, und dann vergleichen Sie: Welche Gewohnheiten haben in den bisherigen Partnerschaften nicht zusammengepasst? Bleiben Sie dabei

unbedingt an der Wirklichkeit. Sie kommen viel weiter, wenn Sie herausfinden, was Sie wirklich im Alltag einer Beziehung tun, und nicht, was Sie gerne täten. Das entscheidet nämlich darüber, wie sich die Beziehung entwickelt und ob es bei Ihnen auch passiert: das tägliche Morden in unseren Küchen, Wohn- und Schlafzimmern.
Jeden Tag wird bei uns tausendfach ermordet, was eigentlich das Wertvollste und Wichtigste im Leben ist: das Glück. Es sind meist stumme Morde, denn Glück schreit nicht, wenn es verschwindet. Oft stirbt es auch langsam, in Raten. Erst stirbt es in den Augen, dann in den Worten, bald in Gesten, und irgendwann, meist im Schlafzimmer, erlischt es im ganzen Körper. Wann immer die Mörder sich später selbst entdecken oder zur Rede gestellt werden, sagen sie: »Es war ein Unfall. Ich habe es nicht absichtlich umgebracht.« Doch diese Aussage hat noch kein Glück der Welt wieder in eine Partnerschaft zurückgeholt. Dabei ist sie leider richtig. Niemand tut sich mit einem anderen Menschen zusammen, um das Glück der Liebe zu ermorden.
Doch die Mordwerkzeuge tragen immer beide Partner schon in der Tasche. Meist wissen sie es nicht, und meist wollen sie es auch nicht. Das liegt an einer Sicherheitslücke: Vor einer gemeinsamen Reise ins Glück werden keine Waffenkontrollen durchgeführt. Dabei könnte man die Mordwerkzeuge entdecken und ihren Einsatz erschweren, wenn man sie erkennen und gegenseitig sichtbar machen würde. Es sind stumpfe Waffen. Sie heißen Gewohnheiten.
Wenn Sie in Ihrer jetzigen Partnerschaft das Glück neu zur Welt bringen oder in der nächsten sein Leben sichern wollen, stellen Sie sich deshalb die ganz einfache Frage: Welche Gewohnheiten passen nicht zusammen? Fragen Sie sich nicht, woran ihre bisherigen Partnerschaften gescheitert sind. Fragen Sie sich, wann und wodurch das Glück aus der

Beziehung gewichen ist. Es geht uns um das Glück, nicht um eine glücklose Beziehung. Viele Partnerschaften scheitern erst nach Jahrzehnten, obwohl schon nach einem Jahr das Glück gestorben ist. Und das Glück stirbt leicht, wenn Sie unterschiedliche Gewohnheiten haben, z. B. in den Bereichen,

- worüber ich spreche und wie ich spreche,
- was mich anrührt und romantisch stimmt,
- was für mich zum Sex dazugehört,
- was mir Angst macht,
- wie viel Genauigkeit und Ordnung ich brauche,
- welche Freizeit- und Hobby-Gewohnheiten ich an mir kenne,
- wie stark ich mein Leben dem Job widme,
- ob und was ich rauche, trinke etc.

Unterschiede in diesen Bereichen sind das Gift, an dem das Glück in der Liebe sterben kann. Deshalb ist die Bestandsaufnahme so wichtig. Danach wissen Sie besser: So verhalte ich mich im Alltag. Das sind die Gewohnheiten, die ich nun mal mitbringe, und mein Wissen darüber ist die Voraussetzung für den nächsten Schritt, die Entdeckung des Zerstörungspotentials.

Wenn Sie wissen, womit Sie bei sich selbst zu rechnen haben, geht es darum, offen zu legen, welche Unterschiede zwischen ihren Gewohnheiten und denen der anderen Person bestehen. Diese Unterschiede sind es, die Sie kennen müssen, wenn Sie das Unglückspotential in der Beziehung bannen wollen. Natürlich ist es optimal, wenn Sie sich mit dem oder der anderen zusammensetzen und offen darüber sprechen können, wo sie unterschiedliche Gewohnheiten haben, und wie Sie damit umgehen wollen.

So können Sie sich zum Beispiel wochenlang darüber ärgern, dass Ihr Liebster oder Ihre Liebste immer noch zwei

Stunden schlafen will, wenn Sie bereits munter sind. Irgendwann wird es darüber zum Streit kommen. Oder sie können vorher sagen: »Übrigens bin ich eher ein Nachtmuffel und Frühaufsteher. Schläfst du am Wochenende lieber lange?« Wenn Sie dann hören: »Für dich werde ich natürlich früh aufstehen«, dann misstrauen Sie dieser hehren Absicht lieber und fordern dieses Opfer nicht. Besser sagen Sie: »Dann kann ich mir ja etwas vornehmen, das dich nicht interessiert. So haben wir beide was davon.«
Dieses Vorhaben, schon vorher über die mitgebrachten Tretminen zu reden, kann natürlich auch auf Unverständnis stoßen. Dann ist es für Sie trotzdem eine große Hilfe, sich vorher Gedanken darüber zu machen, welcher Sprengstoff mit in die Beziehung kommt. Das Gespräch darüber müssen Sie dann halt langfristig suchen und für sich schon Lösungen für die Probleme vorbereiten, die kommen werden. Es kann auch richtig sein, eine Beziehung abzubrechen und nach mehr Übereinstimmung zu suchen, wenn das auch sehr viel leichter geschrieben als getan ist.
Nach der Bestandsaufnahme und der Hebung und Entschärfung der Minen können Sie darangehen, Glück einzuüben. Sie kennen sich: Sie wissen, für welche Worte, Gesten, Berührungen und Vorschläge Sie in der Vergangenheit Glück zurückbekommen haben. Säen Sie wieder diese Saat, doch nehmen Sie sich nicht zu viel auf einmal vor. Wenn Sie wissen, was Sie jemand anderem sagen müssen, damit Sie ein Lächeln zurückbekommen, dann wenden Sie es zwar immer häufiger an, aber nur da, wo es auch wirklich passt. Es passt zum Beispiel nicht so gut, zu sagen: »Ich bewundere deine Klugheit«, wenn der andere gerade mit vier Einkaufstüten belastet die Treppe hochkeucht, oder zu sagen: »Niemand kann deinem Lächeln widerstehen«, wenn sich der Gegenstand der Bewunderung gerade mit Ihrer Mutter am Telefon strei-

tet und weiß, dass Sie auf Seiten Ihrer Mutter sind. Wenn Sie sich wieder ein bisschen Zeit nehmen, um Ihre Erinnerung zu durchsuchen, werden Sie einen ganzen Schatz an Handlungen finden, für die Sie in der Vergangenheit glückliche Momente geerntet haben. Probieren Sie am Anfang aus, was davon funktioniert, und machen einfach immer häufiger das, was Ihnen die glücklichsten Momente einträgt.

So ziehen Sie sofort praktischen Nutzen aus diesem Kapitel

- Wenn Sie mit anderen Menschen in Streit geraten, sagen Sie sich immer als Erstes: Es kann sein, dass der/die andere Recht hat. Es ist gut möglich, dass Sie streiten, weil Sie aus einer alten Gedächtnisspur nicht herauskommen. Sagen Sie dem anderen auch wörtlich: »Es kann sein, dass du recht hast. Ich muss erst mal einen Schritt zurück gehen und über mein eigenes Verhalten nachdenken.« Ziehen Sie sich dann einen Moment zurück und überlegen Sie zwei Dinge:
- Hatte ich selbst gerade eine ungewöhnlich angenehme Zeit und suche eine gewohnte Stresssituation?
- Kenne ich Bezugspersonen, die um diesen Punkt auch schon immer gestritten haben? Wenn daraus folgt, dass Sie gerade eine eigene Inszenierung erleben, gehen Sie zurück zu dem anderen und werten seinen Standpunkt als interessante Anregung, die Ihnen weiter hilft.
- Kennen Sie die Chaos-Tage der Punks? Führen Sie einmal im Monat einen Zufalls-Nachmittag ein. Gehen Sie einfach ohne Plan aus dem Haus und versuchen, mit den Menschen und Situationen, die Ihnen begegnen, entspannt in Kontakt zu kommen.

13. KAPITEL

Glück ist Arbeit – ist Arbeit Glück?

In diesem Kapitel entdecken Sie,

- dass es möglich ist, auch bei der Arbeit Glücksmomente zu schaffen
- dass Ihnen aber niemand dabei helfen wird

… Es war der Duft von Kaffee und frischen Croissants, der Mirella aufweckte. Sie hatte tatsächlich geträumt, in dem kleinen Café unten im Dorf zu sitzen und gerade nach dem Croissant zu greifen, als sie Costas' Stimme hörte. Er saß neben ihr im Bett, und in der Mitte stand ein prächtiges silbernes Tablett mit dem Frühstück, das er gezaubert hatte. »Es ist angerichtet.« Er grinste mit diesem Blitzen in den Augen, das sie inzwischen kannte und das immer einen leichten Schmerz irgendwo in ihrem Körper machte. Sie wusste nicht, was sie sagen sollte, und hob die Arme, um ihn zu küssen. Doch da war es schon geschehen. »Pass auf!« Die Stimme traf sie wie ein Peitschenhieb, gerade als sie vor seinem Gesicht angekommen war. Sie sah an sich herunter. Der Kaffee war gerade dabei, sich über Costas' frische weiße Decke auszubreiten. »Halt das Tablett, damit nicht noch mehr passiert.« Costas Stimme vibrierte vor unterdrückter Wut, während er aus dem Bett sprang und in die Küche lief …

Glück bei der Arbeit: Sie müssen es allein machen

Wenn man die Sprecher der Wirtschaftsverbände in ihren Pressekonferenzen hört, wird man sich schnell über eines klar: Es geht ihnen nicht um das Glück der Angestellten und Arbeiter. Es geht ihnen darum, schnellere Kündigungen möglich zu machen, die Freizeit zu verringern und die Mitarbeiter davon abzuhalten, wegen einer erträglichen Krankheit gleich zum Arzt zu gehen. Davon versprechen sie sich – irrtümlich – mehr Profit. Ich habe bisher keinen Sprecher des Bundesverbandes der Deutschen Wirtschaft gehört, den es gestört hätte, wenn die Firmenleitungen die Entlassungsfurcht ihrer Arbeitskräfte wecken und vergrößern.

Diese Blindheit rächt sich: Über 100 Milliarden Euro verliert die deutsche Wirtschaft jedes Jahr, weil Beschäftigte Ängste und Sorgen im Zusammenhang mit ihrer Arbeit haben. Das haben Wolfgang Stegmann und Winfried Panse, Professoren an der Fachhochschule Köln, errechnet.[15] Die beiden Wissenschaftler kommen zu dem Ergebnis: Kurzfristig kann Angst zu Höchstleistungen antreiben. Langfristig zerstört sie Fähigkeiten und Fertigkeiten. Mitarbeiter, die vor ihrem Vorgesetzten zittern oder um ihren Arbeitsplatz bangen, arbeiten zwar zunächst mit mehr Einsatz, auf längere Sicht aber bauen sie ab. Ihre Sorgen führen zu Fehlzeiten, Alkohol- und Tablettenmissbrauch, innerer Kündigung, hoher Fluktuation: Sie werden krank. Wolfgang Stegmann: »Natürlich ist ganz deutlich in den letzten Jahren die Sorge gestiegen, den Arbeitsplatz zu verlieren. Das ist die am häufigsten genannte Sorge. Dann an zweiter Stelle die Furcht vor Krankheit und Unfall und dann Ängste vor Konkurrenten, gefolgt von Befürchtungen, den Mitarbeitern nicht mehr gerecht zu werden, Ängste vor internationaler Zusammenarbeit, Furcht vor Innovationen, also Ängste davor, dass neue Technologien, sprich: Computertechnologien, Computervernetzungen eingeführt werden. Die Sorge, dass man mit neuen Organisationsformen nicht zurecht kommt. Also es ist eine Vielzahl von Sorgen, die uns da begegnet.« Wir wissen, dass Angst und Sorgen die Glücksbereitschaft unterdrücken.
Manche Sorgen sind sinnvolle Warnsignale. Sie schützen vor Fehlern. Andere Sorgen können zerstörerisch sein.
Nach einer Studie des Zentralinstituts der kassenärztlichen Vereinigung leiden 11 Millionen Menschen in Deutschland unter schweren Angststörungen. Ihre Lebensqualität, ihre Leistungsfähigkeit sind ernsthaft beeinträchtigt. Nun kann man natürlich einwenden: Schon die ersten Höhlenbewohner waren bei der Arbeit nicht arm an Furcht und Sorgen. Sie

waren von Tieren umgeben, die nicht gerade Schmusekatzen waren, und wussten vor ihren Jagdausflügen nie, ob sie auch wieder nach Hause zurückkehren würden. Ich nehme an, dass ihnen auch Naturerscheinungen wie Gewitter fürchterliche Furcht einflößten, besonders wenn der Blitz in ihrer Nähe einschlug und der Wald zu brennen anfing. Wenn ihnen jedoch ein sättigender Beutezug gelungen war und sie ermattet auf ihre Höhlenlager sanken, hatten sie ihr Tagwerk getan und konnten beruhigt einschlafen.
Es gab noch keine Grübeleien, die sich mit der Jahresbilanz ihrer Firma beschäftigten, und es gab keine schlaflosen Nächte, weil sie ihre Kredite nicht zurückzahlen konnten. Sicherlich ärgerten sie sich auch über nervige Kollegen, doch wahrscheinlich dauerte dieser Ärger nicht allzu lange. Das Problem wurde bald mit der Keule gelöst, und der innere Frieden legte sich wieder sanft auf die Seele. Sie kannten keine abgestürzten Computer, die ihnen Sorgen um ihre Datenbestände einjagen konnten, und keine Sorgen vor Versetzung in eine andere Stadt, wenn es ihrem Arbeitgeber schlecht ging. Die Aufzählung der Sorgen, die unsere Vorfahren alle nicht hatten, könnten wir endlos fortsetzen.
Dabei können wir getrost davon ausgehen, dass gegenwärtig die Sorgen von Jahr zu Jahr deutlich zunehmen, denn es gibt etwas, mit dem Politiker in aller Welt sehr vorsichtig umgehen: die Wahrheit. Deshalb entwickelt sich erstaunlicherweise die Wirklichkeit oft anders, als sie von Politikern angekündigt wird. Wir bemerken das, sind ratlos und produzieren Ängste. Ein Beispiel dafür ist die Entwicklung unseres Arbeitslebens. Wenn Sie sich einen Moment hinsetzen und 2 und 2 zusammenzählen, fällt Ihnen folgendes auf:
Seit Beginn des vorigen Jahrhunderts sind ununterbrochen Maschinen erfunden worden, die uns Menschen die Ar-

beit abnehmen. Gleichzeitig ist aber vermieden worden, all die, deren Arbeit von Maschinen übernommen wird, an dem Einkommen zu beteiligen, das die Maschinen verdienen. Es kann deshalb nur eines passieren: Es wird immer weniger Arbeit für Menschen geben und das Einkommen wird sich bei denen sammeln, die die Maschinen besitzen. Es wäre nun ehrlich gewesen, uns allen zu sagen: »Die Zukunft wird nicht so aussehen, dass jeder einen Arbeitsplatz hat. Was wir wirklich brauchen, wird mehr und mehr von Maschinen gebaut werden. Lasst uns also überlegen, wie wir alle vernünftig über die Runden kommen und immer mehr Zeit für das haben, was uns glücklich macht.« Das Gegenteil geschieht jedoch. Je unrealistischer es wird, dass Arbeit für alle da sein könnte, und je besser die Maschinen durch den technischen Fortschritt herstellen können, was wir brauchen, desto wichtiger wird die Arbeit für das soziale Ansehen. Deutlich gesagt: Etwas, das immer sinnloser wird, wird immer entscheidender. Wundert es Sie, wenn die zunehmende Abschaffung menschlicher Arbeit den Konkurrenzkampf verschärft und bei denen Sorgen auslöst, deren Arbeitsplatz in Gefahr gerät? Es kann gar nicht anders sein.

Es gibt noch eine zweite Wahrheit, mit der unsere Politiker sehr sparsam sind. Sie heißt: Arbeitgeber und Arbeitsplätze wandern dahin, wo die Leute, die sie brauchen, am wenigsten verdienen. Anders gesagt: Wo es am schwierigsten wird, für glückliche Momente bei der Arbeit zu sorgen, weil man kaum etwas verdient und keine Art von Sicherheit erlebt, dorthin wandert die Arbeit. Die Globalisierung ist unter dieser Sichtweise eine Garantie für ständig weniger Chancen auf befriedigende Momente, die aus der Arbeit entspringen. Dabei muss man bedenken, dass die meisten Menschen den größten Teil ihres Lebens bei der Arbeit verbringen. Ich

weiß zwar nicht, wieso niemand damit beginnt, dafür zu sorgen, dass die Produkte, die wir hier kaufen, auch in Entwicklungsländern mit sozialen Mindeststandards hergestellt werden müssen, durch die das Lohnniveau auch dort sinnvoll anstiege. Auf andern wirtschaftlichen und militärischen Gebieten nutzen die Industrieländer ihre Macht viel effektiver und weniger sinnvoll. Doch mit steigender Bildung z. B. in Asien verändert sich natürlich unsere Rolle in der Welt. Die Arbeitsplätze werden dorthin wandern, wo gut ausgebildete Arbeitskräfte weniger kosten, weil sie schlechter bezahlt und geschützt werden. Dort werden sie so lange bleiben, bis man dort so viel verdient wie wir. Beziehungsweise die Arbeitsplätze werden dort so lange bleiben, bis wir hier so wenig verdienen und so schlecht vor Krankheit, Arbeitslosigkeit und Altersarmut geschützt sein werden wie die Menschen dort. Genau das passiert gerade. So kommt eins zum anderen:

- Was wir brauchen, wird immer mehr von Maschinen gebaut. Es wird also immer weniger Arbeit geben, wenn uns nichts einfällt. Bisher ist uns leider nichts eingefallen.
- Woanders arbeitet man nicht schlechter, aber billiger. Dadurch fallen von den Arbeitsstellen, die übrig bleiben, auch noch weitere weg. Arbeit weg bedeutet Geld weg, und seit den letzten Reformen oft auch: Auto weg, Haus weg, Lebensstandard weg.

Wer in unserer Berufswelt halbwegs bei Verstand ist, dessen Sorgen und Ängste müssen deshalb steigen. Das ist schon übel genug. Doch wie wir wissen, lösen mehr Sorgen auch mehr Sorgensucht aus, und je nach unserem seelischen Fundament sind wir deshalb auch im Beruf immer näher an einer Sorgenspirale, die sich aus echter Gefahr und eigener Unglücksverstärkung durch das Belohnungssystem aufschaukelt. Wir können natürlich in dieser Arbeitswelt darauf

warten, einen Arbeitgeber zu finden, der an unserem Glück und Erfolg, an unserer Erfüllung im Beruf oder an unserer Lebensqualität interessiert ist. Da wir aber nur ein Leben haben, sollten wir es vielleicht nicht mit ausichtslosem Warten verbringen. Für unseren Erfolg und unser Glück ist die Annahme günstiger, dass wir sie gegen die ungünstigen Bedingungen erreichen müssen, die wir im Beruf vorfinden. Daran müssen wir arbeiten, denn es wäre schlimm, wenn wir von vornherein dort auf die Anwesenheit von Glück verzichten würden, wo wir die meiste Zeit des Tages verbringen.

Glück ist, wenn man's trotzdem macht

Wie können wir aber unter den stressiger werdenden Bedingungen, die unsere Glücksbereitschaft immer weiter senken müssen, wieder Glück machen? Auch hier gilt wieder die einzige Devise, die wirklich funktioniert: Warte nicht auf etwas, was nicht kommt. Mach' es selbst. Stelle dein Glück selbst her. Warte nicht auf den Chef oder den Arbeitsplatz, der dir das scheinbar Unmögliche schenken kann, nämlich Glücksgefühle im Job. Nutze die Möglichkeiten deines Belohnungssystems. Niemand außer dir hat ein echtes Interesse daran, und niemand sitzt so an der Quelle seines eigenen Glücks wie du.
Fühlen Sie sich gut an Ihrem Arbeitsplatz? Wachen Sie morgens auf und haben ein angenehmes Gefühl, wenn Sie zur Arbeit starten? Oder geht es Ihnen wie den meisten Menschen, die jeden Morgen wieder davon träumen, liegen zu bleiben, in Urlaub zu fahren oder alles Mögliche zu tun, außer gerade zur Arbeit zu müssen? Dann lohnt sich der Versuch, Ihr Gefühl bei der Arbeit angenehmer zu gestalten, um damit vielleicht gleich mehrere Effekte zu erreichen:

- den ersten, dass Sie zu der anstrengenden Arbeit nicht noch Reibungsverluste durch Ihr lähmendes Unzufriedenheits-Gefühl erleiden, und
- den zweiten, dass Sie vielleicht Spaß an Teilen der Arbeit bekommen können und dadurch eine Motivation erreichen, die Sie weiterbringt. Wir wollen uns hier nicht mit langer Vorrede aufhalten, und beginnen mit der Suche nach Werkzeugen, mit denen wir die Unterstützung unseres Belohnungssystems erreichen können.

Erinnern wir uns daran, weshalb wir solche Schritte ergreifen wollen: Grundlage ist unser Wissen über die Amygdala. Darauf stützen wir die Annahme, dass sich parallel zu den bisherigen Tätigkeiten und Äußerungen, die Sie immer und immer wieder getan haben, Gefühle eingestellt haben, die jetzt nicht mehr davon zu trennen sind. Diese Gefühle führen jetzt wieder zu einem Kreislauf, in dem sie sich bei den wiederkehrenden Tätigkeiten immer wieder neu bestätigen wollen.

Deshalb fangen wir an, einfach etwas anders zu machen. Der Ausgangspunkt ist wieder eine Glücks-Transplantation: eine Erinnerung aus glücklichen Momenten, die wir in uns gespeichert haben. Damit erreichen wir, dass der Kreislauf der Gefühlswiederholungen durchbrochen wird, denn bei einer neuen Tätigkeit muss sich ein Gefühl einprägen, das diese Tätigkeit wirklich begleitet. Dabei kommt uns zugute, dass positive Gefühle sich schneller mit den dazugehörigen Tätigkeiten zusammen einschleifen als negative.

Es geht also darum, kleine neue Schritte zu finden, die von Erinnerungs-Mosaiksteinchen an glückliche Gefühle begleitet sind. Das ist nicht nur leicht, sondern darüber hinaus auch noch sehr angenehm, und wir können uns deshalb schon jetzt auch über den Spaß freuen, den uns dieser Weg bringen wird.

Ich möchte mit einem kleinen Beispiel beginnen. Seit vielen Jahren wohne und arbeite ich in Hamburg. Das ist an sich eine der schöneren Städte in Europa, aber auf dem Weg zur Arbeit fällt einem davon normalerweise nicht viel auf. So fuhr auch ich jeden Morgen wieder den gleichen Weg und bekam nicht viel davon mit, weil ich in meinen Gedanken meist schon in der Klinik war.

Eines Tages fiel mir auf, dass dieser Weg graue Routine geworden war. Wenn ich eines hasse, dann ist das aber graue Routine. Ich dachte daran, dass ich auf diese Weise fast eine Stunde meines Tages ohne eine Spur von Lebensfreude in einem dieser typischen Autofahrer-Tran-Zustände zubringen musste. Vielleicht musste das gar nicht so sein; zumindest wollte ich einmal versucht haben, etwas zu ändern. Also nahm ich mir vor: »Irgendetwas machst du jetzt anders, irgendetwas transplantierst du aus Glücks-Erinnerungen in diese Situation.«

Als ich darüber nachdachte, was ich nutzen konnte, fiel mir ein, dass ich täglich unweit des Hamburger Binnensees, der Alster, entlangfuhr. Wie die meisten Hamburger genoss ich aber bei jeder Gelegenheit Spaziergänge an der Alster, die mit ihren Segelschiffen und dem Stadtpanorama immer genussvolle Momente bot. Ich beschloss, diese Situation in meinen Arbeitsweg einzubauen, und nahm mir deshalb als erstes auf dem Arbeitsweg zehn Minuten mehr Zeit, um eine neue Strecke an der Alster entlang zu fahren, die ich bis dahin für unpraktischer gehalten hatte.

Schon beim ersten Nachhauseweg, als ich an der Alster vorbei fuhr, ging gerade die Sonne unter, und die Farben des Himmels waren so leuchtend, dass ich anhielt und dieses Schauspiel bewunderte. Für mich stand fest: Das ist dein neuer Arbeitsweg. Wann immer es jetzt möglich ist, nehme ich mir die Zeit, um auf dem Hinweg oder Rückweg an der

Alster entlang zu fahren. Dies ist eine kleine Veränderung, die meine Arbeit noch nicht einmal direkt berührt. Doch der Effekt ist viel größer als der Aufwand: er strahlt zurück auf den Arbeitstag, an dem ich mich bei Sonnenuntergangswetter schon nachmittags darauf freuen kann, auf dem Heimweg ein genussbringendes Naturschauspiel beobachten zu können. Die Zeit, die ich länger brauche, reut mich nicht, denn was könnte ich mit der Zeit Schöneres anfangen, als sie so beglückend wie möglich zu verbringen.
So können wir beginnen, kleine Häkchen für Glücksgefühle in unseren Alltag einzubauen und sogar einiges an unserem Arbeitsgefühl ändern, bevor wir mit der Arbeit begonnen haben. Wenn wir da sind, können wir aber gleich mit interessanteren Schritten anfangen.
Sicher wissen Sie, dass einige moderne Arbeitgeber ihre Räume entsprechend der Lehre des Feng Shui gestalten lassen. Wir tun jetzt eigentlich auch nichts anderes. Es ist jedoch einfacher, die Räume so zu gestalten, dass wir uns darin einfach glücklicher fühlen, denn dazu brauchen wir meist weder den Arbeitgeber noch müssen wir japanische Weisheiten beherrschen. Einen Anfang dieser Gestaltung sieht man vor allem in deutschen Behördenzimmern, die sich durch besondere Kargheit auszeichnen. Hier habe ich schon häufig Palmenbilder oder Urlaubspostkarten an der Wand gesehen, damit man mit der Betrachtung auch wieder ein kleines Stück vom Urlaubsglück in sich wecken kann. Wenn es um glückliche Gefühle geht, ist jede Begleiterscheinung, die wir irgendwann als Kulisse mit eingesammelt haben, wichtig. Die Gefühle haben sich als bunte Versammlung im Gedächtnis eingenistet, und sie haben keinen Unterschied darin gemacht, ob wir einen Bestandteil der Situation als wichtig oder unwichtig einsortiert haben.

Wenn es um die Gefühle geht, die bei der Arbeit entstehen, nehmen wir also die Äußerlichkeiten ruhig wichtig. Schauen Sie sich zum Beispiel mal in Ihrem Büro um, und zwar mit einer ganz bestimmten Zielrichtung. Das Thema heißt:

1. Schauen Sie sich mal um in dem Psychotop, in dem Sie arbeiten.
2. Welche Gefühle saugen Sie hier ein in dem Moment, in dem Sie den Raum betreten. Und später:
3. Welche seelische Nahrung geht von den Menschen aus, mit denen Sie hier zusammenarbeiten: Ist es Seelenfutter, das Sie stärkt und Ihr Lebensgefühl wachsen lässt, oder ist es Gift, das Ihre Kräfte anfrisst? Ist es angenehme, lebendige Stimmung, die Ihnen in den Gesichtern und Gesten der Kolleginnen und Kollegen begegnet, oder sind es die immergleichen miesepetrigen grauen Mienen, die jedes Büro mit lähmender Schwere erfüllen?

Nun sind wir noch bei dem Raum und seiner Ausstattung, also im Wortsinn Ihrem Lebensraum bei der Arbeit. Die interessanteste Frage, die sich hier stellt, lautet: Ist dies ein Raum, in den man gerne geht? Oder verhindert allein das Aussehen oder die Inneneinrichtung des Raumes schon, dass man gern zur Arbeit kommen würde? Zwar haben wir Deutschen tief in den Knochen die Auffassung, dass Arbeit kein Vergnügen sein darf. Damit versauen wir uns aber nicht nur das ganze Leben, sondern auch noch den Arbeitserfolg. Wer Spaß an seinem Job hat, ist erwiesenermaßen wesentlich erfolgreicher. Also versuchen wir den Arbeitsplatz zu einem Platz umzugestalten, der gute Gefühle macht.

Es ist ganz einfach, damit zu beginnen. Sehen Sie sich einfach um und fragen sich: Was ist in diesem Raum, über das ich mich freue?

1. Ein Bild, das ich selbst hingehängt habe und das mir etwas bedeutet?

2. Ein Erinnerungsstück, das mich wie ein Talisman begleitet und hier jeden Morgen auf mich wartet?
3. Möbel, die ich einfach schön finde?
4. Ein Duft, der angenehme Erinnerungen weckt?
5. Die Möglichkeit, meine Lieblingsmusik zu hören?
6. Arbeitsgeräte, die Spaß machen?

Es gibt nur wenige Arbeitsplätze, an denen Sie diese Gestaltungsmöglichkeiten nicht wenigstens teilweise haben. Sollten Sie jedoch auf Verbote stoßen, obwohl von den Räumlichkeiten und Kollegen nichts dagegen spricht, können Sie Ihrem Chef ein Untersuchungsergebnis des empirischen Institutes für Sozialforschung von Frau Noelle-Neumann zeigen.

Dort heißt es: »Wir haben seit 1972 mehrfach nachgewiesen, dass ein geradezu unglaublicher Zusammenhang besteht zwischen dem subjektiven Gefühl von Freiheit am Arbeitsplatz und guter Arbeit. Wissen Sie, dass diejenigen in einem Unternehmen, die ein subjektiv großes Freiheitsgefühl haben, nur halb so oft krank sind wie die anderen? Das gilt für den Arbeiter genauso wie für den leitenden Angestellten. Außerdem ist ihre Bereitschaft, Kollegen bei der Arbeit zu helfen, doppelt so hoch.«

Die Freiheit, den eigenen Arbeitsraum so weit wie möglich selbst zu gestalten, weil man einen großen Teil seines Lebens darin verbringt, ist ein wichtiger Anfang. Kleinigkeiten lassen sich jedoch überall einfügen, auch wenn man an dem Raum und der Möblierung nichts verändern darf. Unsere Schritte sollen ja klein und leicht sein, und sie werden sich in der Gesamtheit zu einem ganz neuen Psychotop zusammenfügen können. Und nicht zu verachten ist, dass sich mein eigenes Selbstgefühl ändert, wenn ich aktiv gestalte: Auch kleine Schritte, die ich selbst ergreife, geben mir eine andere Rolle, als wenn ich passiv bleibe und stumm hinnehme, was schon vor mir da war.

Ich kann immer mich und meine Möglichkeiten verändern. Wenn ich darauf warte oder daran resigniere, dass Menschen oder die Verhältnisse sich ändern, mache ich mich machtlos. Ich mache es selbst, und sehr viel Macht liegt in dem Gedanken: Wenn ich hier unglücklich bin, liegt das auch an meinen eigenen Gewohnheiten. Was habe ich dazu beigetragen, dass ich mich hier nicht so wohl fühle, wie ich gerne würde? Von diesem Standpunkt aus kann kann ich etwas anders machen und bin nicht mehr so abhängig wie vorher.

So üben Sie Arbeitsrituale neu ein

Wenn Sie einmal darauf achten, werden Sie bald sehen, wie viele Tätigkeiten sich täglich wiederholen und wie sich zu den meisten dieser Rituale auch ein typisches Gefühl in Ihr Belohnungssystem geschlichen hat. Dieses Gefühl geht irgendwann dem eigentlichen Ritual voraus und prägt sowohl Ihre Stimmung als die Intensität, mit der Sie arbeiten. Stellen Sie sich eine dieser typischen Situationen vor, sagen wir: Sie haben eine Morgenbesprechung, in der die Arbeitsverteilung des Tages oder aktuelle Probleme durchgegangen werden. Dann werden Sie feststellen:

1. Sie nehmen den gleichen Weg in den Besprechungsraum.
2. Sie sitzen am gleichen Platz.
3. Sie denken ganz ähnliche Gedanken (»Ist das ätzend, das könnte man doch auch alles viel kürzer machen«, »Nee, der schon wieder…«) und so weiter.

Hier haben Sie jetzt ein Ritual, das Sie sich genauer ansehen können. Es besteht zum einen Teil darin, dass eine bestimmte Struktur abläuft, die Sie nicht allein bestimmen. Die Zeit und die Teilnehmer der Besprechung, vielleicht der

Raum, werden möglicherweise nicht von Ihnen festgelegt. Das ist aber nur das halbe Ritual. Die andere Hälfte hat sich in Ihnen selbst gebildet und Ihr Gefühl programmiert, das Sie jetzt schon vor der Besprechung bestimmt. Seine Bestandteile, die Ihr Belohnungssystem programmiert haben und Ihre Gefühle vorgeben, heißen:

Sie gehen den gleichen Weg in den Raum, mit ähnlicher Haltung, ähnlichen Bewegungen und ähnlichen Gefühlen. Sie sitzen auf dem gleichen Stuhl, nehmen die gleiche Haltung ein, erleben bei Ihren Bemerkungen die gleichen Gefühle und gehen den gleichen Weg wieder zurück, alles mit Gefühlen, die sich mit diesen Tätigkeiten einprogrammiert haben. Wenn Sie etwas ändern und glücklicher werden können, mache ich Ihnen einen unkonventionellen Vorschlag. Er heißt:

Feiern Sie alle Tage Weihnachten

In einem kürzlich erschienenen Artikel einer angesehenen Wissenschaftszeitschrift las ich einen amüsanten Beitrag, dessen deutsche Zusammenfassung ich Ihnen nicht vorenthalten will:

»Gute Weihnachtslaune hält viele Jahre … schlechte auch. Ein als fantastisch empfundenes Weihnachtsfest kann prägend für alle weiteren sein. Wer aber umgekehrt über die Festtage zum Griesgram wird, bringt sich damit wahrscheinlich auch um viele künftigen Weihnachtsfreuden. Nach psychologischen und neurologischen Studien beeinflusst die Gefühlslage die Erinnerungsfähigkeit an Vergangenes. Zudem werden bei künftigen Ereignissen die Emotionen automatisch zusammen mit den Erinnerungen aus dem Oberstübchen-Regal herausgezogen.«

Über die Studien berichtet das britische Magazin »New

Scientist«.[7] Klaus Fiedler, Psychologe an der Universität Heidelberg, bestätigt: »Die Gefühlslage ist ein innerer Zustand, der alle externen Informationen filtert.« Selbst die Art und Weise, in der das Gehirn lerne, sei je nach Stimmungslage unterschiedlich – und zwar lerne es umso effektiver und intensiver, je besser die Laune sei.
Das stellten auch Susanne Erk und Henrik Walter von der Universität Ulm bei Versuchsreihen fest: Sie ließen Probanden neutrale Wörter auswendig lernen, nachdem sie ihnen zuvor verschiedene emotional provozierende Bilder gezeigt hatten, und untersuchten die Gehirnaktivitäten. Dabei zeigte sich, dass beim Erinnern an bereits gelernte Wörter automatisch auch das damals per Bild provozierte »Gefühlsmuster« im Mandelkern des Hirns aktiviert wurde. Mit dem neutralen Reiz war also auch das gesamte emotionale Drumherum wieder auferstanden. Allerdings, so die Forscher, war der Lerneffekt bei guter Laune wesentlich besser. Hoffnung also für alle notorischen Weihnachtsmuffel: »Wer sich einmal zu richtig guter Festlaune hinreißen lässt, hat Chancen, damit die vorherigen negativen Erinnerungen schlicht zu überschreiben.«[10]
In diesem Sinn kann für uns ab jetzt täglich Weihnachten sein. Denn wir wissen jetzt, was wir tun können und was nicht. Die neuesten Forschungsergebnisse machen deutlich, dass Sätze wie: »Denken Sie positiv« nicht ausreichen. Wir haben unsere Gefühle begleitend zu Tätigkeiten und Situationen gelernt, in denen sich unser Leben auch zum Beispiel am Arbeitsplatz aufgebaut hat. Das macht einen neuen Ansatz nötig, wenn es darum geht, Gefühle zu verändern: Wir müssen sie zusammen mit den Tätigkeiten verändern, die wir unternehmen. Wir nehmen uns deshalb nicht in erster Linie vor, etwas anderes zu fühlen. Denn eine der wichtigsten neuen Erkenntnisse ist: Wenn wir die Dinge so machen

wie immer, werden wir uns auch so fühlen wie immer. Wir nehmen uns deshalb vor, das anders zu machen, bei dem wir uns auch anders fühlen wollen.
Wenn Sie jetzt – sagen wir – die eben skizzierte Besprechung re-programmieren wollen, haben Sie viele Ansatzpunkte dafür. Sie entstehen aus der vielfachen Möglichkeit, etwas anders zu machen als bisher. Denken Sie daran: Freude überschreibt negative Gefühle schneller als umgekehrt. Jeder angenehme Moment ist ein Baustein für zukünftiges Glück. Deshalb zählen schon kleine Veränderungen:

1. Nehmen Sie einen anderen Weg in den Besprechungsraum und schauen Sie, ob sich dabei etwas entdecken lässt, was Ihr Gehirn erfrischt und Ihnen bisher nicht aufgefallen ist.
2. Setzen Sie sich auf einen anderen Stuhl, oder wenn Ihnen das zu auffällig ist, achten Sie auf eine andere Haltung, beobachten Sie andere Teilnehmer als sonst und gucken Sie, ob Sie auch hier Dinge entdecken, die Ihnen vorher nicht aufgefallen sind.
3. Wenn Sie reden, kommen wir in ein neues, sehr wichtiges Feld Ihres Selbstgefühls am Arbeitsplatz:

Ändern Sie Beziehungsrituale bei der Arbeit

Unser Gefühlsgedächtnis führt ja dazu, dass wir immer wieder die gewohnten Gefühle inszenieren. Dabei brauchen wir häufig unsere Mitmenschen als Darsteller und setzen Sie in verdeckter Regie oft geschickter ein, als wir bemerken. Ich will es mal etwas plakativ ausmalen: Nehmen wir an, Sie sind schon von zu Hause aus daran gewöhnt, dass Sie in einer Gruppe im Mittelpunkt stehen und glänzen. Diese Szenerie werden Sie auch am Arbeitsplatz wieder inszenieren können, ohne dass Sie es sich absichtlich vornehmen müssen.

Wenn es so wäre, hätten Sie sich jedoch vielleicht nicht dieses Buch gekauft. Nehmen wir deshalb an, Ihr bisheriges Leben hat das Gefühl programmiert, dass Sie in einer Gruppe im Hintergrund bleiben und fürchten, in den Mittelpunkt zu geraten (obwohl Sie es sich natürlich auch irgendwie wünschen). Dann werden Sie diese Situation an jedem Arbeitsplatz, in jeder Gruppe von Menschen wieder erleben können, ohne dass Sie besonders daran gedacht haben. Irgendwie passiert es immer wieder, und die anderen Menschen wissen scheinbar, wie sie sich verhalten sollen, damit immer wieder andere im Blickfeld auftreten können. Wenn Sie das stört und Sie es verändern wollen, stoßen Sie an eine nicht zu überwindende, unsichtbare Mauer, und im Laufe der Zeit werden sie immer unzufriedener, denn dieses Gefühl behindert Ihr Weiterkommen. So ist es mit vielen Gefühlen, die begleitend zu Arbeitsplatz-Situationen programmiert sind, ob Sie

- unscheinbar im Hintergrund bleiben und sich darüber ärgern,
- überall jemanden treffen, den Sie nicht leiden können und der Ihnen das Leben schwer macht,
- immer wieder zeitliche Vorgaben nicht schaffen und Panik kriegen,
- sich immer wieder eine Clique bildet, von der Sie sich ausgeschlossen fühlen,
- immer ausgerechnet Sie die Kritik von Chef oder Chefin auf sich ziehen, während die eigentlichen Verursacher der Probleme sich verstecken können,
- Sie es sich schwer und die Dinge gründlich machen, während alle anderen den bequemsten Weg gehen.

Jedes Gefühl, das Sie am Arbeitsplatz ärgert oder die Stimmung grau färbt, kann eine eigene Inszenierung sein. Ihre Herkunft ist dann die Gefühlswelt, die Sie mit aufgesogen

haben, als Sie entsprechende Situationen oder Tätigkeiten zu durchleben gelernt haben. Jede Situation bietet sich deshalb für eine Re-programmierung an, mit einfachen kleinen Schritten, wie Sie sie ja schon kennen. Denken wir an die obengenannten Beispiele, dann können wir uns als eine kleine Auswahl unter unendlich vielen Möglichkeiten vorstellen, dass Sie

- zuerst nur versuchen, den Mittelpunkt-Darstellern, die Sie bisher vielleicht abgelehnt haben, vorurteilsfrei zuzuhören. Falls sich dabei herausstellt, dass Sie sich für einige Dinge interessieren, die die Mittelpunkt-Darsteller propagieren, sollten Sie das auch zu erkennen geben, mindestens aber mit Ihrem Gesichtsausdruck deutlich machen;
- daran denken, immer häufiger bei jeder passenden Gelegenheit zu lächeln. Sie werden Reaktionen zurückbekommen, die Ihre Lebensfreude erhöhen;
- versuchen Sie, wann immer Ihnen etwas Passendes auf der Zunge liegt, selbst einen Beitrag einzuwerfen. Falls dieser Schritt zu groß ist, zögern Sie nicht, zu einem Rhetorik-Training zu gehen. Sie wissen ja, es geht um's Üben.

Wenn Sie in jedem Team schnell einen Gegner finden, den Sie nicht ausstehen können, weil er Ihnen das Leben schwer macht, dann gilt auch hier: Verändern können Sie es am besten, wenn Sie es als Ihre eigene Inszenierung ansehen. Gehen Sie deshalb davon aus, dass Ihr Gefühlsgedächtnis darauf programmiert ist, weil in ihrem ursprünglichen Lernfeld solch eine Konstellation existierte. Jetzt schleppen Sie sie weiter durch's Leben, und überall finden Sie jemanden, der in die Rolle passt und den unverzichtbaren Gegner darstellt. Auch bei den anderen Beispielen, ob Sie immer wieder das Gefühl von Zeitdruck inszenieren, oder das Gefühl, ausgeschlossen und einsam zu sein, als Sündenbock herhalten zu

müssen oder es schwerer zu haben als die anderen, führt dieser Weg weiter. Gehen Sie davon aus, dass Sie sich in einem früheren Lernfeld auf diese Gefühle einstellen mussten; dass Sie sie mit den normalen Lebensvorgängen in Ihrer Umwelt mitgelernt haben. Versuchen Sie deshalb nicht, sich in den gleichen Situationen anders zu fühlen. Ändern Sie stattdessen in kleinen Schritten aktiv die Situation. Fangen Sie an, sich in Details anders zu verhalten und dabei positive Gefühle einzuüben.
Wenn wir also die Werkzeuge bereit legen, mit denen wir Glück an unserem Arbeitsplatz bauen können, dann heißt der erste Schlüssel am Anfang auch hier erst einmal: Bestandsaufnahme der Gewohnheiten. Diese Bestandsaufnahme muss sich gerade auf die Situationen richten, die Sie im Lauf der Zeit immer unzufriedener gemacht haben und die Sie heute am meisten stören. Nehmen Sie sich Zeit, vielleicht mit einem altvertrauten Kollegen Antworten auf die Frage zu finden: Welche Handlungen von mir selbst gehen den Momenten voraus, die mich am meisten nerven? Welche Begleitumstände kennzeichnen die Situationen und Räume, in denen ich mich nicht wohl fühle? Welche Worte, Gesten oder Bedingungen erlebe ich immer wieder, die mich stören, und wie sind meine gewohnten Reaktionen darauf? Gibt es etwas, das sich schon häufiger wiederholt hat?
Sie brauchen tatsächlich Zeit, um Antworten zu finden, und wenn Sie bei so einfachen Gewohnheiten beginnen wie: »Ich versuche meine Arbeit optimal zu machen, und meine Kollegin schmeichelt sich stattdessen überall ein.« Wenn sich dieses Gefühl an verschiedenen Arbeitsstellen wiederholt, sehen Sie es als Ihre eigene Gewohnheit an. Um erst einmal möglichst viele solche Gewohnheiten zu erkennen, stellen Sie sich wieder einfache Fragen wie:

- Wie beginne ich meinen Tag?
- Wen begrüße ich wie?
- Wem zeige ich, dass ich ihn nicht mag?
- Wie reagiere ich auf Kritik?
- Was mache ich, wenn ich mich zu wenig beachtet fühle?
- Mit wem gehe ich nicht in die Mittagspause?
- Welche Stimmung verbreite ich?
- Wie rede ich über das, was die anderen machen?
- Was wehre ich automatisch ab?
- An welche Misserfolge oder Grenzen habe ich mich gewöhnt?

Stellen Sie sich mehr solche einfachen Fragen und dann wagen Sie, an irgendeiner Kleinigkeit zu beginnen, um etwas anders zu machen. Vielleicht können Sie einige von den oben gegebenen Anregungen verwenden. Auch hier gilt: Bleiben Sie dabei unbedingt an der Wirklichkeit. Schauen Sie sich an, was Sie wirklich machen, nicht was Sie sich und anderen vielleicht vormachen. Sie wollen ja auch keine vorgetäuschten Glücksgefühle, sondern echte.
Sie gewinnen auf jeden Fall schon ab dem Moment, in dem Sie sagen: Ich warte nicht mehr auf den idealen Chef oder Chefin und Arbeitsplatz, der für mich das Arbeitsleben zur erfüllenden Aufgabe macht. Ich mache es selbst. Ich übe selbst glückliche Momente ein und werde sie immer weiter vermehren.
Die Welt, in der wir leben, versucht, es uns schwer zu machen. Machen wir's uns deshalb einfach. Es stimmt zwar: Die Liebe, die das vollkommene Glück bringen könnte, wird in immer kürzere Lebensabschnitte zerschnippelt, und das tiefe Vertrauen, das zu tiefem Glück gehört, wird immer stärker von Ängsten gebremst. Sich fallen lassen, schwach sein können, das wird in unserer flächendeckenden Leistungsgesellschaft von einer Qualität zu einem Schimpfwort, ja zu ei-

nem Risiko bis in die intimsten Verstecke des Lebens. »Nur die Harten kommen in den Garten« könnte in ein »Guinness-Buch der Rekord-Irrtümer« aufgenommen werden. Die Liebe, in der sich Ängste und Sorgen auflösen, sie lebt von Rücksicht, Weichheit und Geborgenheit, in der Schwäche zu einer beglückenden Erfahrung wird.
Das Arbeitsleben und die Suche nach Erfolg sind auch nicht wirklich gut darin, Sie glücklich zu machen. Sie dienen eher der kurz beglückenden Anhäufung mit Produkten. Suchen Sie die Droge Anerkennung und Ruhm? Es ist wichtig, dass man Sie ernst nimmt und respektiert. Doch schon der zweite Applaus ist mit dem ersten nicht mehr zu vergleichen. Macht das zweite Mal, wo man sich in das neue Auto setzt, noch den gleichen Spaß? Spätestens nach einer Woche ist jede Fahrt nur noch Routine, und man guckt sich schon nach dem nächsten Reiz um. Macht es wenigstens glücklich, diese ganzen Glücksbringe-Vortäuscher herzustellen? Zumindest verdient man damit Geld, das glücklich machen kann.

Geld muss nicht unglücklich machen

Sie kennen das alte Sprichwort: »Geld macht nicht glücklich, aber es beruhigt.« Ob es wirklich beruhigt, ist für uns Glückssucher nicht entscheidend, denn wir wollen ja nicht ruhig, sondern glücklich werden. Außerdem habe ich da meine Zweifel, denn dann müssten die Banker die ruhigsten Menschen der Welt sein. Schließlich verbringen sie ihr ganzes Leben mitten im Geld. Ich habe jedoch einige persönlich kennen gelernt, die ordentlich mit Stress zu kämpfen hatten, und hatte eher den Eindruck: Großes Geld macht großen Stress.
Wenn es um die Häufigkeit der Depressionen in der Bevölkerung geht, tauchen manche Länder unserer Erde ganz

oben in der Skala auf: Da steht zum Beispiel Norwegen, eines der reichsten Länder der Erde, in dem Depressionen das Ausmaß einer Volkskrankheit angenommen haben. Wenn man diese Statistik liest, kommt man auf die Idee: Sonne und Wärme machen glücklicher als Geld. Doch andererseits wollen wir uns nicht so einfach damit zufrieden geben, dass Geld nicht glücklich macht. Schließlich wäre es besser, wenn wir aus möglichst vielen Materialien, die wir im Leben zu fassen kriegen, Glück herstellen können, also auch aus Geld. Ein schönes Beispiel dafür begegnete mir schon vor langer Zeit, als ich einen befreundeten Psychiater, der nach vielen Jahren Erfahrung kurz vor dem Ruhestand war, einmal zum Essen von seiner Praxis abholte. Als ich hereinkam, konnte ich sehen, wie die Sprechstundenhilfe einem Patienten ein Fünf-Mark-Stück in die Hand drückte und sich dann von ihm verabschiedete. »Was ist das denn?« fragte ich, als ich meinen Freund sah. »Bezahlt Ihr Eure Patienten dafür, dass sie hierher kommen?« Doch er lächelte nur milde. »Weißt du«, sagte er lakonisch, »es gibt eben Leute, die macht eine kleine Finanzspritze glücklicher als jede Spritze mit einem Anti-Depressivum.«

Es ist sicher nicht anstößig, wenn jemand versucht, auch Geld für sein Glück zu nutzen. Denn Geld ist mehr als die Münze oder der Schein, den man in der Hand hält. Geld kann positive Träume anregen und deshalb zu guten Gefühlen führen. Es regt dazu an, dass man bereits jetzt in seiner inneren Welt Genüsse vorwegnimmt, die man sich erträumt. Deshalb können Sie in Ihrem Inneren Glücksgefühle produzieren, auch ohne sich etwas kaufen zu müssen. Diese Zeit der Phantasie, in der Sie etwas Geld bekommen und sich noch nichts dafür gekauft haben, sollten Sie genüsslich auskosten. Sie können das Ganze auch systematischer betreiben und sich jeden Monat einen kleinen Betrag reser-

vieren, den Sie am Ende des Monats für etwas ausgeben, das Ihnen Freude macht. So haben Sie einen ganzen Monat, um sich vorzustellen, was es sein könnte, und es schon ein bisschen vorweg zu genießen. Sicher kennen Sie auch dieses Sprichwort: »Die schönste Freude ist die Vorfreude.« Was daran besonders erfreulich ist: Wenn Sie Geld dazu nutzen wollen, muss es gar nicht viel sein:

»Wenn man nichts hat und ein kleines bisschen Geld bekommt, kann das also offenbar glücklich machen«, dachte ich nach dem Erlebnis in der Praxis. Das Thema interessierte mich, denn ich hatte viele Leute erlebt, die Geld nutzten, um sich unglücklich zu machen. Sie gingen mit Geld so um, dass sie immer wieder in die gleichen schmerzvollen Gedächtnisspuren gerieten, waren dabei aber sicher, dass sie zu wenig Geld einnahmen. Sie wiesen weit von sich, dass ihr Umgang mit Geld zielgerichtet zu den gewohnten Sorgen und Ängsten führte, und wollten sich nicht damit beschäftigen, wenn jemand anderer mit den gleichen Einnahmen entspannt und ruhig leben konnte. Ich fing an, mit allen möglichen Leuten darüber zu reden, wie man Geld für sein Glück nutzen kann. Dabei fiel mir bald auf, dass es entscheidend wichtig ist, wie viel man hatte, bevor man etwas dazu bekam. Wenn Sie ganz wenig Geld haben, sind Sie schon über eine kleine Zuwendung glücklich. Wenn Ihr Konto gut gefüllt ist, berührt Sie das gleiche Geschenk überhaupt nicht. Daraus kann man schließen: Je mehr Geld man hat, umso schwerer ist es, durch Geld glücklich zu werden. Um Glück durch Geld häufiger erleben zu können, sollten Sie auch dem Thema »Erwartungen« ein paar Worte widmen. Wenn Sie etwas erwarten, bauen Sie sich nämlich einen Maßstab, mit dem Sie auch über Ihr Glück entscheiden. Je höher Ihre Erwartung, desto geringer die Chance auf Überraschung. Je größer die Überraschung, desto höher die

Chance auf einen glücklichen Moment. Setzen Sie Ihre Erwartungen daher bewusst ein. Wählen Sie einen Maßstab, der bescheiden bleibt, und platzieren Ihre Erwartungen in dem unteren Feld der Möglichkeiten. Beschummeln Sie sich nicht selbst und reden sich Ihre Erwartungen klein, obwohl Sie eigentlich anderer Meinung sind. Begründen Sie Ihre Erwartungen vor sich selbst. Wenn es Ihnen nämlich gelingt, ehrlich bescheidene Erwartungen zu erzeugen, überrascht Sie das Leben häufiger mit unerwarteten Geschenken. Das sind jedoch die, die am meisten Glück erzeugen. So können wir dem Glück ein bisschen nachhelfen. Negative Erwartungen sind für unsere Glückmacherei nicht so günstig. Sie führen dazu, dass Sie die Wartezeit in schlechter Stimmung verleben, und das ist weit weg von dem Lebensgefühl, das wir so oft wie möglich erreichen wollen.

Viele Menschen machen die Erfahrung, dass materielle Glücksbringer nur kurz glücklich machen. Letztlich mag jeder das anders erleben. Allgemein gilt jedoch wohl: Die Beziehung zwischen Glück und Geld heißt nicht: Je mehr Geld, desto mehr Glück. Es gibt einen Geld-bringt-Glück-Korridor, und er hat eine untere und obere Grenze. Wenn Sie zu wenig Geld haben, um regelmäßig zu essen und zu trinken und ein Mindestmaß an Vergnügungen bezahlen zu können, sind Sie unglücklich. Es ist schwer, sich mit seinem Glück zu beschäftigen, wenn man sich unablässig mit Geldsorgen herumplagt. Nicht jeder hat das Talent zum Bohémien. Deshalb geht es in dieser Situation darum, zuerst eine gewisse Stabilität zwischen Einnahmen und Ausgaben zu finden. In Deutschland ist das mit Hilfe staatlicher Zuwendungen möglich, für die sich niemand schämen muss. Solche Zuwendungen sind zu knapp bemessen, um glücklich zu machen. Sie helfen jedoch, damit die Gedanken nicht mehr

ständig um die grundlegenden Bedürfnisse kreisen. So haben Sie auch etwas Zeit, sich an einem schönen Tag im Park in die Sonne zu setzen und mal darüber nachzudenken, was außer dem Traum vom Reichtum noch glücklich machen könnte.

Falls Sie so viel Geld haben, dass Sie ein mittleres Sozialprestige gestalten können, eine von Ihnen nicht als peinlich empfundene Wohnung und vielleicht ein funktionierendes Auto fahren können, ins Kino gehen und ab und zu in ein Restaurant und in Urlaub, sind Sie am besten dran. Sie müssen nicht viel Zeit auf Gedanken verwenden, die sich mit Geld beschäftigen, und können Ihre Zeit dem Gestalten von Glück widmen.

Doch haben Sie sehr viel Geld, bringt Sie das – vom Standpunkt maximalen Glücks aus gesehen – eher in eine schwierigere Lage. Denn ab jetzt steigt die Wahrscheinlichkeit, dass Sie

- misstrauischer werden, weil Sie nicht mehr sicher sein können, dass andere Menschen Ihre Nähe auf Grund Ihrer Persönlichkeit suchen. Die Möglichkeit, dass andere Menschen Sie wegen des – austauschbaren – Geldes attraktiv finden, streut plötzlich Zweifel in Ihre Seele und nimmt Ihrem Ich die letzte Sicherheit, geliebt zu werden. Es steigt die Gefahr, dass Sie verschlossener werden.
- Gleichzeitig steigt die Wahrscheinlichkeit, dass Sie weniger Gesundheit und Lebenserwartung haben, weil das Heranschaffen von viel Geld in unserer Gesellschaft meist mit viel Streß verbunden ist.
- Es steigt auch aus einem anderen Grund die Gefahr für Ihre Gesundheit und Ihr Leben: Damit Sie das Gefühl haben, Ihr Geld zu genießen, werden Sie vielleicht häufiger etwas trinken und essen, das Sie nach dem Nimbus des Luxus gewählt haben, nicht aber nach der Gesundheitswirkung.

Sie werden häufiger eingeladen werden von Menschen, die auch mit luxuriösem Essen und Trinken um Sie werben. Dieses Essen ist selten gesund. Wahrscheinlich werden Sie mehr reisen. Möglicherweise suchen Sie sich ein Hobby, das mit kostspieligem Nervenkitzel zu tun hat und Sie in Gefahr bringt.

Wenn Sie so viel Geld haben, dass Sie viel Zeit mit Gedanken an ihr Geld zubringen, müssen Sie, ganz anders als Sie vielleicht erwartet haben, Ihr Glück vor den negativen Folgen Ihrer Situation schützen. Es gilt, nicht misstrauisch zu werden und sich nicht mit Konsumreizen zu betrügen, die am dritten Tag schon keine Gefühle mehr auslösen. Es gilt, sich den Gefahren des Geldes für's Glück bewusst zu werden und aktiv dagegen anzugehen. Das ist etwas ganz anderes, als naiv anzunehmen, dass mehr Geld auch mehr Glück bedeuten würde. Und es hilft, zu verstehen, weshalb man nicht automatisch glücklicher geworden ist, obwohl man sich so angestrengt hat, viel Geld zu verdienen.

… »Doch, ich würde gerne nach oben.« Mirella sah Costas an. Doch er erwiderte ihren Blick nicht. Schweigend stellte er sich in die Schlange vor den Kassenhäuschen und blickte auf den Boden. »Warum ist er so abweisend?« Mirella hatte schon den ganzen Weg versucht, darauf eine Antwort zu finden, doch sie wollte ihn auch nicht fragen. Stattdessen war sie schweigend neben ihm her getrottet. »Mutter hat nie mit mir geschimpft, wenn ich mal was umgeworfen habe. Das ist doch kein Drama.« Sie spürte, wie sie Costas' Ärger ansteckte. »So ein Blödsinn«, dachte sie, »wenn das so weitergeht, fahr' ich wieder nach Hause.« Sie ging ein paar Schritte weiter zu dem Souvenirladen, an dem die bunten Postkarten hingen. Wenige Minuten später standen sie schweigend auf der Aussichtsplattform hoch über den

Geräuschen der Stadt. »Warst du schon mal hier oben?« Sie wollte das Schweigen unterbrechen. »Vor zehn Jahren«, antwortete Costas. Nach einer Pause hörte sie, wie er halblaut weitersprach. »Damals wollte ich hier 'runterspringen.« Sie spürte, wie ihr Herz bis zum Hals anfing zu klopfen. Jetzt sah sie ihn direkt an. »Warum?« Costas erwiderte den Blick. Er lächelte, nein, er grinste so, wie sie es kannte. »Ach, albernes Zeug. Kinderkram. Sie hatte mich ausgesperrt, weil ich ein volles Tablett mit Gläsern 'runtergeschmissen hatte. Da bin ich abgehauen.« Sie nahm seine Hand. Er wandte sein Gesicht ab. »Komm jetzt«, sagte er. »Ich liebe ihn«, dachte sie, während sie wieder zum Aufzug gingen.
Sie waren weiter durch die Stadt gelaufen, hinüber zum Trocadero, wo sie noch schweigend einen Cafe getrunken hatten, und dann wieder in die Wohnung, die nur einen Steinwurf davon entfernt war. Sie liebte seine warmen Hände auf ihrer Haut, und sie mochte es, ihn zu berühren. Doch die Leidenschaft wollte nicht aufkommen, und er spürte das. »Was denkst du?« fragte er, und sie entschloss sich nach kurzem Zögern, ehrlich zu sein. »Weißt du, ich fühl' mich ganz komisch«, begann sie. »Ich berühre deine Haut, und gleichzeitig denk' ich: Das ist angenehm, aber es ist nicht die Wahrheit. Dahinter ist eine ganze Welt, die mir völlig fremd ist.« Costas sah sie an. Sie wirkte verletzlich, und gleichzeitig ging eine Stärke von ihr aus, die ihn unsicher machte. Er fühlte sich plötzlich müde und ließ seinen Kopf zurück in das Kissen sinken. Sie strich ihm über das Haar, so, wie es ihre Mutter immer bei ihr gemacht hatte. Er wirkte plötzlich so traurig. Costas spürte, wie seine Augen heiß wurden. Das Zimmer verschwand in einem Nebel. »Es ist gut!« Das hatte ihre Mutter immer gesagt. Er spürte ihren Kopf an seinem, als die Tränen begannen, über sein Gesicht zu laufen …

Schaffen Sie neue Glücks-Inseln zu Hause

Eingefahrene Gewohnheiten zu Hause zu ändern, die dazu führen, dass Sie schon blind für die selbst arrangierten Erinnerungsstücke und Glücks-Inseln sind, ist einfacher als das Programmieren von Arbeitsbeziehungen. Das liegt daran, dass Sie am Arbeitsplatz meist nicht sagen können: »Werte Kollegen, ich bin dabei, mein Lebensgefühl zu verbessern. Wundert euch nicht, wenn ich Sachen mache, die ich noch nie gemacht habe.«

Zu Hause und mit Freunden ist das jedoch kein Problem. Im Gegenteil: Es wird sogar Interesse wecken, wenn Sie zu Ihren Nächsten oder Freunden sagen: »Ich probiere gerade, unsere Beziehung zu verbessern. Du kannst mir dabei helfen, aber nur, wenn du echt Lust dazu hast.« Doch davon gleich! Zunächst interessieren wir uns für die Äußerlichkeiten Ihrer Wohnung. Hier haben Sie die größten Gestaltungsmöglichkeiten. Hier können Sie alles genussvoll aufstellen, was zu Ihrem Wohlgefühl beitragen könnte. Deshalb sollten Sie durch die Wohnung gehen und fragen: Sind dies Räume, in die ich gern hineinkomme, weil ich mich in ihnen wohl fühle? Hat jedes Detail den Sinn, mir gute Gefühle zu vermitteln? Oder haben sich im Lauf der Zeit viele Dinge abgenutzt, Farben abgestumpft, die eigentlich keinerlei Gefühle mehr auslösen? Es mag in diesem Zusammenhang nötig sein, dass Sie das eine oder andere Bild erneuern, Wände neu malen, das eine oder andere Möbelstück auswechseln müssen. Trennen Sie sich, so weit es geht, von Dingen, die keine Freude mehr in Ihnen auslösen, wenn Sie davor stehen. Es muss ja nicht alles auf einmal sein. Im Gegenteil: Es ist sogar gut, wenn Sie über einen langen Zeitraum immer wieder neutrale oder störende Accessoires wegwerfen oder verkaufen und auf die Suche ge-

hen nach neuen Dingen, die etwas Positives in Ihnen anstoßen.
Denken Sie daran: Dies ist eine gute Investition. Wir machen sehr viele Anschaffungen, die letztlich nur dazu dienen sollen, das Lebensgefühl zu verbessern. Bei vielen Dingen stellen wir dann fest, dass sie nach kurzer Zeit nicht mehr so reizvoll sind, weil wir uns an sie gewöhnt haben. Wir können nichts Besseres tun, als unsere Bemühung darum noch bewusster und gezielter einzusetzen. Wer dabei gleich darauf achtet, dass die Freude möglichst lange währen möge, spart noch dabei. Vielleicht können Sie sogar schon Rituale erkennen, wenn Sie so durch Ihre Wohnung gehen. Vielleicht merken Sie, dass Sie in einem bestimmten Trott sind, in dem Sie durch die Räume gehen und viele Dinge gar nicht mehr sehen. Verändern Sie deshalb einmal die Wege:

1. Gehen Sie einmal nicht gleich in die Küche, wenn sie nach Hause kommen, sondern biegen erst ins Wohnzimmer ab, um dessen Atmosphäre neu erkennen zu können.
2. Achten Sie auf die unendlich vielen Dinge, die Sie normalerweise gar nicht mehr sehen, wenn Sie vom Schlafzimmer ins Bad gehen, und schauen Sie sich bewusst um. Was im Raum ist, wirkt auf Ihre Stimmung, auch wenn Sie es bewusst nicht mehr mitkriegen.
3. Wenn Sie bei Freunden sind, nehmen Sie wahr, ob Ihnen irgend etwas besonders gut gefällt, was Sie bei sich auch aufbauen könnten.
4. Experimentieren Sie ruhig ein bisschen. Stellen Sie mal etwas um; kümmern Sie sich einfach mit Lust um Ihre Laune.

Die Wege in Ihren Räumen, die Plätze, auf denen Sie sitzen, wenn Sie sich unterhalten oder telefonieren, all dies sind ei-

gentlich Rituale, die mit bestimmten Gefühlen und Stimmungen verbunden sind. Jede Nuance, um die Sie diese Rituale verändern, verändert mindestens eine Nuance Ihres Lebensgefühls. So kommt eine Nuance zur anderen, und Sie können tatsächlich in der Summe große Veränderungen erreichen. Wenn es Ihnen gelingt, ein belastetes oder graues Ritual durch eines zu ersetzen, auf das Sie sich freuen können, haben Sie etwas erreicht, das man mit Geld gar nicht bezahlen kann.

Das tägliche Entspannungs- und Glückstraining

Eines der Rituale, mit denen Sie Ihren Erfolg dauerhaft sichern können, kostet Sie täglich nur 15 Minuten. Es ist die Angewohnheit, eine Entspannungsübung zu machen, wie sie Ihre Krankenkasse anbietet, oder zu meditieren. Eine der bewährten Methoden ist das Autogene Training, eine Entspannungsübung, deren nachhaltiger Effekt auf die Gesundheit und Lebensqualität schon lange wissenschaftlich erwiesen ist. Die einfachen, erholsamen Übungen normalisieren den Blutdruck, senken die Stresshormone und verbessern die Immunabwehr. Sie führen zu einer gelassenen Lebenshaltung, die Sie nach kurzem Üben direkt körperlich genießen können. Ich habe das klassische Autogene Training so weiterentwickelt, dass Sie üben können, sich innerlich heller und optimistischer zu fühlen und die körperlichen und seelischen Gefühle einzutrainieren, die glückliche Momente begleiten. Wenn Sie sich täglich eine bestimmte Zeit für dieses Glückstraining schenken, werden Sie sich sehr bald täglich darauf freuen und Ihr inneres Wetter und Selbstgefühl neu und genussvoll erleben (s. Anhang).

Zum Glück gibt es Musik

Wer die Wirkung von Musik verstehen will, muss wissen: Musik ist durch Luftschwingungen übertragene Berührung. Wenn ein Musiker sein (nicht-elektronisches) Instrument sanft berührt, seine Geige streichelt oder sein Klavier mit den Fingern antippt, spüren Sie über die Haut und das Ohr den wohltuenden Charakter dieser Berührung. Ihr Wohlgefühl wird noch gesteigert, wenn Sie die Harmonien und den Sound der Töne als Genuss erleben. Wenn er sein Schlagzeug traktiert, fühlen Sie die durch Schallwellen abgemilderte anregende Berührung dieser Schläge. Suchen Sie deshalb Musik aus, die Sie angenehm berührt und die Sie im Lauf Ihres Lebens in glücklichen Momenten gehört haben.
Wenn Sie eine Beziehung mit mehr Glück versehen wollen, spielen Sie beim Zusammensein mit diesem Menschen Musik, die Sie beide an glückliche Momente erinnert.
Wenn Sie ganz für sich Ihr Lebensgefühl verschönern möchten, dann nehmen Sie sich nacheinander Stücke aus dieser Sammlung vor. Hören Sie jeweils drei Tage lang zu verschiedenen Zeiten nur jeweils ein Stück. Dann tritt ein Effekt ein, der Ihre Stimmung im Alltag positiv verändert: Sie werden merken, dass Sie dieses Stück innerlich begleitet; dass Sie bei verschiedenen Tätigkeiten diese Musik innerlich hören und mitsummen. Dadurch wird nicht nur Ihr körperliches Befinden rhythmisch positiv beeinflusst, sondern es begleitet Sie auch tief innen das Grundgefühl, das diese Musik in sich trägt. Nach einigen Tagen können Sie sich, wenn Sie mögen, das nächste Stück aus Ihrer Sammlung einverleiben. Doch das liegt ganz bei Ihnen. Sie können sich auf diese Art auch nur ein Stück als innere Begleitmusik zulegen, die Sie durch das ganze Leben begleitet.

So ziehen Sie sofort praktischen Nutzen aus diesem Kapitel

- Romantisieren Sie Ihr Privatleben. Inszenieren Sie Räume und Situationen mit Bildern, Erinnerungsstücken, Musik, angenehmer Beleuchtung und bequemen Möbeln.
- Romantisieren Sie Ihre Beziehungen. Erinnern Sie an gemeinsame Glücksmomente und versuchen Sie, sie weiter zu entwickeln. Erinnern Sie sich daran, dass Sie Glücks-Erfinder sind, und genießen Sie, wie andere Menschen solche Momente lieben.

... Sie hatten die ganze Nacht geredet, geweint, gelacht und einander festgehalten. Irgendwann hatte er gemerkt, dass sie eingeschlafen war, und hatte sie zugedeckt.
»Ich habe noch nie einem Menschen so viel erzählt«, wunderte er sich, als er aufwachte, und spürte ein mulmiges Gefühl in der Magengegend. Er sah sie an. Sie schien ihm älter, gelassener, und er kam sich plötzlich klein vor. Leise stand er auf. Er schlich ins Bad und zog sich hektisch an. Er wusste nicht, wieso, aber er spürte Angst. Sie sollte nicht aufwachen, bevor er draußen war. Es könnte alles zerstören. Mit einem metallischen Klicken fiel die schwere Wohnungstür ins Schloss, als er sie hinter sich zuzog.
Plötzlich fühlte er sich frei. Der Lärm der Straße brandete um ihn, als er die Haustür öffnete, und die Sonne blendete ihn nach der Dunkelheit des kühlen Hausflurs. Er lief einige Schritte bis zu dem Zeitungskiosk und spürte eine unbändige Lebenslust aufsteigen. »Ich kann die ganze Welt erobern«, dachte er und merkte, dass er die Passanten anlächelte, die entgegen kamen. Er konnte es nicht unterdrücken, den ganzen Weg, bis er in dem kleinen Café an der Ecke ange-

kommen war, an seinem Tisch, von dem er durch die große Glasscheibe die ganze Straße überblicken konnte. »Glück«, dachte er, als er einen Moment gesessen hatte. »Ich bin das erste Mal glücklich«, und in dem diesigen Licht des Sommermorgens war ihm, als ob die Autofahrer, die Aktentaschen tragenden eiligen Fußgänger, die schwatzenden Schülerinnen und die alten Damen mit ihren Hündchen nur deshalb auf die Welt gekommen waren, um in diesem Moment mit ihm gemeinsam in dieser Straße mitten in Paris zu sein.
… Mirella wachte auf. Sie fühlte sich wie gerädert. Als sie aufstand und ihr Gesicht im Spiegel sah, erschrak sie. »Ich habe geweint«, dachte sie. In diesem Moment war sie froh, allein zu sein. Sie hatte gehört, wie die Tür ins Schloss gefallen war, aber sie war zu müde gewesen, um ihn aufzuhalten. Vielleicht wollte sie es auch nicht. Sie hätte nicht gewusst, wie sie ihm jetzt begegnen sollte. Als der erste Schluck Kaffee ihren Magen wärmte, wurde sie ruhiger. »Wenn ich das kann, kann ich alles«, dachte sie und entspannte sich. Sie fühlte eine unbekannte Stärke bei dem Gedanken, wie neu und schön es gewesen war, gemeinsam zu weinen. Es hatte sie nicht kaputt gemacht. Im Gegenteil, sie fühlte sich unverwundbar. Es war nichts passiert. Ungläubig schüttelte sie den Kopf. »Wenn wir das hinkriegen«, murmelte sie vor sich hin und spürte das Ziehen in der Brust, das sie schon kannte, seit sie mit Costas zusammen war. Plötzlich schrak sie auf. Jemand drehte den Schlüssel in der Tür. Jetzt klickte es metallisch. »Er versucht, leise zu sein«, dachte sie und hörte, wie seine Schritte näher kamen. Sie hatte unerklärliche Furcht. Sie sah sich nicht um. Was hätte sie sagen sollen? Jetzt fühlte sie, wie jemand hinter ihr stand, eine ganze Weile, bis seine Hand behutsam ihre Haare berührte. Sie spürte seinen Atem in ihrem Nacken. »Ich liebe dich«! flüsterte er, und sie sah die Blume in seiner Hand. Ihr Gesicht wurde heiß …

Anhang

Lassen Sie sich mit Glück anstecken

»Angst verlieren, Glück trainieren.« CD mit Anleitung von Dr. Rainer Tschechne, € 19,50, zu bestellen über Tel.: 040 227 60 49
»Entspannen mit Musik.« CD mit Anleitung von Dr. Rainer Tschechne, € 19,50, zu bestellen über Tel.: 040 227 60 49
»Musik zum Glück allein.« CD mit ausgewählten Musikstücken, € 19,50, zu bestellen über Tel.: 040 227 60 49
»Musik zum Glück zu zweit.« CD mit ausgewählten Musikstücken, € 19,50, zu bestellen über Tel.: 040 227 60 49
Unter http://www.mach-dein-glueck.com finden Sie im Internet weitere Informationen.

Es gibt unendlich viele Wege, um Glücksmomente zu empfinden. Manche Menschen beschreiben

- die Glücksmomente in ihrem Leben als einen Schauer unbeschreiblicher Glückseligkeit in ihrem Bewußtsein, der jeden einzelnen Nerv und ihren ganzen Körper durchflutet.

Oder sie finden

- Tausende kleine Glücksmomente, von denen man jeden Tag überrascht wird, wenn man sie sehen möchte, und die aus den geringsten Anlässen auftreten können, gerade auch aus Aktivitäten, die sich als beglückend erwiesen haben und die man bewusst häufig inszenieren kann, wie zum Beispiel
- einen Spaziergang durch die Natur, der alle Sinne anspricht und Glücksgefühle schenkt,
- ein wohliges Bad am Morgen,
- das Zubereiten eines Essens, bei dem man oft glücklich war,
- Begegnungen mit Kindern und Enkelkindern, in denen man bewusst das Wunder des Lebens entdeckt,
- ein immer besseres Bewusstsein für das, was uns gesund macht, sodass es uns besser gehen kann, je älter wir werden.

Dazu kann auch gehören:

- Musizieren und Hören ausgewählter Musik,
- der Anblick eines Bildes, einer Landschaft,
- an einem schönen Tag im Gras zu liegen und in die Wolken schauen
- und sich diesen Momenten ganz hinzugeben.

Legen Sie deshalb Ihren eigenen Glückskatalog an. Schreiben Sie eine Liste der Situationen, auch der ganz winzigen, die Ihnen bisher Glücksgefühle geschenkt haben, und sehen Sie darin nach, wenn Sie unzufrieden sind und Ihr inneres Wetter grau ist. In solchen Zeiten verstellt Ihr Gedächtnis den Weg zu glücklichen Erinnerungen. Mit Ihrem Glückskatalog können Sie die Tür wieder öffnen.

Anregende Bücher:

Bleker, Dorothée: »101 Gründe, glücklich zu sein.« Groh Fotokunst Verlag
Haak, Rainer: »An jedem Tag ein Lächeln.« SKV-Edition, 2005
Haak, Rainer: »Glücklich werden.« Herder, Freiburg, 2005
Herzig, Horst und Tina: »Geheimnis glücklicher Tage.« Flechsig, 2005
Grün, Anselm: »Das Glück der Liebe im ABC der Lebenskunst.« Herder, Freiburg, 2005
Lauster, Peter: »Glück und Lebensfreude.« SKV-Edition, 2005
Masslich, Norbert: »Unterwegs zum Glück.« Kawohl, 2005

Zitierte Literatur

1 Gerbner, G., Gross, L. (1976b): »The scary world of TV's heavy viewer«, in: »Psychology Today«, 10(4)
2 Abumrad, Nada A.: »CD 36 may determine our desire for dietary fats«, in: »Journal of Clinical Investigation« (11, 2005)
3 Tschechne, Rainer: »Die Angst vor dem Glück«, LangenMüller 2003
4 Lykken, D. T.: »Happy is as happy does«, Presidential Symposium, »American Psychological Society«, Washington, May 24th, 1997
5 Hamann, S. B., Cahill, L., Squire, L. R.: »Emotional perception and memory«, in: »amnesia. Neuropsychology«, 11, 1997

[6] Roth, G.: »Wie das Gehirn die Seele macht«, Vortrag am 22. 4. 2001 bei den 51. Lindauer Psychotherapiewochen
[7] Fiedler, K. in: »New Scientist« Nr. 2426, S. 62
[8] Sheldon, L. in: »Advances in Mind-Body-Medicine« Bd. 17, 2001, 139
[9] »New Scientist« Nr. 2426, S. 62ff.
[10] »Nano«, Das Zukunftsmagazin auf 3Sat, 19. 3. 2003
[11] Becerra, Lino »Pleasure, pain activate same part of brain«, in: Harvard Gazette Archives, Jan 31, 2002
[12] Cohen, S., Doyle, W. J., Turner, R. B., Alper, C. M., Skoner, D. P. (2004): »Childhood socioeconomic status and host resistance to infectious illness«, in: »adulthood. Psychosomatic Medicine«, 66, S. 553–558.
[13] Mykletun, Arnstein: »Anxiety and Cancer«, in: New Scientist, 31. 5. 2003
[14] Traue, H. C., Deighton, R. W.: »Inhibition, disclosure, and health«, in: Advances in Mind-Body-Medicine, 15, 3, S. 184–193, 1999
[15] Panse, W./Stegmann, W.: »Kostenfaktor Angst«, Landsberg am Lech 1996

Möchten Sie mehr?

Die Glücksforschung, die mit der so genannten positiven Psychologie begann, bietet jedem, der sein Wissen vertiefen will, überaus interessante Einsichten. Ich möchte Ihnen auch hier Anregungen für eine Reise bieten, die Sie zum Experten macht:

Bien, Günther: »Über das Glück«, in: Information Philosophie, 23. Jg., Heft 1/1995, S. 5–16.
Birnbacher. Dieter: »Glück. Arbeitstexte für den Unterricht«, Stuttgart 1983
Bulmahn, Thomas: »Erfolge und Krisen: subjektives Wohlbefinden und Anomie in Deutschland«, »WZB Mitleitungen«, 2000, Nr. 88, 9–12
Forschner, Maximilian: »Über das Glück des Menschen. Aristoteles, Epikur, Stoa, Thomas von Aquin, Kant«, Darmstadt 1994
Horster, Detlef: »Die Aporie individuelle vs. allgemeine Interessen oder Bedürfnisse und ihre Behandlung bei Aristoteles«, in: Al-

fred Schöpf (Hg.), »Bedürfnis, Wunsch, Begehren«, Würzburg 1987, S. 83–97.
Horster, Detlef: »Postchristliche Moral. Eine sozialphilosophische Begründung«, Hamburg 1999, S. 427–434.
Inkeles, Alex: »Personal Development and National Development: A Cross-National Perspective«, in: Szalai, A., Andrews, F., Eds.: »The Quality of Life«, Comparative Studies, Sage, 1980, London, UK, S. 73–109
Martens, Ekkehard: »Was heißt Glück?«, Hannover 1978
Mikulas, J.: »Zur Bedeutung des Konstruktes ›Lebenszufriedenheit‹ für die Gerontologie«, in: »Zeitschrift für Altersforschung«, 1988, Vol. 43, S. 195–211
Noelle-Neumann, Elisabeth: »Macht Arbeit krank? Macht Arbeit glücklich?«, München, 1984
Rehdanz, Katrin: »Climate and Happiness«, in: »Ecological Economics«, 2005, Vol. 52, S. 11–125
Schopenhauer, Arthur: »Die Kunst, glücklich zu sein, dargestellt in fünfzig Lebensregeln«, hg. von Franco Volpi, München 1999
Seel, Martin: »Glück«, in: Heiner Hastedt/Ekkehard Martens (Hg.), »Ethik. Ein Grundkurs«, Reinbek 1994, S. 145–163
Seel, Martin: »Versuch über die Form des Glücks«, Frankfurt/M. 1995
Veenhoven, Ruut: »Happiness in Nations«, in »Studies in Socio-Cultural Transformation«, Nr. 2, RISBO, 1993, Erasmus University Rotterdam

Fachliteratur zur Amygdala

Adolphs, R., Cahill, L., Schul, R., Babinsky, R. (1997): »Impaired declarative memory for emotional material following bilateral amygdala damage in humans.« In: »Learning & Memory«, 4, S. 291–300.
Adolphs, R., Tranel, D., Damasio, H., Damasio, A. R. (1994): »Impaired recognition of emotion in facial expressions following bilateral damage of the human amygdala.« In: »Nature«, 372, S. 669–672.
Balkenius, C., Moren, J. (2000a): »A computational model of context processing.« Submitted.
Balkenius, C., Moren, J. (2000b): »Emotional learning: A computational model of the amygdala.« In: »Cybernetics and Systems.« In press.

Borod, J. C. (1993): »Cerebral mechanisms underlying facial, prosodic, and lexical emotional expression: a review of neuropsychological studies and methodological issues.« In »Neuropsychology«, 7, S. 445–463.

Bortz, J., Lienert, G. A., Boehnke, K. (1990): »Verteilungsfreie Methoden in der Biostatistik.« Berlin: Springer.

Breiter, H. C., Etcoff, N. L., Whalen, P. J., Kennedy, W. A., Rauch, S. L., Buckner, R. L., Strauss, M. M., Hyman, S. E., Rosen, B. R. (1996a): »Response and habituation of the human amygdala during visual processing of facial expression.« In: »Neuron«, 17(5), S. 875–887.

Breiter, H. C., Rauch, S. L. (1996b): »Functional MRI and the study of OCD: from symptom provocation to cognitive-behavioral probes of cortico-striatal systems and the amygdala.« In: »Neuroimage«, 4(3 Pt 3), S. 127–138.

Broks, P., Young, A. W., Maratos, E. J., Coffey, P. J., Calder, A. J., Isaac, C. L., Mayes, A. R., Hodges, J. R., Montaldi, D., Cezayirli, E., Roberts, N., Hadley, D. (1998): »Face processing impairments after encephalitis: amygdala damage and recognition of fear.« In: »Neuropsychologia«, 39, S. 59–70.

Cahill, L., Haïer, R. J., Fallon, J., Alkire, M. T., Tang, C., Keator, D., Wull, J., McGaugh, J. L. (1996): »Amygdala activity at encoding correlated with long-term, free recall of emotional information.« In: »Proc. Natl. Acad. Sci. USA«, 39, S. 8016–8021.

Calder, A. J., Young, A. W., Rowland, D., et al. (1996): »Facial emotion recognition after bilateral amygdala damage: differentially severe impairment of fear.« In: »Cogn Neuropsychol«, 13, S. 699–745.

Carmon, A., Nachshon, I. (1973): »Ear asymmetry in perception of emotional non-verbal stimuli.« In: »Acta Psychologica«, 37, S. 351–357.

Dias, R., Robbins, T., Roberts, A. (1997): »Dissociable forms of inhibitory control within prefrontal cortex with an analog of the Wisconsin card sort test: Restriction to novel situations and independence from on-line processing.« In: »The Journal of Neuroscience«, 17(23): S. 9285–9297.

Fanselow, M. S., LeDoux, J. E. (1999): »Why we think plasticity underlying pavlovian fear conditioning occurs in the basolateral amygdala.« In: »Neuron«, 23: S. 229–232.

Gray, J. (1995): »A model of the limbic system and basal ganglia: Application to anxiety and schizophrenia.« In: Gazzaniga, M., (Ed.), »The Cognitive Neurosciences«, S. 1165–1176, MIT Press, Cambridge, MA.
Haggard, M. P., Parkinson, A. M. (1971): »Stimulus and task factors as determinants of ear advantages.« In: »Quarterly Journal of Experimental Psychology«, 23, S.168–177.
Houk, J., Davis, J., Beiser, D. (1995): »Models of information processing in the basal ganglia.« MIT Press, Cambridge, MA.
Kling, A. S., Brothers, L. A. (1992): »The amygdala and social behavior.« In: J. P. Aggleton (Ed.), »The amygdala: Neurobiological aspects of emotion, memory, and mental dysfunction«, S. 353-377. Wiley-Liss, New York
Kolb, B., Whishaw, I. (1990): »Fundamentals of human neuropsychology.« MIT Press, New York.
LeDoux, J. (1995): »In search of an emotional system in the brain: leaping from fear to emotion and consciousness.« In: Gazzaniga, M., (Ed.), »The Cognitive Neurosciences«, S. 1049–1061, MIT Press, Cambridge, MA.
LeDoux, J. (1996): »The emotional brain.« New York: Simon & Schuster.
Mackintosh, N. (1983): »Conditioning and associative learning.« Oxford University Press, Oxford.
McDonald, A. (1992): »Cell types and intrinsic connections of the amygdala.« In: Aggleton, J., (Ed.), »The Amygdala: Neurobiological Aspects of Emotion, Memory and Mental Dysfunction«, S. 67–96, Wiley-Liss, New York.
McIntosh, A., Gonzalez-Lima, F. (1998): »Large-scale functional connectivity in associative learning: Interrelations of the rat auditory, visual, and limbic systems.« In: »Journal of Neurophysiology«, (80): S. 3148–3162.
Moren, J. (1998): »Dynamic action sequences in re-inforcement learning.« In: Pfeifer, R., Blumberg, B., Meyer, J., Wilson, S., (Eds.), »From animals to animats 5: Proceedings of the Fifth International Conference on Simulation of Adaptive Behavior«, S. 366–271, MIT Press, Cambridge, MA.
Moren, J., Balkenius, C. (2000): »Reflections on emotion.« In: EMCSR 2000, Wien.
Morris, J. S., Frith, C. D., Perrett, D. I., Rowland, D., Young, A. W., Calder, A. J., Dolan, R. J. (1996): »A differential neural response in

the human amygdala to fearful and happy facial expressions.« In: »Nature«, 383, S. 812–815.

Mowrer, O. (1973): »Learning theory and behavior.« Wiley, New York.

Rescorla, R., Wagner, A. (1972). »A theory of pavlovian conditioning: variations in the effectiveness of reinforcement and nonreinforcement.« In Black, A., Prokasy, W., (Eds.), »Classical conditioning II: current research and theory«, S. 64–99, Appleton-Century-Crofts, New York.

Rolls, E. (1986): »A theory of emotion, and its application to understanding the neural basis of emotion.« In: Oomava, Y., (Ed.), »Neural and Chemical Control«, S. 325–344, Japan Scientific Societies Press, Tokyo.

Rolls, E. (1992): »Neurophysiology and functions of the primate amygdala.« In: Aggleton, J., (Ed.), »The Amygdala: Neurobiological Aspects of Emotion, Memory and Mental Dysfunction«, S. 143–165, Wiley-Liss, New York.

Rolls, E. (1995): »A theory of emotion and consciousness, and its application to understanding the neural basis of emotion.« In: Gazzaniga, M. (Ed.), »The Cognitive Neurosciences«, S. 1091–1106, MIT Press, Cambridge, MA.

Scott, S. K., Young, A. W., Calder, A. J., Hellawell, D. J., Aggleton, J. P., Johnson, M. (1997): »Impaired auditory recognition of fear and anger following bilateral amygdala lesions.« In: »Nature«, 385, S. 254–257.

Shimamura, A. (1995): »Memory and frontal lobe function.« In: Gazzaniga, M. (Ed.), »The Cognitive Neurosciences«, S. 803–813, MIT Press, Cambridge, MA.

Sutton, R., Barto, A. (1998): »Reinforcement Learning: An Introduction.« MIT Press, New York.

Watkins, C., Dayan, P. (1992): »Q-learning.« In: »Machine Learning«, 8: S. 279–292.

Whalen, P. J., Rauch, S. L., Etcoff, N. L., McInerney, S. C., Lee, M. B., Jenike, M. A. (1998): »Masked presentations of emotional facial expressions modulate amygdala activity without explicit knowledge.« In: »J Neurosci«, 18(1), S. 411–418.

Internet-Überblick über Glücksforscher

Zum Internet-Überblick über die Ergebnisse der Glücksforschung hier noch einige Forscher und Institute. Die Eingabe des Namens in die Internet-Suchmaschine »Google« führt Sie zu den jeweiligen Arbeitsergebnissen.

- Bellebaum, Alfred, Soziologe und Gründer des Instituts für Glücksforschung, Universitäten Köln/Bonn und Koblenz
- Csikszentmihalyi, Mihaly, Psychologe, Glücksforscher, Universität Chicago
- Danner, Deborah, University of Kentucky, Lebensdauer-Forscher
- Diener, Ed, Psychologe, University of Illinois, Chicago, Studien zur Zufriedenheit
- Herschbach, Peter, TU München, Untersuchungen zur Lebensqualität
- Hüther, Gerald, Universität Göttingen, neurobiologische Grundlagenforschung
- Knopf, Dagmar, Leibniz-Institut für Neurobiologie Magdeburg, Glücksgefühl beim Lernen
- Kubzansky, Laura, Human Development and Health, Harvard School of Public Health
- Marazziti, Donatella, Universität Pisa, Untersuchungen zu Serotonin
- Schedlowski, Manfred, Psychologe, Eidgenössische Technische Hochschule Zürich
- Schneider, Miriam, und Koch, Michael, Hirnforscher, Universität Bremen, Neurokognition
- Staudinger, Ursula, International University Bremen, Lebensverlauf-Forscherin